올웨이즈 데이 원

ALWAYS
DAY
ONE

ALWAYS

2030년을 제패할 기업의 승자 코드, 언제나 첫날

DAY

올웨이즈 ⏻ 데이 원

ONE

알렉스 칸트로위츠 지음 | 박세연 옮김

한국경제신문

성공을 향해 달려가는 모든 이에게

ALWAYS
DAY
ONE

차례

저커버그를 만나다

2017년 2월, 나는 마크 저커버그로부터 캘리포니아 멘로파크 본사로 회의 차 들어와달라는 요청을 받았다. 페이스북 CEO를 직접 만나기는 처음이었다. 그런데 첫 만남은 예상과는 좀 달랐다.

항상 그렇듯이 페이스북은 그때도 논란에 싸여 있었다. 성장을 향한 강한 압박과 좀처럼 타협하지 않는 태도 때문에 페이스북은 늘 가짜 뉴스와 선정적인 글, 폭력적인 이미지로 넘쳐났다. 저커버그는 이러한 상황에 대해 뭔가 말할 준비가 돼 있어 보였다. 그리고 나는 들을 준비가 돼 있었다.

탁 트인 거대한 공간을 콘크리트 외벽이 감싸고 있는 페이스북 본사는 선뜻 발을 들여놓기 망설여지는 곳이다. 그곳엔 아홉 개의 로비와 함께 2단계 보안 시스템이 갖춰져 있다. 한 걸음 들여놓기도 전에 보안요원이 내게 다가오더니 비공개 의무에 동의하는 서명을 요구했다.

그 모든 단계를 거친 후 건물 중앙의 회의실로 갔다. 유리벽으로 된 그곳에서 저커버그가 회의를 하고 있었다. 그는 CEO 셰릴 샌드버그Sheryl Sandberg와 이야기를 나누고 나서 나와 내 편집자 맷 호넌Mat Honan을 안으로 들어오도록 했다. 그렇게 우리는 지나가는 사람 모두가 훤히 들여다보는 회의실에서 이야기를 나눴다.

당시 저커버그는 '선언문'을 작성하는 일에 몰두하고 있었다.[1] 이는 문제 있는 콘텐츠에 대한 페이스북의 대응, 그리고 사용자의 삶에서 페이스북이 차지하는 역할에 대한 개략적인 이야기를 담은 5,700단어짜리 설명문이었다.

회의실로 들어갈 때 나는 일반적인 CEO 브리핑, 즉 질문 시간이 제한된 '강의'가 있을 줄 알았다. 하지만 저커버그는 짤막하게 말한 뒤 내 의견을 물었다. "우리가 나눈 이야기 중에서 여기 포함되지 않은 게 있을까요? 뭐가 빠졌죠?"

저커버그는 가만히 앉아 내 이야기를 주의 깊게 들었다. 한순간도 딴짓을 하지 않았다. 그는 페이스북의 사회적 영향력에 대해 더 많은 이야기를 하는 것이 좋겠다는 내 조언에 대해 부드러운 태도로 자신의 생각을 말했고, 마지막으로 감사를 표했다. 그가 내 의견을 물은 것은 형식적인 게 아니었다. 나는 지금껏 다른 CEO에게서, 특히 자기 확신이 강한 CEO에게서 그런 모습을 본 적이 없었다. 뭔가 다르다는 느낌을 받았고, 그에 대해 좀 더 연구가 필요하겠다는 생각이 들었다.

회의를 마치고 나서 나는 저커버그의 예상 밖 태도에 대해 만나는 사람마다 물었다. 항상 그렇게 피드백을 요청하나요? 당신에게도 그런 요구를 했나요? 많은 질문 끝에 나는 답을 얻었다. 저커버그의 태도에서 나는 그가 페이스북을 어떻게 운영하는지 살짝 엿볼 수 있었다. 저커버그는 피드백을 조직 운영의 근간으로 삼고 있다. 페이스북의 주요 회의가 끝날 무렵, 저커버그는 언제나 사람들에게 피드백을 요청한다. 페이스북 사무실에 붙어 있는 포스터도 이렇게 말하고 있었다. "피드백은 선물이다." 이는 저커버그를 포함한 페이스북의 모든 구성원에게 해당되는 말이었다.

실리콘밸리 IT 분야 기자로서, 나는 기술 거물들이 처음부터 시장을 장악하는 파격적인 행보를 익히 보아왔다. 그들은 성장, 둔화, 정체, 노화로 이어지는 일반적인 비즈니스 주기를 따르지 않는다. 애플과 아마존, 페이스북, 구글, 마이크로소프트는 세월이 흐르면서 더욱 강력해졌다. 특히 애플을 제외하고(이에 대해서는 다음에 자세히 살펴보기로 하자) 모두 쇠퇴의 조짐을 거의 보이지 않았다.

나는 이들 기업으로부터 강렬한 인상을 받았다. 수많은 CEO와 인터뷰를 나눈 뒤, 나는 세계 최고의 CEO 모두 타고난 설득자, 즉 자신의 특별한 매력을 발산함으로써 비전을 중심으로 사람들을 끌어모으는 능력이 뛰어난 인물이라는 사실을 확신하게 됐다. 하지만 저커버그를 비롯해 아마존의 제프 베조스, 구글의 순다르 피차이, 마이크로소프트의 사티아 나델라 같은 이들을 보자. 우리는 그들에게서 카리스마 넘치는 지도자보다는 주변에 활력을 불어넣는 훈련된 엔지니어를 발견하게 된다. 그들은 대답 대신 질문을 던진다. 연설하기보다 다른 사람의 말을 듣고 배운다.

저커버그를 만난 후, 나는 기술 거물들이 조직 안에서 움직이는 모습을 폭넓게 파고들기 시작했다. 그들이 조직을 이끄는 방식, 문화와 기술, 시스템을 살펴보면서 그들이 거둔 성공과 조직을 운영하는 독특한 방식 사이에 연결고리가 무엇인지 질문을 던졌다. 그리고 오래지 않아 공통적인 패턴을 발견하면서, 내가 발견한 연결고리에 대해 강한 확신을 갖게 됐다. 또한 그들이 정확하게 무엇을 다르게 하는지, 그런 방법이 성공을 거두는 이유는 무엇인지를 알아내고자 했다. 그렇게 2년간 130회가 넘는 인터뷰를 했고, 그 모든 노력의 결과물이 바로 이 책이다.

이 책에서 내가 하려는 이야기는, 기술 거물들이 시장을 지배하고 영향력을 유지해가는 방식이다. 이 책은 문화와 리더십에 관한 책인 동시에 아이디어와 혁신, 그리고 그 둘의 연결고리에 관한 책이다. 또한 매일 신제품이 쏟아지고, 늘 도전 과제가 존재하고, 어떤 경쟁력도 안전하지 않은 시대에 기업을 위한 새로운 비즈니스 모델에 관한 책이다. 스스로 구축한 기술을 기반으로 남들과 달리 조직을 운영해온 기술 거물들은 새로운 비즈니스 모델을 일찍이 발견했다. 나는 그 모델을 모두에게 알리고자 한다.

이 책에서 소개하는 기업들은 완벽하지 않다. 사실 완벽과는 거리가 멀다. 성장을 향한 열망 속에서 그들은 직원을 가혹하게 다뤘고, 기술을 남용했으며, 내부의 진지한 반대 의견을 억압했다. 이에 미국 정부는 규제를 고려하기 시작했고, 정치인들은 사회적 명분을 앞세워 이들 조직의 해체까지 요구하고 있다.

이 책은 성장이나 그로스 해킹(growth와 hacking의 합성어. 한정된 예산으로 빠른 성장을 해야 하는 스타트업에 효과적인 마케팅 기법-옮긴이), 혹은 중소기업을 물리치는 방법에 관한 책이 아니다. 이 책의 주제는 혁신적인 문화를 창조하는 방법이며, 나는 모두가 그 방법을 배울 수 있다고 믿는다. 또한 다른 기업들은 이 거물들이 내부 시스템을 운영하는 방식을 이해함으로써 전략적 우위를 확보할 수 있다. 질병을 다스리기 위해서는 증상을 살피는 것뿐만 아니라 생리학까지 이해해야 한다.

기술 거물의 지혜가 그들 손안에만 머물러 있을 때, 광범위한 비즈니스 세상과 규제기관은 늘 불리한 입장에 있을 수밖에 없다. 우리 모두가 그 지혜를 공유할 때, 운동장은 보다 평평해질 것이다.

⏻

들어가며

두 번째 날은 없다

2017년 3월, 말쑥한 차림의 제프 베조스가 자신감에 찬 표정으로 아마존 직원 수천 명이 모인 회의장에 모습을 드러냈다.[1] 연단에 선 그는 연설문을 내려다보며 조금 머쓱한 표정으로 미리 제출된 질문 하나를 읽었다. "'두 번째 날은 어떻게 되는 건가요?' 아주 중요한 질문이군요."

지난 25년간 베조스는 직원들에게 매일 매일이 아마존의 첫 번째 날인 것처럼 일하라고 격려했다. 그런데 아마존의 시장가치가 1조 달러에 육박하고 매년 약 만 명씩 직원이 늘어나고 있는 지금, 한(아마도 바라건대) 직원이 베조스에게 두 번째 날은 어떨지 상상해보라고 말하고 있다.

베조스는 말했다. "두 번째 날은 과연 어떨까요? 그날은 정체의 날입니다. 정체는 의미의 상실로, 고통스러운 절망으로, 그리고 결국 죽음으로 이르게 됩니다."

청중석에서 웃음이 터져 나왔다. 수천 명의 아마존 직원들은 기업의 금기에 도전한 동료의 질문에 대한 베조스의 대답에 기뻐했다. 청중이 박수를 보내자 베조스는 잠깐 뜸을 들이면서 살짝 미소를 지었다. 그러고는 다음과 같은 말로 회의를 마무리했다. "그래서 우리는 언제나 첫 번째 날이어야 하는 겁니다."

'첫 번째 날'은 아마존 곳곳에 있다. 그것은 주요 건물의 이름이자, 기업 블로그 제목이며, 베조스가 매년 주주들에게 보내는 편지에 반복적으로 등장하는 주제이기도 하다. 특히 업무 강도가 세기로 악명 높은 아마존에서는 쉬지 말고 일하라는 명령처럼 들릴 수도 있지만, 사실 이 말에는 더 깊은 의미가 담겨 있다.

기존의 유산에 신경 쓰지 않는 스타트업처럼, 아마존에서 '첫 번째 날'이란 발명의 코드다. 이는 인공지능과 클라우드 컴퓨팅 기술의 발전 덕분에 누구든 전례 없는 속도로 신제품을 내놓을 수 있으며, 그렇기 때문에 현재를 희생하더라도 미래를 끊임없이 만들어나가야 한다는 기업의 인식이다. 또한 GM이나 엑슨Exxon 같은 대기업이 과거 시장을 지배했던 방식에서 탈피하겠다는 의지이기도 하다. GM이나 엑슨 같은 대기업들은 핵심 경쟁력을 개발하고, 이를 고수하고, 모든 수단을 동원해 그것을 지켰다. 그러나 이제 기존의 비즈니스 방식으로 덩치를 불리는 전략은 유효하지 않다. 1920년대만 해도 〈포춘〉 500대 기업의 평균 기대수명은 67년에 달했다. 그러나 2015년에는 15년으로 줄었다.[2] 두 번째 날은 어떤 모습일까? 아마 죽음과도 같을 것이다.

온라인 서점으로 시작한 아마존은 '첫 번째 날'이라는 주문을 실현해나가고 있다. 아마존은 새로운 비즈니스를 끊임없이 개발하는 반면, 기존의 매출 흐름에 어떻게 도전할지는 거의 신경 쓰지 않는다. 아마존은 여전히 온라인 서점이다. 동시에 상상 가능한 모든 제품을 위한 물류센터이자 성공적인 제3의 시장, 세계적 수준의 주문 처리 시스템, 아카데미상에 빛나는 영화 스튜디오, 식품점, 클라우드 서비스 사업자, 보이스 컴퓨팅 운영 시스템, 하드웨어 제조사, 로보틱스 기업이다. 그들은 발명에 성공할 때마다 다시 첫 번째 날로 돌아가 다음 발명을 모색한다.

2019년 7월, 미국 사업가 마크 쿠반Mark Cuban은 내게 말했다. "아마존 주식을 많이 보유하고 있습니다. 오늘 그들이 무엇을 했느냐에 따라 아마존 주식은 10억 달러가 될 수도 있어요. 저는 아마존이 세계 최대의 스타트업이라고 믿기 때문에 주식을 갖고 있는 겁니다."

다른 IT기업에서도 비슷한 모습을 발견할 수 있다. 가령 구글은 검색 웹사이트로 시작했지만 이후 브라우저 확장 프로그램(스테이 튠Stay Tuned), 브라우저(크롬Chrome), 음성 지원 소프트웨어(구글 어시스턴트Google Assistant)를 개발했고 모바일 운영 시스템(안드로이드Android)까지 만들어냈다. 이들 신제품은 기존 제품에 도전장을 내밀었다. 구글 역시 계속해서 첫 번째 날로 돌아감으로써 지금까지 최고의 자리를 지키고 있다.

페이스북도 수차례 첫 번째 날로 돌아갔다. 온라인 방명록으로 시작해서 뉴스피드를 통해 혁신을 일구어냈고, 방송 공유에서 친밀함 공유로, 즉 페이스북 그룹(소규모 네트워크)을 기반으로 뉴스피드를 보내고 메시지를 주고받도록 하는 방식으로 혁신을 이어나가고 있다. 이를 통해 페이스북은 가장 변덕스러운 산업 중 하나인 소셜 미디어 시장에서 계속 선두를 지키고 있다.

최근까지만 해도 마이크로소프트에서 혁신의 시대는 모두

옛날이야기처럼 보였다. 그들은 윈도우에 너무 집착한 나머지 다른 미래는 거의 신경을 쓰지 않는 행보를 보였다. 하지만 스티브 발머Steve Ballmer에 이어 사티아 나델라가 CEO로 나서면서, 마이크로소프트도 다시 첫 번째 날로 돌아왔다. 그들은 윈도우 같은 데스크톱 운영 시스템에 위협을 가하는 클라우드 컴퓨팅 기술을 받아들였고, 다시 한 번 세계에서 가장 가치 있는 기업으로 거듭났다.

애플은 스티브 잡스 때 아이폰을 개발했다. 아이폰은 맥 같은 데스크톱 컴퓨터와 아이팟 같은 휴대용 음악 플레이어의 어깨를 딛고 올라섰으며, 애플을 다시 한 번 성공 궤도로 올려놨다. 오늘날 애플은 마이크로소프트의 윈도우와 같은 영광을 누리고 있다. 그럼에도 애플은 아이폰의 성공을 뒤로 하고 다시 한 번 혁신해서 보이스 컴퓨팅 시대의 경쟁에 뛰어들고 있다.

시애틀에 있는 아마존 사우스 레이크 유니언 캠퍼스의 한 신축 건물은 그 이름이 '재발명Reinvent'이다. 세계 최고의 성공을 거둔 기업과는 잘 어울리지 않는 이름이다. 하지만 두 번째 날이 곧 죽음이 되는 오늘날의 비즈니스 세상에서 재발명이야말로 생존을 위한 열쇠다.

아이디어일까, 실행일까

창의적인 기업을 만들기 위해서는 직원들에게 연설을 하거나 내부 메시지를 보내는 노력 이상이 필요하다. 비즈니스 운영 방식에 대한 새로운 상상이 필요하며, 이는 결국 업무 방식의 혁신으로 가능하다. 업무에는 두 가지 유형이 있다. 아이디어 업무idea work와 실행업무execution work다.

아이디어 업무란 창조로 이어지는 모든 활동을 말한다. 새로운 것을 꿈꾸고, 그것을 어떻게 만들어낼지 상상하고, 실제로 창조하는 일이다. 실행업무란 기존의 것을 유지하고 관리하는 모든 활동을 말한다. 제품을 주문하고, 데이터를 입력하고, 장부를 정리하고, 유지 보수를 하는 작업이 해당된다.

산업경제에서 대부분의 일은 실행업무다. 기업 설립자는 아이디어를 내놓고(이러저러한 장치를 개발해봅시다!) 실행업무를 해줄 직원을 고용한다(이들은 공장에서 기계를 만든다). 1930년대 말

우리 사회는 공장이 지배하는 경제에서 아이디어가 지배하는 경제('지식경제'라고 하는)로 이동을 시작했다. 지식경제에서는 무엇보다 아이디어가 중요하다. 하지만 우리는 여전히 실행업무에 많은 시간을 할애한다. 새로운 제품이나 서비스를 개발하고 난 뒤 또 다른 뭔가를 내놓기보다 기존의 것을 유지하기 위해 많은 시간을 투자한다. 가령 드레스를 판매하는 경우를 보자. 각각의 디자인을 관리하기 위해 많은 실행업무가 필요하다. 가격 책정, 원자재 구입, 재고관리, 판매, 마케팅, 배송, 반송 등등. 추가적으로 인적 자원, 계약, 회계와 관련된 기본적인 업무도 포함된다.

한 가지 핵심 비즈니스를 보유한 기업은 실행업무가 과중해 또 다른 비즈니스를 개발하고 지원하지 못할 때가 많다(클레이튼 크리스텐슨Clayton Christensen은 이를 '혁신가의 딜레마'라고 부른다). 새로운 비즈니스를 개발하려는 이들의 대부분은 한 걸음 물러서거나, 여러 가지 비즈니스를 동시에 운영하기가 불가능하다는 사실을 깨닫는다. 경제학자인 오하이오주립대학교 네드 힐Ned Hill 교수는 내게 냉장고와 기관차를 거론하면서 이렇게 이야기했다. "GM은 자동차 말고도 많은 것을 만들었습니다. 문어발처럼 말이죠. 하지만 제대로 관리하지 못했습니다."

실행업무에 매몰된 많은 기업은 발명보다는 개선에 몰두한다. 물론 경영자는 발명 문화를 만들고 싶다. 하지만 그들에겐 여력이 없다. 결국 몇몇 아이디어만 하부 조직에 전달하고, 나머지는 실행업무와 개선에 집중한다.

그러나 최근 개선 문화가 아니라 발명 문화를 기반으로 기업을 운영하는 일이 가능해졌다. 인공지능과 클라우드 컴퓨팅, 협력 기술의 발전으로 훨씬 더 적은 실행업무로 기존 비즈니스를 유지할 수 있게 됐다. 또한 혁신적인 아이디어를 실제로 구현하고 유지해나가도록 도움을 준다. 이러한 도구들은 기업을 보다 효율적으로 만드는 차세대 실무 혁신이다.

인공지능은 이 흐름을 가속화하고 있다. 전문가들은 인공지능이 보다 '창조적'이고 '인간적인' 업무에 집중할 수 있도록 사람들을 해방시켜줄 것이라고 말한다. 인공지능은 인간이 창의적인 업무에 주력하도록 만들어줄 것이다. 이것이야말로 기술 거물의 성공에 숨은 핵심 요인이라고 나는 확신한다.

기술 거물들은 기술의 발전을 가속화하는 과정에서 실행업무를 최소화하는 방법을 발견했다. 이를 통해 새로운 아이디어를

위한 여력을 확보했고, 아이디어를 실제로 구현했다. 이들의 기업 문화는 개선이 아니라 발명을 위한 것이다. 그들은 아이디어의 확산을 가로막는 장벽을 허물었고, 아이디어를 최고의 방식으로 구현했다. 물론 말은 쉽지만 실천은 어렵다.

나는 기술 거물들이 특별한 비결을 갖고 있을 것이라고 생각했다. 그리고 그것을 알아내기 위해 마이애미로 떠났다.

완전히 다른 세상이 열리다

고음이 매력적인 가수 시 로 그린Cee Lo Green은 아마도 자신이 기업 행사에서 분위기를 북돋는 역할을 맡게 되리라고 기대하지는 않았겠지만 2018년 10월에 그런 공연을 하게 됐다. 그린은 마이애미비치에 위치한 리브 나이트클럽에서 잡담을 나누고 휴대전화를 확인하고 사교활동을 시도하는, 배지를 단 1,100명의 전문가 앞에 섰다.

배지를 단 이들이 소 가슴살 슬라이스와 할라피뇨 맥앤치즈, 꽃게 리조토를 먹고 오픈 바를 이리저리 돌아다니는 동안, 그린은 무대에서 노래를 불렀다. 그는 자신의 히트곡 〈Fuck You〉(방송에는 〈Forget You〉로 소개되는)를 불렀고, 그들이 이룬 성취에 대해 이야기했다. 흰색 점퍼 차림에 선글라스를 낀 그린은 무대를 어슬렁거리며 말했다. "지금 이곳은 여러분 모두가 거둔 성공을 축하하는 자리입니다."

〈Fuck You〉 멜로디가 흐를 때 나이트클럽의 분위기는 후끈 달아올랐고, 무대에 선 그린은 커다란 웃음과 함께 분위기에 흠뻑 취해 소리쳤다. "욕을 하고 싶다면 지금 하세요!" 청중의 외침이 무대로 돌아왔다.

그 무대가 유아이패스UiPath가 주최한 컨퍼런스의 시작을 축하하는 자리가 아니었다면, 그린의 공연은 여느 때와 다르지 않았을 것이다. 유아이패스는 사람들이 일할 때 모니터 화면의 움직임을 관찰하고 분석함으로써 업무를 자동화하는 소프트웨어를 개발하는, 그리 유명하지 않은 기업이었다. 무대에서 욕설의 코러스가 조금은 거슬리게 들려오는 가운데, 유아이패스와 그 관계자들은 앞으로 수백만 개의 일자리에서 업무를 자동화하기 위한 도전을 시작하고 있었다.

그 공연이 있기 몇 달 전, 나는 유아이패스가 광범위한 비즈니스 세상이 기술 거물의 업무 방식에 더 가까워지도록 함으로써 비즈니스 업무의 본질을 바꿔놓을 잠재력이 있는 기업이라는 이야기를 들었다. 그리고 그해 가을로 접어들 무렵, 유아이패스는 2억 2,500만 달러 규모의 투자 유치에 성공했다.[3] 결국 나는 대체 무슨 일이 벌어지고 있는지 직접 확인하기 위해 노트북을 들고 마이애미 사우스비치에서 열린 행사장을 찾았던 것이다.

내가 알기로, 유아이패스는 컴퓨터에서 이뤄지는 반복적인 업무를 자동화하는 기업이다. 그들이 개발한 소프트웨어는 사용자의 마우스 움직임과 클릭을 관찰하고, 사용자가 어떻게 업무를 처리하는지 파악한다. 유아이패스의 '로보틱스'(물리적 실체가 없는)는 데이터를 입력하고, 보고서를 작성하고, 양식을 기입하고, 기존 문서를 만들고, 이러한 문서를 특정인에게 이메일로 전송하는 일을 포함해서 무한한 실행업무를 처리할 수 있다. 가령 인사업무와 관련해서, 유아이패스의 봇bot은 표준적인 고용 문서를 작성하고, 신입사원을 다양한 복지 시스템에 등록시키고, 필요할 때 해고 통지서까지 쓸 수 있다. 이런 실행업무들은 전체 업무 시간에서 큰 부분을 차지한다.

월마트와 도요타, 웰스파고Wells Fargo(미국에서 네 번째로 큰 은행-옮긴이), 유나이티드헬스케어, 머크Merck(독일의 화학·제약 회사-옮긴이) 등 세계적인 기업이 업무 자동화 기술을 확인하고자 마이애미 행사장을 찾았다. 일본 은행인 SMBC는 이미 천 개에 달하는 유아이패스 봇을 도입했다. 그들은 그해 안으로 천 개를 더 도입할 예정이라고 했다. 월마트에서 인공지능 기술을 이끄는 아눕 프라사나Anoop Prasanna는 유아이패스의 업무 자동화 기술을 칭찬하면서 그 기술을 더 빨리 받아들일 수 없어 걱정이라는 말을 했다. 보험사 스테이트오토State Auto에서 자동화 프로젝트를 맡고 있는 홀리 얼Holly Uhl은 조용한 분위기를 틈타 내게 말했다. 유아이패스 덕분에 17개월에 걸쳐 사람이 했던 업무에서

3만 5,000시간을 절약했으며, 앞으로 계속 늘어날 것이라고 말이다. "계속 증가할 겁니다."

이 컨퍼런스의 최대 화제는, 유아이패스의 업무 자동화 기술이 기계학습machine learning(미래를 예측해 다양한 의사결정을 내리는 인공지능)을 보다 근본적인 차원에서 통합함으로써 깜짝 놀랄 결과를 내놓을 것이라는 점이었다. 구글에서 기계학습 및 인공지능 관련 협력을 책임지고 있는 내러시 벤캇Naresh Venkat은 구글의 기계학습이 어떻게 유아이패스의 자동화 기술을 활용해서 인간의 개입 없이 보험금 청구 업무를 처리할 수 있는지 보여줌으로써 그 가능성을 입증했다.

벤캇이 무대에서 상영한 영상에서는, 한 사람이 등장해 파손된 차량의 사진을 보험사 웹사이트에 업로드했고 구글의 기계학습 시스템이 사진을 검토해 수리비용을 즉각 계산했다. 그러면 유아이패스는 영업부 폴더에서 고객 파일을 열어 보험금 액수가 기재된 보고서를 작성하고, 마이크로소프트 워드로 기본적인 사정 평가서를 작성해 고객과 보험사 담당자에게 이메일로 자동 전송했다.

벤캇은 말했다. "인간이 해야 할 업무 중 상당 부분을 자동화할 수 있습니다." 그러고는 조금 불편한 표정으로 덧붙였다. "청구서 처리에 12일이 걸렸지만 이제 이틀이면 충분합니다. 게다가 비용도 약 2,000달러에서 300달러로 줄었죠."

유아이패스는 다양한 '로봇 프로세스 자동화' 기업 중 하나로, 이러한 기술에 대한 수요 증가에 발맞춰 최근 모습을 드러냈다. 마이애미 컨퍼런스 이후 두 달이 지나지 않아 유아이패스의 주요 경쟁사인 오토메이션 애니웨어Automation Anywhere는 소프트뱅크로부터 3억 달러를 투자받았다.[4] 오늘날 구글은 인공지능 의사결정 기술을 활용하는 유일한 기업이 아니다. 마이크로소프트와 IBM, 데이터로봇, 엘리먼트 AI 등 많은 기업이 그와 비슷한 기술을 활용하고 있다.

이러한 기술을 대중적으로 확산하기 위한 광범위한 시도와 충분한 투자가 이뤄지는 가운데(또한 이러한 기술에 대한 뚜렷한 수요 증가와 더불어), 자동화의 흐름은 조만간 전 세계의 일터로 퍼져나가면서 실행업무를 일괄적으로 처리해줄 것이다.

자동화 기술을 연구하는 포레스터Forrester의 애널리스트 크레이그 르 클레어Craig Le Clair는 내게 말했다. "기계학습을 기반으로 의사결정에 들어가는 비용을 낮췄습니다. 그 비용은 앞으로 제로를 향해 떨어질 테고, 우리는 아주 다른 업무 세상을 만나게 될 겁니다."

마이애미 컨퍼런스에 참석한 월마트와 웰스파고 사람들은 '다른 업무 세상'이 어떤 모습으로 펼쳐질 것인지 짐작하지 못하는 듯했다. 그들은 자동화와 인공지능 기술을 업무환경에 적용하고자 했지만, 아직 걸음마 단계에 불과하다. 인공지능의 물결이 다가오고 있다는 사실을 알고는 있지만, 그것이 일자리와 기업, 경제를 어떻게 바꿔놓을지는 예측하지 못했다.

그럼에도 '미래의 업무 세상'을 이미 현실에서 구현하고 있는 몇몇 기업이 있다. 그들이 적응한 방식을 살펴봄으로써 우리가 지금 어느 방향으로 나아가고 있는지 짐작해볼 수 있을 것이다.

엔지니어처럼 사고하라

마이애미에서 소개된 기술은 수년 전부터 기술 거물의 내부에서 표준으로 자리 잡고 있다. 인공지능을 연구하는 사업부를 갖춘 세계 최고의 기업들은 제품만이 아니라 업무환경을 학습하는 기계를 개발했다. 그들은 다른 복잡한 업무 툴과 더불어 이러한 기술을 활용함으로써 실행업무에 드는 시간을 크게 줄여주고, 새로운 아이디어에 투자하는 시간을 크게 늘려줬다.

기술 거물들은 새로운 아이디어를 현실로 구현하기 위해 운영 방식을 새롭게 생각해야 했다. 과중한 실행업무를 떠안고 있는 기업들 대부분은 보통 위에서 내려온 몇몇 아이디어에 집중하고, 이를 통해 개발한 신제품 판매에 주력한다. 이런 점에서 여전히 '비전가visionary'라는 말은 CEO에 대한 최고의 찬사다. 이런 기업들의 성공은 대개 경영자와 경영진이 내놓는 아이디어에 달렸다.

이런 의미에서 베조스, 저커버그, 피차이, 나델라는 비전가가 아니다. 그들은 '촉진자facilitator'다. 아마존과 페이스북, 구글, 마이크로소프트의 키를 잡고 있는 이들은 자신의 아이디어가 아니라 직원들의 아이디어를 현실로 바꾼다. 이를 위해 그들은 시스템을 구축한다. 이들 CEO는 세계적으로 앞서가는 기업의 세일즈나 재무 분야 출신이 아니라 모두 엔지니어 출신이다. 이들은 스스로 구축한 시스템을 통해 조직 전반에서 영감을 이끌어낸다. 그들이 구축한 창조 문화의 한가운데는 내가 '엔지니어 사고방식'이라고 부르는 태도가 자리 잡고 있다.

엔지니어 사고방식이란 기술적인 성향을 의미하는 것이 아니라 구축하고, 창조하고, 개발하는 문화를 뒷받침하는 태도를 말한다. 이런 태도는 보통 엔지니어가 업무에 접근하는 방식에 기반을 두지만, 특정 업무나 직급에 국한된 것은 아니다. 엔지니어 사고방식은 세 가지 형태로 모습을 드러낸다.

1. 민주적인 발명

엔지니어는 언제나 발명을 한다. 그들의 일은 파는 것이 아니라 만드는 것이다. 엔지니어 사고방식을 갖춘 사람은 어디서든 창조적인 아이디어를 구할 수 있다는 사실을 안다. 그들은 의사결정자에게 아이디어를 전달하는 통로를 마련해놓고 있으며, 승인이 떨어지면 달려나갈 수 있는 시스템을 마련해두고 있다.

1장에서는 제프 베조스가 어떻게 민주적인 발명을 촉진하는지, 어떻게 아마존이 늘 첫 번째 날에 있도록 만들기 위해 설계된 시스템 속으로 직원들의 창조성이 흘러가게 만드는지 살펴볼 것이다.

2. 억압에서 자유로운 수직 구조

엔지니어 조직은 원래 수평적이다. 그들은 수직 구조에서 일을 하지만, 자신이 생각하는 바를 최고 자리에 앉은 사람에게 직접 들고 갈 수 있다고 생각한다. 이는 전통적인 조직과의 차별점이다. 일반적인 조직에서는 직급 체계를 건너뛰어 아이디어를 갖고 직접 올라가는 것은 위계질서를 무시하는 행동으로 간주된다.

2장에서는 페이스북 내부로 들어가서 저커버그가 어떻게 피드백 문화를 통해 아이디어를 수직 구조의 억압으로부터 해방시키는지 살펴볼 것이다. 페이스북 직원들은 아이디어를 저커버그에게 곧장 들고 간다. 저커버그는 그 아이디어를 다듬고 생명을 불어넣는다.

또한 2016년 미국 대통령 선거를 앞두고 저커버그의 피드백 시스템이 어떻게 허물어졌는지도 함께 살펴볼 것이다. 당시 페이스북은 예상했어야만 했던 선거 조작 때문에 곤경에 빠졌다.

이런 잘못을 바로잡기 위해 저커버그가 어떻게 새로운 '인풋'
에 주목하고 있는지도 다뤄볼 것이다.

3. 협력

일반적으로 엔지니어는 중요한 프로젝트에서 일부를 담당한다.
그들이 맡은 작은 부분에 문제가 발생하면 프로젝트 전체가 망
가질 수 있다(전력망을 떠올려보자). 이런 형태의 업무를 통해 엔
지니어는 자연스럽게 협력의 기술을 익힌다. 그들은 다른 집단
과 정기적으로 의사소통을 함으로써 자신이 다른 사람과 보조
를 맞추고 있는지 확인한다. 이러한 협력정신은 따로 떨어진 부
분들을 끌어모아 하나의 새로운 것을 창조하는 데 적합하다.

3장에서는 구글 내부를 들여다보면서 순다르 피차이가 어떻
게 조직 구성원을 하나로 모아 발명을 완성하는지 살펴볼 것이
다. 특히 구글 어시스턴트 개발에 필요했던 협력에 대해 집중
적으로 들여다볼 것이다. 그 프로젝트에는 구글 검색 · 하드웨
어 · 안드로이드 · 인공지능 팀이 참여했다. 또한 직원들이 함께
일할 수 있도록 피차이가 사용했던 개선된 협력 툴은 집단주의
tribalism와 저항, 그리고 보다 광범위한 반대운동을 이끌기도 했
다. 구글의 경영진과 직원들은 지금도 이런 툴을 다루는 방법을
배우고 있다.

민주적인 발명

억압 없는 수직 구조

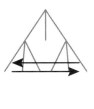
협력

4장에서는 여전히 비전가를 중심으로 구축된 문화를 통해 조직을 운영하는 팀 쿡의 애플을 살펴볼 것이다. 애플은 민주적인 발명, 억압 없는 수직 구조, 활발한 협력, 그리고 유용한 내부 기술과는 거리가 먼 기업이다. 애플은 지금 두 번째 날에 머물러 있다. 아이폰의 매출 성장세는 점차 수그러들고 있다. 애플은 이러한 상황을 타개해야 한다.

5장에서는 마이크로소프트로 시선을 돌린다. 사티아 나델라는 엔지니어 사고방식을 기반으로 새로운 혁신의 시대에 불을 지피고 있다. 나델라의 접근 방식은 전임자인 스티브 발머 시대로부터의 탈피이자, 이 책에서 소개하는 시스템 실행의 사례연구다.

엔지니어 사고방식은 프로그램을 능숙하게 다루는 이들만의 배타적인 자산이 아니다. 이는 컴퓨터 기술이라기보다 일종의 마음가짐이다. 기술 거물만의 것도 아니다. 중소기업도 얼마든지 그 방식을 효과적으로 활용할 수 있다. 그러나 지금으로서는 기술 거물들이 앞서 나가고 있다. 물론 넷플릭스도 피드백 문화를 구축했지만,[5] 이는 혁신을 위한 것이 아니다. 또한 테슬라에서는 아이디어가 위에서 아래로 하달된다.[6] 그리고 우버의 문화는 악명 높게도 오점투성이다.[7]

나는 이 책에서 엔지니어 사고방식에 대해 이야기할 것이고, 엔지니어 사고방식이 어떻게 베조스, 저커버그, 피차이, 나델라가 아이디어를 전달하고 실현하기 위해 구축한 시스템을 뒷받침하고 있는지 설명할 것이다. 이 사고방식은 머지않아 전 세계 성공적인 기업의 표준으로 드러날 것이다. 기술 거물의 이야기를 읽어나가는 동안, 당신은 세계 최고 기업이 그 사고방식을 어떻게 활용하는지 이해하고, 당신의 일터에 적용할 수 있는 적절한 모델을 발견하게 될 것이다. 나는 모두가 여기서 가치 있는 교훈을 발견하기를 바란다.

아이디어는 생존 과제다

엔지니어 사고방식을 실천하는 이들과 함께 이에 대해 논의하는 동안, 나는 오늘날 비즈니스 세상의 윤곽을 그려볼 수 있게 됐다. 데이터 저장 기업인 아이실론 시스템스Isilon Systems를 22억 5,000만 달러 규모의 기업으로 성장시킨 노련한 엔지니어 수잘 파텔Sujal Patel은 내게 이런 이야기를 들려줬다. 자신의 아이디어를 시장에 내놓으려는 기업가가 해야 할 일은, 벤처 투자자를 찾아가 자신의 아이디어가 다른 500개의 아이디어보다 월등하다고 설득하는 것이다. 설득에 성공했다면 투자를 받아 아이디어를 실현할 것이다. 그러나 전통적인 조직 안에서 아이디어를 내놓으려 한다면, 먼저 상사에게 말해야 한다. 상사가 아이디어를 마음에 들어 하면, 그는 다시 자신의 상사에게 말할 것이다. 그리고 그 상사가 마음에 들어 하면 또다시 그 위의 상사에게 말할 것이다. 그렇게 아이디어는 맨 꼭대기로 올라간다. 그 과정에서 누구 하나라도 거부한다면, 그 아이디어는 쓰레기통에 처박힐 것이다.

파텔은 말했다. "조직에서 일할 때 저는 항상 이런 생각을 했습니다. '어떻게 해야 내가 내놓은 아이디어가 실행에 옮겨지도록 할 수 있을까?' 수직 체인을 타고 올라가는 방식은 소용이 없었으니까요."

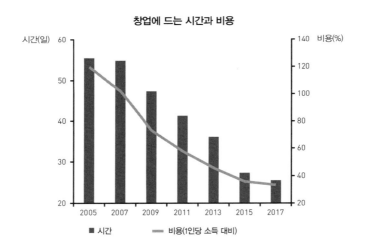

파텔과 인터뷰를 나누고 몇 주 뒤, 세계은행은 2005~2017년 창업에 드는 비용과 시간을 도표로 정리한 연구 결과를 발표했다. 비용과 시간은 12년간 절반 이하로 떨어졌다. 이 자료를 접했을 때 문득 파텔의 이야기가 떠올랐다. 훌륭한 아이디어를 배양하는 시스템 구축이 전에는 선택이었다면, 이제는 생존을 위한 필수 과제가 됐다. 오늘날 전통적인 기업은 한편으로 그 어느 때보다 빠른 속도와 낮은 비용으로 시장에 진입하는 스타트업으로부터 위협을 받는다. 다른 한편으로는 마치 스타트업처럼 움직이면서 기술을 활용해 실행업무를 줄이고 조직 전반에 걸쳐 끌어모은 아이디어에 활력을 불어넣는 기존 기업으로부터 위협을 받는다.

나는 업무와 리더십, 그리고 비즈니스 세상의 근간이 전반적으로 변화하는 시점에 이 책을 썼다. 이 책을 내려놓을 때, 당신이 조직 내 어느 위치에 있든 변화의 흐름이 어디로 나아가고 있는지, 그 변화를 어떻게 받아들일지 더 잘 이해할 수 있기를 바란다.

이 책에 소개하는 CEO들 모두 기업의 규모와 영향력을 남용해 사람들의 심리적 불편함과 의혹을 자극했고, 이로 인해 여론의 반발에 오랫동안 직면해왔다는 것은 공공연한 사실이다. 이는 그들이 존재감을 드러내기 위해 활용했던 방법을 책임감 있게 실행하는 것이 대단히 중요하다는 점을 보여준다. 우리는 그들의 이야기를 통해 그 방법이 결코 신비로운 비법이 아니며, 누구든 쉽게 이해할 수 있다는 사실을 깨닫게 될 것이다. 또한 모두가 그 방법을 신중히 활용한다면, 우리는 보다 균형 잡힌 경제 속에서 살아가게 될 것이다.

ALWAYS DAY ONE

1장

아마존의 발명 문화

아마존의 시애틀 본사는 사방으로 넓게 뻗은 일반적인 실리콘밸리 캠퍼스와는 사뭇 다르다. 아마존은 잘 드러나지 않는 편안한 교외 지역이 아니라, 지금도 개발 중인 사우스 레이크 유니언 지역의 한가운데 자리 잡고 있다. 도플러(에코Echo)나 피오나(킨들Kindle) 같은 프로젝트명으로 이름 붙인 본사 건물들은 길을 따라 길게 늘어서 있다. 5만 5,000명이 이곳에서 근무하고 있으며, 지금도 늘어나는 인력을 수용하기 위해 새로운 건물이 계속 들어서고 있다. 아마존 사람들은 그 도로를 따라 이동한다. 그들을 헤치며 길을 따라 올라가다 보면 아마존에서 가장 전도유망한 실험을 만나게 된다.

베조스의 사무실이 있는 데이원 오피스타워 1층에는 아마존이 운영하는 새로운 형태의 식품점 '고Go'가 자리 잡고 있다. 그런데 그곳에는 계산대가 없다. 뭔가를 사려면 물건을 고르고 앱으로 스캔을 한 뒤…… 그냥 걸어 나오면 된다. 그러면 잠시 후 가져간 물건의 내역이 담긴 영수증이 아마존으로부터 휴대전화로 날아온다. 고 매장에는 계산원도, 기다리는 줄도 없다. 마치 미래에서 쇼핑하고 있다는 느낌이 든다.

고는 놀라운 기술에 의해 운영된다. 위를 올려다보면 그 기술의 실체를 알 수 있다. 천장에는 카메라와 센서가 줄지어 매달려 있고, 이들은 소비자의 모든 동선과 움직임을 추적한다. 고는 이러한 컴퓨터 시각 기술(일종의 기계학습)을 기반으로 소비자가 누군지, 어떤 물건을 집었는지, 도로 내려놨는지 정확하게 인식해서 요금을 청구한다. 내가 몇 차례 속임수를 시도하면서 확인했듯이, 고의 시각 기술은 대단히 정확하다. 물건을 숨기거나 재빨리 들어왔다 나가도(16초 동안 있다가 나왔다) 고는 단 하나의 물건도 놓치지 않았다.

그러나 고 매장에 숨어 있는 이야기는 하드웨어와 프로그램을 훌쩍 넘어선다. 고는 다른 곳에서는 볼 수 없는 아마존만의 독특한 문화의 산물이다. 베조스는 아마존 안에서 발명을 하나의 습관으로 만들어놨다. 그리고 고와 같은 새로운 경험의 창조가 그들의 유명한 웹사이트를 관리하는 것만큼이나 중요한 비즈니스의 핵심으로 만들었다.

아마존에서는 지위 고하를 막론하고 모두가 발명에 참여한다. 그리고 베조스는 업무를 최대한 자동화해 더 많은 발명을 하도록 독려한다. 아마존 설립자이자 CEO인 베조스는 발명을 격려하는 일 이상을 한다. 그는 발명을 대규모로 하기 위한 시스템을 구축했고, 이를 통해 좋은 아이디어가 성공으로 이어질 최고의 기회를 선사한다. 예를 들어 고에 관한 아이디어는 대형 자판기에서 시작됐다. 그러나 베조스의 시스템을 거치고 나자 쇼핑 방식을 완전히 뒤집는 새로운 발명으로 거듭났다.

베조스의 발명 문화 덕분에 오늘날 우리는 스피커와 전자레인지, 시계와 대화를 나누고 있다. 이 기기들에는 모두 알렉사Alexa가 탑재돼 있다. 또한 우리는 화면상에서 책을 읽고, 클라우드 기반으로 기업을 구축하고, 인터넷에서 자유롭게 쇼핑을 즐기고, 계산대에서 멈추지 않은 채 매장 밖으로 걸어 나올 수 있게 됐다.

아마존의 글로벌 소비재 사업부 CEO이자 베조스의 오른팔인 제프 윌크Jeff Wilke는 내게 이렇게 말했다. "발명은 베조스와 그의 아이디어를 위한 원동력입니다. 존재의 일부이자 기업의 핵심이죠. 그가 가장 기뻐하는 순간은 발명과 통찰력, 혁신, 획기적인 아이디어와 맞닥뜨릴 때입니다."

베조스는 14개의 리더십 원칙을 기반으로 아마존의 창조 문화를 이끈다.[1] 아마존 사람들 대부분 그 원칙을 각자의 종교적 규율보다 더 엄격하게 지킨다. 이러한 모습은 때로 아마존을 종교처럼 느끼게 만들기도 한다. 베조스의 원칙은 의사결정을 위한 지침으로도 작동한다. 아마존 사람들과 인터뷰를 하는 동안 나는 그 원칙의 존재감을 분명히 느낄 수 있었다. 그들이 업무 외 시간에 나누는 대화 속에서도 똑같은 것을 느낄 수 있었다.

아마존 사람들에게 리더십 원칙은 삶의 일부다. 그래서 그들은 이직했을 때 좀처럼 적응하지 못한다. 많은 이들이 아마존을 떠났다가 부메랑처럼 돌아오곤 한다. 내가 만난 전 아마존 직원은 리더십 원칙을 자녀에게까지 가르쳤다고 했다.

베조스의 리더십 원칙을 연구하면 할수록 그것이 발명을 위한 지침이라는 사실을 더 분명히 이해하게 된다. 그 원칙은 하나로 뭉쳐 새로운 아이디어를 자극하고, 최고의 아이디어를 가로막는 조직 내 방해물을 제거하고, 성공 가능성 있는 모든 아이디어가 모습을 드러내도록 만든다.

예를 들어 '크게 생각하기'라는 원칙은 다음번에 나올 놀라운 제품과 서비스를 꿈꾸도록 만든다. 특히 형식적인 관리 시스템에서 벗어나도록 자극한다. 이 리더십 원칙은 이렇게 말한다. "작게 생각하는 것은 자기 충족적인 예언에 불과하다. 리더는 과감하게 방향을 정하고 이를 조직에 전달함으로써 성과를 만들어낸다. 그들은 다르게 생각하고 고객을 위해 곳곳을 살핀다."

또 다른 원칙인 '발명하고 단순화하기'는 발명을 부차적인 일이 아니라 핵심업무로 삼게 만든다. 이 원칙은 이렇게 말한다. "리더는 혁신과 발명을 기대하고 요구한다. 그들은 객관적인 시각으로 바라보고, 모든 곳에서 새로운 아이디어를 발견하며, '여기서 발명한 게 아니다'라는 말로 제한을 두지 않는다."

(이 원칙의 진정한 의미는 이런 것이다. 아마존에서 최고의 목표는 발명이다. 발명하지 않으면 당신의 일은 점차 단순화되고 자동화될 것이다. 아마존에서는 발명을 하거나 아니면 떠나야 한다.)

다음으로 '행동 우선'이라는 원칙은 새로운 것을 만들어내기 위해서는 개발 과정을 지지부진하게 끌 것이 아니라 뭔가를 빨리 내놓아야 한다고 말한다. "많은 의사결정과 행동은 거꾸로 되돌릴 수 있으며, 반드시 광범위한 연구가 필요한 것은 아니다. 우리는 계산된 위험을 감수하는 것을 중요하게 여긴다."

(자신의 업무 공간을 좀 더 넓히고자 했던 한 직원은 사무실에 톱을 들고 와서는 책상의 일부를 잘라냈다. 상사가 그 이유를 묻자, 그는 행동 우선 원칙을 내세웠다.)

'소신을 지키고 헌신하기' 원칙은 반대 의견을 적극적으로 개진하되 일단 동의했다면 방해가 되지 말라고 말한다. 이를 통해 병목현상을 제거할 수 있다. "동의할 수 없을 때 리더는 신중하게 이의를 제기해야 한다. 그렇게 하는 것이 불편하고 지치게 만든다 해도 말이다. 그리고 결정을 내렸다면, 전적으로 헌신해야 한다."

(전 아마존 직원의 기억에 따르면, 베조스는 제품 페이지에 Q&A 게시판을 넣는 아이디어를 마음에 들어 하지 않았다. 그러나 그 팀에게 그렇게 하도록 허락했다. 이제 Q&A 게시판은 곳곳에서 찾아볼 수 있다.)

마지막으로, '고객에 집착하라'는 원칙은 고객을 가장 우선시하라는 말이다. "리더는 고객과 더불어 시작해야 한다. 일은 그다음이다. 경쟁자에게도 신경을 써야 하지만, 무엇보다 고객에게 최고의 관심을 기울여야 한다."

(아마존의 고객 집착은 경제적 담합, 반경쟁적 행동, 직원들에 대한 가혹한 처우까지 포함한다. 이는 가격을 낮추고 서비스를 개선하는 데 기여

한다. 그리고 이 둘은 종종 드러나지 않는 비용을 수반한다.)

발명이 아마존 고객에게 충분히 좋은 것이 아니라고 드러날 때, 그들은 다시 처음으로 돌아간다. 고에서 일했던 한 직원은 이렇게 말했다. "고의 마술은 매장에 들어갔다가 그냥 걸어 나올 수 있다는 데 있습니다. (자판기 아이디어는) 결제 문제를 해결하지 못했어요. 문제를 그냥 덮어뒀던 거죠." 그래서 그 아이디어는 승인되지 못했다.

베조스는 뭔가를 알고 있다. 오늘날 기술 기반 경제에서 발명은 단지 좋은 것이 아니라 필수다. 프로그램으로 돌아가는, 그래서 창조에 대한 비용이 그 어느 때보다 낮은 세상에서 경쟁자는 기업이 하고 있는 것을 금방 베낄 수 있다. 이러한 상황에서 살아남고자 한다면, 계속 뭔가를 창조해야 한다. 그래서 베조스는 아마존의 모든 사람이 발명에 동참하도록 했다. 월크는 이렇게 말했다. "발명은 금융, 법, 인사, 주문 처리, 고객 서비스를 비롯해 기업의 모든 분야에 존재합니다. 발명은 이제 아마존 사람 모두의 업무 방식으로 자리 잡았습니다."

베조스는 직원들이 발명을 하고, 그들이 창조한 것을 직접 관리하도록 힘을 실어주는 문화를 구축했다(이는 또 다른 리더십 원칙인 '주인의식'에 해당한다). 더 깊이 들여다볼수록, 우리는 아마존에게 수익을 강요하지 않는 월스트리트 투자자들이 지지하는 베조스의 문화가 아마존 에코, 킨들, 프라임Prime, 아마존웹서비스Amazon Web Services, AWS, 아마존닷컴 등 아마존의 수많은 사랑받는 제품과 서비스의 기반이라는 사실을 분명히 이해하게 된다. 분명하게도 문화는 아마존의 경쟁력이다.

아마존에서 파워포인트가 금지된 이유

2004년 6월 9일 오후 6시 2분, 제프 베조스는 아마존에서 파워
포인트 사용을 전면 금지했다. 그는 이메일 제목으로 그 소식을
전했다. "지금부터 파워포인트 프레젠테이션을 금지합니다."[2]
이메일은 고위 간부들에게 발송됐다. 베조스가 생각하는 파워
포인트란 항목 표시와 멋진 도표로 치장함으로써 그저 그런 아
이디어를 멋있게 보이게 만드는 끔찍한 세일즈 도구다. 마찬가
지로 파워포인트는 사람들이 "생각을 얼버무리고 넘어가도록
허락"하기 때문에 발명 면에서도 끔찍한 도구다. 또한 그가 표
현했듯이 프레젠테이션 당시에는 그렇게 보이지 않는다 해도,
파워포인트는 종종 결함 있고 불완전한 아이디어를 마구 양산
한다.

이에 대해 베조스는 대안을 제시했다. 바로 메모 작성이다.
그는 파워포인트 슬라이드쇼 대신, 완전한 문장과 문단으로 이

뤄진 문서를 통해 새로운 제품과 서비스를 위한 아이디어를 제안하도록 했다. 그가 말하는 메모는 대단히 포괄적인 것으로, 메모를 작성하는 동안 사고 과정의 결함을 쉽게 발견하고 상상력을 한층 끌어올릴 수 있다. 베조스는 이렇게 지적했다. "좋은 메모의 서사 구조를 통해 우리는 무엇이 더 중요한지, 그리고 각각의 요소가 어떻게 연결돼 있는지 더 잘 이해할 수 있습니다."

베조스의 리더십 원칙은 아마존의 가치를 담고 있다. 하지만 이러한 가치를 구현할 시스템이 없다면 아무 쓸모도 없다. 이메일을 전송했을 때, 베조스는 아마존의 발명 시스템, 즉 메모를 중심으로 하는 발명의 근간을 마련한 것이다.

오늘날 아마존의 모든 새로운 프로젝트는 메모로부터 시작된다. 누군가 어떤 아이디어를 연구하기에 앞서, 메모는 잠재적 제품이 어떤 모습일지 구체적으로 묘사한다. 아마존 사람들은 이를 '거꾸로 일하기working backwards'라고 부른다. 그들은 먼저 발명을 꿈꾸고, 거기서 거꾸로 내려온다. 여섯 쪽 분량으로 제한된 아마존의 메모는 보통 11포인트의 칼리브리체로 작성되며, 0.5인치 여백에 아무 그림 없이 새로운 제품과 서비스에 관한 모든 내용을 자세히 설명한다.

시애틀에 머물 때 그 '여섯 쪽짜리 메모'를 볼 기회가 있었다. 전 아마존 직원 한 사람이 내게 보여줬는데, 사실 그 메모는 규

정상 삭제돼야 했기 때문에 그는 익명을 요청했다. 메모에는 참으로 많은 내용이 들어 있었다.[3] 새로운 서비스에 대한 개괄적 설명, 고객에 대한 의미, 아마존 유통업체에 대한 의미, 예산 계획, 글로벌 전략, 가격 책정, 업무 일정, 예상 매출, 성공 기준 등이었다.

이런 메모를 작성하는 일은 마치 공상과학 소설을 쓰는 것과도 같다. 전 아마존 직원이 말했다. "그건 미래가 어떤 모습일지에 대한 이야기입니다. 지금은 존재하지 않는 뭔가에 관한 이야기죠." 실제로 메모에는 허구가 담겨 있다. 여섯 쪽짜리 메모에는 종종 잠재적 제품을 세상에 알리는 가상의 언론 자료와 출시를 기념하는 경영진의 메시지도 포함된다.

누군가 여섯 쪽 메모를 완성했을 때, 그는 자신의 공상과학 소설을 현실로 만드는 과정에서 도움을 줄 관리자에게 회의를 요청한다. 그런데 그 이후의 상황은 좀 기묘하다. 회의는 파워포인트 프레젠테이션 없이 조용한 가운데 시작된다. 참석자들은 15분에서 1시간 동안 조용히 앉아 메모를 읽고, 각자 질문을 준비한다. 이는 메모 작성자에겐 힘든 시간이다. 그는 아마존 고위간부들이(때로는 베조스가 직접 참여하기도 한다) 아무 말 없이 자신의 아이디어를 분석하는 상황을 가만히 지켜봐야 한다. 아마존 고위관리자였던 샌디 린Sandi Lin은 내게 말했다. "일주일 혹은 한 달에 제프와 함께하는 시간은 30분도 안 됐어요. 그래서 아이디어 설명을 한 번에 모두 마쳐야 했죠."

많은 메모를 작성했던(실제로 특허를 여덟 건이나 보유한) 전 아마존 총괄 매니저 닐 애커먼Neil Ackerman은 이렇게 설명했다. "먼저 참석자 전원에게 스테이플러로 찍은 메모와 함께 연필과 형광펜을 나눠줍니다. 메모 내용을 사전에 이메일로 보내지는 않습니다. 보낸다고 해도 아무도 읽지 않기 때문이죠. 그러고 나면 사람들은 조용히 메모를 들여다봅니다."

모두 메모를 읽고 나면 가장 직급 높은 상사가 먼저 질문을 던진다. 그다음 테이블에 둘러앉은 모든 사람이 가차 없이 질문 공세를 퍼붓는다. 애커먼은 이렇게 말했다. "회의는 그렇게 1시간 동안 진행됩니다. 질문과 대답이 끊임없이 이어집니다. 사람들의 질문은 계속되죠. 그렇게 해서 인정을 받아야 비로소 프로젝트가 시작되는 겁니다."

메모가 사람들의 승인을 받으면, 아마존은 작성자에게 배지를 수여한다. 그러면 그는 사람들을 끌어모으고 자신이 상상한 발명에 착수하게 된다. 그 전반적인 과정을 경험했던 전 아마존 직원 미카 볼드윈Micah Baldwin의 설명에 따르면, 메모 작성자에게 아이디어를 실현할 권한을 부여하는 방식은 아마존의 발명 역량을 강화하는 데 대단히 중요한 역할을 한다.

볼드윈은 이렇게 말했다. "발명에는 두 가지 측면이 있어요. 생각하기와 실행하기입니다. 실행하는 이들은 대부분 생각하지 않습니다. 그리고 생각하는 사람은 좀처럼 실행하지 않죠. 놀라운 사실은, 아마존은 그 두 가지 모두에 힘을 실어준다는 겁니다. 저는 처음부터 끝까지 아이디어에 대해 철저하게 고민합니다. 누가 관심을 가질지, 누가 원할지, 누가 고객이 될지에 대해서 말이죠. 다음으로 그 아이디어를 하나의 이야기로 만들어야 합니다. 사람들이 한 번도 본 적 없는 것을 구체적으로 설명하기 위해서죠. 사람들에겐 선택권이 있습니다. 아이디어를 지지하거나 거부할 수 있죠. 일단 지지를 얻어냈다면, 실행은 저의 몫입니다. 생각만을 위해 메모를 작성하는 게 아닙니다. 저는 생각을 해야 하고, 동시에 실행도 해야 합니다. 그 두 가지가 합쳐질 때 비로소 혁신이 완성되는 겁니다."

아마존에서 여섯 쪽 메모는 발명을 민주화하는 기능을 한다. 조직 내 누구든 메모를 작성할 수 있다. 그리고 사람들로부터 충분한 동의를 얻었다면, 경영진은 이를 검토한다. 윌크는 이렇게 설명했다. "저는 다른 부서 직원이 쓴 메모도 읽습니다. 일반적인 수직 구조에서 한참 아래에 있는 직원이 쓴 메모도 읽죠. 메모는 어디서든 올 수 있습니다."

메모에는 구체적인 내용이 담겨 있기 때문에, 베조스를 비롯한 경영진은 보다 수월하게 그 아이디어를 승인하거나 거부하고, 혹은 추가적인 개선을 위해 다시 팀으로 돌려보낼 수 있다. 이런 발명 시스템을 기반으로 아마존은 성공을 향해 달려간다.

그들은 메모를 통해 끊임없이 개선하고, 수정하고, 개발한다. 그 과정에서 베조스는 촉진자 역할을 한다.

한 기업의 문화를 발명의 문화로 묘사하는 것은 다소 이상하게 보일 수도, 혹은 과장된 것처럼 보일 수도 있다. 보통 기업 구성원들은 공상과학 소설이 아니라 비즈니스 운영에 집중한다. 물론 아마존 역시 협력사와 관계를 유지하고, 창고에 재고를 쌓아두고, 제품을 배송해야 한다. 그런데 그들은 어떻게 발명에 집중할 수 있는 것일까? 여기서 우리는 로봇으로 시선을 돌리게 된다.

나의 동료는 로봇입니다

아마존 시애틀 본사에서 동쪽으로 수천 킬로미터 떨어진 곳에 베이지와 회색의 거대한 물류창고가 고속도로 곁에 자리하고 있다. 그 건물 부지는 대단히 넓어서 미식축구장 단위로 측정해야 할 정도다. 공식적으로 부지 면적은 미식축구장의 약 15배로, 일요일에 열리는 NFL 경기 모두를 거뜬히 치를 수 있을 넓이다.

멀지 않은 곳에 있는 뉴어크 공항의 이름을 따서 EWR9이라고 지은 이 물류창고는 175개가 넘는 아마존의 주문처리센터fulfillment centers, FC 중 한 곳이다. 아마존은 여기서 수만 가지에 달하는 제품을 보관하고, 포장하고, 날마다 고객에게 배송한다. EWR9에서만 20시간 안에 수만 개를 배송할 수 있다.

2018년 8월 어느 무더운 여름날 EWR9을 방문했을 때, 나는 인간 '동료'와 함께 일하는 로봇의 소리를 들을 수 있었다. 오렌

지색의 작은 룸바(아이로봇 사에서 만든 로봇청소기-옮긴이)처럼 생긴 기계들이 어두침침한 창고 안을 이리저리 돌아다니고 있었다. 높은 노란 제품 선반 아래를 돌아다니다가 그것을 들어올리고, 회전을 하고, 제품을 인간 동료에게 전달했다. 그들이 인간과 함께 일하는 모습은 마치 춤을 추는 듯했다.

그 로봇들은 직원들이 보다 창조적인 업무에 집중할 수 있도록 최대한 많은 업무를 자동화하려는 베조스의 집착을 가장 뚜렷하게 보여주는 예다. 윌크는 말했다. "목표 달성을 위해 컴퓨터를 활용하는 일에 베조스가 관심을 보이지 않았던 적은 기억나지 않는군요. 그는 초창기부터 작업 과정을 들여다보고, 창조적인 일을 해야 할 사람이 반복적으로 하는 일이 있다면 항상 이렇게 말했죠. '그 업무를 어떻게 자동화할 수 있을까? 어떻게 반복업무를 자동화해서 직원들이 창조적인 업무에 최대한 집중하도록 만들 수 있을까?'"

내가 창고로 들어설 때, EWR9의 카리스마 넘치는 총 관리자 프릿 비르디Preet Virdi가 나를 맞이해줬다(나중에 그는 볼티모어로 자리를 옮겼고, 똑같은 일을 하고 있다). 키가 크고 상냥한, 그리고 목소리가 우렁찬 비르디는 진정한 아마존맨이다. 신입사원 오리엔테이션 때 고객을 향한 아마존의 열정에 대해 배우면서 기쁨의 눈물을 흘렸을 법한 그런 인물이다. 내가 공장을 돌아다니는 동안 비르디는 너무도 자연스럽게 아마존의 비전에 대해 이야기했다. "아마존과 함께 일할 기회가 있다면 대단한 경험이 될 겁니다. 여기 아마존 로봇들은 인간 동료와 함께 멋지고 우아하게 협력하고 있죠." 아마존은 홍보를 그리 좋아하지 않는 기업이지만, 나는 비르디가 왜 그렇게 상기된 표정으로 내게 자랑을 하는지 이해할 만했다.

비르디는 로봇과 인간을 함께 이끄는 새로운 유형의 관리자다. 아마존은 지난 8년간 새로운 시도를 해왔다. 2012년 3월에는 지금 물류창고에서 사용하는 로봇을 개발한 키바시스템스Kiva Systems를 인수했고,[4] 이후 빠른 속도로 작업장에 로봇을 배치했다. 2014년에는 물류창고에 1만 5,000대의 로봇을 들여놨고,[5] 2015년에는 3만 대를 추가 배치했다.[6] 현재는 20만 대가 넘는 로봇이 일하고 있으며, 약 80만 명의 업무를 돕고 있다. EWR9에서만 2,000여 명의 직원이 수백 대의 로봇과 함께 일한다.

로봇은 물류창고의 운영 방식을 완전히 바꿔났다. 전에는 사람이 거대한 창고를 돌아다니면서 고객이 주문한 제품을 찾고, 들고 나와 배송했다(로봇이 없는 아마존 물류창고는 여전히 이런 방식으로 돌아간다). 하지만 지금은 로봇이 그 일을 대신한다. 또한 로보틱스 기술이 발전하면서 아마존은 다른 주요 업무도 자동화하기 위해 노력하고 있다.[7]

현재 아마존 물류창고에는 '스토워stower' '피커picker' '패커packer'만이 인간의 몫으로 남아 있다. 스토워는 선반에 제품을 적재하고, 피커는 주문한 제품을 집고, 패커는 그 제품을 문 앞 배송을 위해 박스나 봉투에 담는다. 이런 인간의 업무 사이에서 로봇은 '로보틱스 구역'을 돌아다니며 마치 스테로이드를 맞은 룸바처럼 대기 중인 수천 개의 선반을 옮긴다.

인간과 로봇이 협력하는 모습은 그야말로 장관이다. 고객이 아마존 사이트에서 주문을 하면, 로봇은 그 제품이 놓인 선반 아래로 미끄러져 들어가서 그 선반을 들어올리고, 아마존 소프트웨어 명령에 따라 다른 로봇들과 함께 차분하게 줄을 맞춰 인간에게로 이동한다. 인간 근로자가 해당 제품을 집어 올리면 다시 서둘러 되돌아간다. 피커들이 하는 일을 유심히 살펴보면서 나는 그들의 업무 효율성에 깜짝 놀랐다. 그들은 선반에서 제품을 집어서 박스에 넣는다. 로봇이 돌아가고 나면 다음 로봇이 도착하고, 선반의 특정 구획에 불이 들어오면 해당 제품을 집고, 다시 로봇이 되돌아간다. 그 전반적인 과정은 대단히 빠른 속도로 이뤄진다.

첨단 소프트웨어는 이러한 업무 과정이 부드럽게 이어지도록 조율한다. 로봇은 물류창고 바닥에 흩어져 있는 QR 코드를 읽고 그에 따라 이동한다. 로봇이 코드 위를 지나갈 때, 그 코드는 거기서 대기하라거나, 다음 QR 코드로 이동해서 또 다른 지시를 받으라고 명령한다. 그 시스템은 피커와 스토워가 얼마나 빠른 속도로 작업을 하는지도 알고 있다. 그래서 자동으로 더 빠른 근로자에게 더 많은 로봇을 보내고, 느린 근로자에게 더 적은 로봇을 보낸다.

워싱턴의 켄트에 위치한 또 다른 물류창고에서는, 로봇이 선반을 스캔하는 카메라 앞에 멈춰 서고, 컴퓨터 시각 기술을 활용해 얼마나 많은 공간이 남아 있는지 파악하고, 언제 스토워에게 돌아가야 하는지 스스로 결정한다(혹은 제품에 문제가 있는 경우 이를 관리 팀에게 가져간다). 일부 피커들은 'FC 게임'을 통해 누가 더 빨리 업무를 처리하는지 자발적으로 경쟁하고 순위를 매기기도 한다.

두 물류창고에서 만난 직원들은 표정이 밝았고, 일에 만족하는 모습이었다. 하지만 모두가 그런 것은 아니다. 아마존 물류창고로 잠입해 몰래 취재한 영국 기자 제임스 블러드워스James Bloodworth는 2018년 자신의 책 《하이어드Hired》에서 창고 바닥에 있던 오줌이 든 병에 대해 이야기했다. 생산 목표 달성을 위해 화장실 가는 시간까지 아꼈던 근로자가 놔둔 병이었다.[8]

아마존의 업무 강도는 대단히 높다. 추수감사절이나 크리스마스 시즌을 앞두고는 더욱 높아진다. 밀려드는 주문을 감당하기 위해 물류창고 직원들은 교대 근무를 한다.[9] 물론 로봇이 업무의 과중함을 상당히 덜어주지만, 그럼에도 불구하고 그들이 과중한 일에 시달리는 모습을 보면 차라리 해고당하는 게 낫지 않을까 하는 생각이 들 정도다.

켄트 물류창고에서 일하는, 문신을 한 이십대 피커이자 스타벅스에서도 파트타임으로 일하는 멜리사가 말하기를 물류창고 업무는 더욱 자동화될 것이라고 했다. "사람이 제품을 일일이 토트.tote(아마존에서 박스를 가리키는 말)에 집어넣지 않아도 되는 방법이 있을 겁니다." 내가 이 이야기를 프릿 비르디에게 전했을 때, 우리의 대화는 예상과는 좀 다르게 흘러갔다.

나는 말했다. "아마존은 반복업무를 싫어하는군요. 조금만 둘러봐도 알 수……"

비르디는 내 말을 자르고 물었다. "반복업무가 무얼 의미하는지 설명해주실 수 있을까요?"

"반복적으로 이뤄지는 가치가 낮은 그런……"

"알겠습니다……."

"질문의 전제가 마음에 들지 않으신가 보군요."

"다만 반복업무의 의미를 알고 싶었을 뿐입니다. 사실 주문을 받는 것도 반복업무로 볼 수 있습니다. 박스를 포장하거나 배송하는 것도 그렇죠. 모두 반복업무입니다. 하지만 그런 반복업무를 위해 우리가 여기 있는 거죠."

나는 업무가 점점 자동화되면 직원들은 앞으로 무슨 일을 하게 될지 물었다. 그는 두 가지 선택권이 있다고 설명했다. 박스 포장과 같은 기술이 필요한 다른 일을 찾는 것, 아니면 교육 프로그램을 통해 다른 기술을 배우는 것이었다. 그의 설명에 따르면, 아마존 직원들은 3~4주 교육을 마치고 나서 로보틱스 기술자로 다른 업무를 맡을 수 있다. "그런 업무는 일반적인 물류센터에는 없는 일이죠."

EWR9에 머무는 동안 나는 과거에는 존재하지 않았던 다양한 일자리에 대해 이야기를 들었다. 가령 로보틱스 구역 기술자, 구조 전문가(로봇이 실수로 제품을 떨어뜨렸을 때 이를 치우는), ICQA 멤버(선반에 놓인 제품의 수를 확인하고 데이터와 일치하는지 확인하는), 그리고 쿼터백(위에서 로보틱스 구역을 감시하는) 같은 일이 있다. 덕분에 아마존이 20만 대의 로봇을 추가했을 때, 30만 개에 달하는 새로운 인간 일자리가 탄생했다.

자동화를 향한 아마존의 집착이 직원들을 실업자로 내몰지는 않을 것이다. 그럼에도 그들은 끊임없는 변화를 모색해야 할 압박감을 느낀다. 이러한 압박감은 활력과 동시에 피로감을 가져다준다. 오늘 아마존 직원이 했던 일을 내일은 로봇이 차지할 수 있다. 윌크는 내게 말했다. "우리는 직원들에게 평생학습자가 되는 방법을 가르치고 조언해야 합니다. 보상 방식과 학습, 그리고 얼마나 많은 인력을 업무에 투입해야 하는지는 계속 달라지고 있으니까요."

아마존은 자동화의 흐름을 계속 이어나가고 있다. 직원들에게 앞으로 어떤 변화가 일어날지 알려주고, 그들이 새로운 업무를 맡을 수 있도록 교육 프로그램을 제공한다. 예를 들어

A2Tech라는 교육 프로그램은 지도와 실무, 시험을 통해 물류 창고 내 기술적인 업무를 수행하는 방법을 가르친다. 또 다른 프로그램인 커리어 초이스Career Choice는 4년의 기간, 1만 2,500달 러를 상한선으로 특정 학위나 자격증을 딴 물류창고 직원에게 교육비의 95퍼센트를 돌려준다.

물론 끊임없는 변화는 익숙지 않은 많은 이들에게는 버거운 도전 과제다. 베조스도 인정했다. "우리는 스스로 도전 과제를 선택했고, 미래를 염두에 두고 일해야 합니다. 이는 올바른 태 도를 갖춘 사람에게는 대단히 즐거운 일입니다."[10] 베테랑 IT 기자인 월트 모스버그Walt Mossberg와의 2016년 인터뷰에서도 이 렇게 말했다. "변화를 싫어하는 사람에게 첨단 기술은 아주 힘 든 과제가 될 겁니다. 훨씬 더 안정적인 분야가 있습니다. 그런 사람들은 아마도 변화가 덜한 안정적인 분야에서 일자리를 찾 아야 할 겁니다. 그래야 행복할 수 있겠죠."

하지만 안정적인 분야로 간다고 해서 마냥 행복해지는 것은 아니다. 아마존 직원들이 경험하고 있는 변화는 이제 산업의 모 든 영역으로 확산되고 있기 때문이다. 베조스가 안정적인 직종 의 예로 꼽은 손해사정인조차 자동화의 위협에서 자유롭지 않 다. 이는 베조스가 손해사정인의 예를 들자마자 맞닥뜨린 결론 이었다. 모스버그가 손해사정인들이 아이패드를 들고 다닌다는 말을 했을 때, 베조스는 이렇게 대답했다. "그들도 조만간 기계학습을 활용하게 되겠군요."

그의 예상은 옳았다. 최근 보험사들은 기계학습 기술을 기반으로 주택보험료를 산정하고, 운전자 안전을 감시하고 있다. 내가 유아이패스의 마이애미 컨퍼런스에서 분명히 확인했듯이, 이러한 기계학습 시스템은 조만간 손해사정인 업무 자체를 완전히 대체할 것이다.

모든 것이 변화하는 가운데, 그래도 아마존에는 변하지 않는 한 가지가 있다. 바로 발명을 향한 의지다. 아마존은 많은 업무를 자동화함으로써 직원들이 발명업무에 집중하도록 해방시켰고(더 이상 특수 시즌에 과중한 업무를 처리해야 할 필요가 없다), 물류창고 직원들에게 발명에 참여할 기회를 주고 있다. 비르디는 내게 '지속적인 개선'이라는 이름의 키오스크 장비를 보여줬다. 직원들은 그 장비를 통해 새로운 제품이나 업무 방식, 혹은 사소한 개선 방안에 관한 아이디어를 입력할 수 있다. 그러면 비르디는 자신의 관리자와 함께 매주 월요일마다 45분간 아이디어들을 검토한다. 좋은 아이디어를 발견하면 그 직원에게 시간과 자원을 지원함으로써 아이디어를 현실로 바꿔보도록 한다. 한 직원은 아마존 박스를 노란색으로 바꾸자는 아이디어를 내놨다. 이 아이디어는 직원들이 보다 쉽게 제품을 발견하고 보다 효율적으로 업무를 처리하도록 도움을 줬다.

EWR9 방문을 마무리하면서 나는 비르디, 그리고 우리와 동행한 아마존 대변인에게 창고 근처의 칙필레 매장에서 점심을 샀다. 나와 대변인은 매운 치킨 샌드위치를 골랐고, 비르디는 플레인 샌드위치를 먹었다. 그동안에도 로봇은 쉬지 않고 돌아가고 있었다.

인간의 일과 로봇의 일 사이

인간은 다분히 예측 가능한 존재다. 아마존은 그 사실을 잘 알고 있다. 아마존 총 관리자였던 닐 애커먼은 내게 이렇게 말했다. "아마존은 특정 우편번호에 해당하는 지역에서 사는 사람들이 무엇을 입고, 사고, 하는지 많은 이야기를 들려줄 수 있습니다. 사람들은 똑같은 옷을 입고, 똑같은 음식을 먹고, 똑같이 치장하고, 똑같은 물건을 삽니다. 색상은 좀 다르겠지만 대부분 예측이 가능하죠."

아마존은 25년간 쌓아온 데이터를 기반으로 사람들이 언제 무엇을 원하는지 잘 알고 있다. 그리고 사람들이 원하는 물건을 미리 파악해서 인근 물류센터에 가져다 놓는다. 그래서 사람들이 구매 버튼을 누를 때 즉각 배송을 시작할 수 있다. 가령 가을이 오면 겨울 코트 주문이 증가한다는 사실을 알고 있다. 특정 지역 사람들이 노스페이스 재킷을 좋아한다는 사실까지 알고 있다. 그래서 그 지역 물류센터에 더 많은 노스페이스 제품을 가져다 둔다. 아마존에서는 이런 데이터를 활용해 다양한 업무를 자동화하는 시도를 '핸즈 오프 더 휠Hands off the Wheel' 프로젝트라고 부른다.

아마존 물류센터는 재고를 충분히 쌓아두고 있다. 1억 5,000명이 넘는 아마존 프라임(유료 서비스로 일반 고객은 이용할 수 없거나 추가 비용을 내야 한다-옮긴이) 고객에게 이틀 배송을 보장하기 위해 반드시 필요한 일이다(최근에는 하루 배송까지 선보이고 있다). 지금까지 아마존은 '벤더 매니저vendor manager'를 통해 그 과정을 부드럽게 처리해왔다. 예를 들어 세제 브랜드 타이드를 담당하는 벤더 매니저는 각각의 물류창고에 얼마나 많은 재고를 비치해둬야 하는지, 얼마의 가격으로 매입해야 하는지 알고 있다. 그들은 타이드와 가격 협상을 진행하고 주문을 넣는 일을 한다. 최근까지도 벤더 매니저는 아마존 사람들 사이에서 인기 높은 직종이었다. 그들의 업무는 역동적이고 관계지향적이며, 세계 최고의 브랜드와 함께한다. 그러나 변화는 언제나 아마존 곳곳에서 고개를 내밀고 있다.

2012년 경영진은 벤더 매니저의 핵심업무가 반드시 사람에 의해 이뤄져야 하는지를 놓고 검토를 시작했다. 인간의 행동이 예측 가능하다면 아마존 알고리즘은 물류창고에 어떤 제품을 언제 얼마나 쌓아둬야 하는지, 얼마에 매입해야 하는지 알 수 있다. 심지어 인간보다 그 일을 더 잘 해낼 수 있다.

애커먼은 이렇게 말했다. "기존 시스템에서 구매 담당자는 계속해서 반복적인 일을 합니다. 전화를 받고, 가격 협상을 하고, 제품을 주문하죠. 그리고 인간이기 때문에 그 과정에서 실수를 저지릅니다. 이러한 과정은 주기적으로 반복됩니다. 이처럼 예측 가능한 행동이 반복적으로 이뤄질 때, 우리는 인간에게 그 일을 맡길 필요가 없습니다. 솔직히 말해 컴퓨터나 알고리즘, 혹은 기계학습 시스템이 인간보다 더 뛰어나죠."

아마존 경영진은 매출을 예상하고, 가격을 결정하고, 제품을 구매하는 일을 포함해 벤더 매니저가 맡았던 업무를 자동화하기로 최종 결정했다. 이를 '요다 프로젝트Project Yoda'라고 불렀는데, 벤더 매니저에게 일을 맡기는 대신 '포스Force'의 능력을 빌리기로 한 것이다.

2012년 11월 랠프 허브리치Ralf Herbrich가 기계학습 책임자로 아마존에 입사했다. 그의 초기 임무 중 하나는 요다 프로젝트 추진이었다. 2019년 말 아마존을 떠난 허브리치는 내게 전화로 이렇게 말했다(당시 그는 베를린에 있었다). "아마존에서 일을 시작했던 때가 기억납니다. 그때는 사람이 일일이 의사결정을 내리고 판매 예측을 했죠. 이후 우리는 알고리즘으로 시선을 돌렸습니다. 그건 제가 맡은 프로젝트 중 하나였어요."

허브리치와 그의 팀(수십 명에서 수백 명에 이르는 기계학습 전문

가로 구성된)은 이후 몇 년간 요다 프로젝트를 실행에 옮기기 위해 노력했다. 처음에는 표준적인 기계학습 접근 방식을 시도했다. 이는 제품을 대량 구매하는 방식에 적합했다. 하지만 산발적인 구매 방식에는 도움이 되지 못했다. 허브리치는 표준적인 접근 방식에 대해 이렇게 말했다. "제품이 백 가지나 천 가지 정도일 때는 문제가 없었습니다. 하지만 우리에겐 2,000만 가지의 제품이 있었죠." 그래서 수정을 했다. 새로운 알고리즘을 내놓을 때마다 이를 사용해 이전 연도의 주문 작업을 시뮬레이션해봤다. 그런 다음 알고리즘의 판단을 인간의 실제 판단과 비교했다.

많은 시행착오와 함께 프로젝트는 허브리치의 예상대로 흘러갔고, 아마존은 그 알고리즘을 업무에 적용하기 시작했다. 벤더 매니저는 이를 통해 각각의 물류창고에 얼마나 많은 재고를 보유해야 하는지에 대한 예측을 확인할 수 있었다. 허브리치의 표현에 따르면, 아마존 벤더 매니저(그리고 주문업무에서 그들의 일을 보조했던 동료들)는 이런 시스템 덕분에 "의사결정에서 많은 도움을 받을 수 있었다."

2015년 요다 프로젝트는 '핸즈 오프 더 휠'로 이름이 바뀌었다. 이 이름은 아마존의 의도에 대해 많은 것을 말해준다. 아마존은 기계학습 알고리즘의 예측을 의사결정 보조 수단으로 활용하는 단계를 넘어서서, 벤더 매니저의 업무를 완전히 대체하도록 만들고자 했던 것이다. 이후 얼마 지나지 않아 경영진은 자동화 업무가 차지하는 비중에 대한 높은 목표를 세웠다. 인간 의 개입은 최대한 줄였고, 심지어 인간이 개입하기 위해서는 준 CEO에 해당하는 카테고리 매니저로부터 승인을 얻어야 했다.

이후로 벤더 매니저의 업무는 크게 바뀌었다. 벤더 매니저였 던 일레인 권Elaine Kwon은 내게 이런 이야기를 들려줬다. "예전처 럼 마음대로 주문을 넣을 수 없게 됐습니다. 전에는 긴 휴가 시 즌을 앞두고 많은 시간을 들여 무얼 주문해야 할지 고민했죠. 그것이 벤더 매니저의 일이었으니까요. 하지만 그런 일은 점점 줄어들었습니다. (경영진은) 우리에게 이렇게 말하는 것처럼 보 였습니다. '더 이상 그런 일은 맡기지 않을 겁니다.'"

핸즈 오프 더 휠 프로젝트의 목표를 수립하기 위한 회의에 서, 한 직원(그는 퇴사했지만 보복을 두려워해 익명을 요청했다. 여기서 는 팀이라고 부르자)은 이제는 기정사실화된 부분에 대해 질문했 다. "솔직히 말해서 이제 할 일이 없어진 사람들은 다른 일자리 를 알아봐야 하는 건가요?" 회의 참석자들은 웃었지만 팀은 진 지했다. 회의 진행자는 고개를 끄덕이며 인간이 할 일은 앞으로 많이 줄어들 것임을 인정했다. 팀은 내게 이렇게 말했다. "그들 은 전반적으로 인정을 하면서도 분명한 입장을 밝히려 하지는 않더군요."

핸즈 오프 더 휠 프로젝트는 이후 유통과 관련된 조직 전반으로 확장됐다. 매출 예측과 가격 결정, 구매, 재고 계획은 이제 자동화의 도움을 받아, 혹은 자동화 기술에 의해서만 이뤄지고 있다. 게다가 판매, 마케팅, 협상업무까지 부분적으로 자동화됐다. 아마존과 협상하고자 할 때, 공급업체는 이제 벤더 매니저가 아니라 컴퓨터 화면을 들여다보며 해야 한다. 그렇게 아마존이라는 자동차는 자율운행을 시작하고 있었다.

요다 프로젝트, 그 이후

이런 이야기는 보통 대량 해고와 일자리의 종말, 결국 파국으로 이어지는 어두운 결말로 끝나게 마련이다. 어쩌면 궁극적으로는 그런 방향으로 흘러갈지 모른다. 하지만 핸즈 오프 더 휠 프로젝트를 실제로 경험한 아마존 사람들과 이야기를 나눴을 때, 나는 그들의 솔직하고 낙관적인 태도에 좀 놀랐다.

권은 이렇게 말했다. "알고리즘이 주문 작업을 자동화할 거라는 소식을 들었을 때, 한편으로 이런 생각이 들었습니다. '그럼 내 자리는 어떻게 되는 거지?' 분명 걱정스러운 부분이었습니다. 하지만 다른 한편으로는 이런 생각도 들었습니다. '기업 차원에서는 당연한 일이지. 그건 IT기업의 도전과도 어울리는 일이야.'"

권보다는 좀 더 비판적인 팀은 똑같은 상황에 대해 이렇게 지적했다. "그건 전면적인 변화였습니다. 어제는 해야 했던 일이 오늘은 하지 말아야 하는 일이 되고 말았습니다……. 안타까운 상황이죠. 일이 사라져버렸으니까요. 하지만 그 흐름에 무작정 반대할 수만은 없는 노릇이죠."

현재 아마존에서 일하는 한 사람은 이렇게 말했다. 아마존에서 "일은 계속 사라지고 있습니다. 매일 똑같은 일을 해서는 안 됩니다. 뭔가 똑같은 일을 계속 하고 있다면, 발명하고 단순화하기 위한 메커니즘을 찾아낼 테니까요."

비즈니스 관점에서 볼 때, 왜 아마존 사람들(주식으로 상당한 보상을 받은)이 그렇게 느끼는지 이해하기는 어렵지 않다. 아마존 비즈니스는 일종의 플라이휠flywheel(관성에 의해 움직이는 바퀴, 선순환의 수레바퀴를 뜻한다-옮긴이)이다. 즉 개별 구성 요소가 개선될 때 전체적으로 훨씬 더 좋아지고 강력해지는, 스스로를 강화하는 시스템이다. 가령 다양한 물건을 낮은 가격에 내놓고 편리한 쇼핑 경험을 제공하면, 더 많은 이들이 아마존에 모여든다. 더 많은 이들이 모여들수록 아마존은 판매자에게 더 매력적인 공간이 되고, 판매자는 더 많은 제품을 더 낮은 가격에 내놓는다. 이는 다시 더 많은 수요를 창출한다. 플라이휠은 바로 이런 방식으로 돌아간다.

아마존 초창기에는 관리해야 할 판매자가 많지 않았다. 당시는 인력을 기반으로 판매자와의 관계를 관리했다. 그러나 제품 종류가 2,000만 가지로 늘어나면서 판매자 관리는 엄청나게 방대한 과제가 됐고, 이는 비용 증가로 이어지면서 플라이휠의 회전 속도를 늦췄다.

허브리치는 이렇게 말했다. "아마존은 비기술적인 방식으로 비즈니스를 시작했습니다. 하지만 그렇게 해서는 규모를 키울 수 없었죠. 플라이휠을 구성하는 다양한 프로세스는 사람들이 내리는 의사결정, 그중에서도 반복적인 패턴의 의사결정을 자동화할 때마다 규모가 증가합니다. 바로 여기서 인공지능이 등장하게 되는 거죠."

20년 전에 벤더 매니저 한 명은 몇 백 개의 제품을 관리했다. 허브리치에 따르면, 지금은 벤더 매니저 한 명이 1만~10만 개의 제품을 관리한다(아마존 대변인은 허브리치가 언급한 수는 하나의 사례이기 때문에 액면 그대로 받아들여서는 곤란하다고 했다).

인간이 했던 판매 예측과 구매 및 협상업무를 자동화했을 때도 유통사업부 직원들의 일자리는 사라지지 않았다. 하지만 업무가 근본적으로 바뀌었다. 벤더 매니저는 이제 행위자보다 감시자에 더 가깝다. 허브리치는 이렇게 설명했다. "그들은 이제 타이핑typing에서 셀렉팅selecting으로 넘어갔습니다. 실수가 발생할 때, 알고리즘에 대한 어떤 입력 값이 잘못됐는지 확인할 수 있는 기술이 필요합니다. 제품을 얼마나 매입할지 결정하는 업무에서 입력 값을 변경하는 업무로 넘어간 겁니다."

이 방식이 현실에서 작동하는 방식을 한번 살펴보자. 아마존의 재고 예측 시스템이 오류를 일으킨 적이 있었다. 허브리치가 보기에, 흰색 양말은 결코 예측하기 힘든 제품이 아니었다. 그 래서 그는 색상처럼 예측 알고리즘으로 들어가는 입력 값에 대한 검토를 요청했다. 그 결과, 아마존에는 총 5만 8,000가지의 색상 범주가 존재한다는 사실을 확인했다. 여기서 표기 실수와 비표준적인 표기가 그 시스템에서 오류를 발생시켰고, 그가 색상을 표준화하자 문제는 해결됐다.

알고리즘으로 들어가는 입력 값에서 잘못된 예측을 수정함으로써, 다시 말해 운전대를 직접 조종하는 방식으로써 문제를 해결한 것이다. 즉 입력 값을 수정함으로써(색상 범주를 표준화함으로써) 시스템을 고쳤다.

핸즈 오프 더 휠 프로젝트는 벤더 매니저와 마케터의 영역을 넘어 확장되기 시작했다. 가령 아마존 번역가는 이제 기계학습 감시자가 되어 제품 페이지를 번역하는 대신 시스템이 자동으로 번역한 내용을 검토하는 일을 맡고 있다. 그들은 기본적으로 아마존 번역 시스템을 신뢰하며, 필요한 경우에만 개입해서 수정한다. 다른 언어로 된 제품 페이지에서 주문을 할 때, 고객은 그것이 인간이 번역한 것인지 인공지능이 번역한 것인지 종종 구분하기 어렵다.

기계학습 번역은 다시 한 번 아마존의 플라이휠을 돌리고 있다. 판매자가 더 다양한 언어로 제품을 팔 수 있다면, 고객의 선택권은 더 넓어진다. 그만큼 더 많은 이들이 아마존 사이트를 찾을 것이며, 방문객이 증가하면서 판매자는 더 다양한 제품과 더 저렴한 가격으로 아마존에서 활동할 것이고, 이로 인해 더 많은 이들이 몰려들 것이다.

물론 많은 일이 예측 가능하지만 알고리즘만으로는 제대로 포착할 수 없는 부분도 있다. 이런 허점을 보완하기 위해 벤더 매니저는 자동화된 예측과 협상, 주문업무를 감시하는 외에 창조적인 과제를 수행한다. 월크는 이렇게 말했다. "패션 비즈니스와 관련해서 우리는 시애틀 사무실에 앉아 스프레드시트로 작업을 하며 새로운 유행을 파악합니다. 동시에 직원들을 뉴욕과 밀라노, 파리 등지로 파견해서 대단히 세련된 방식으로 최신 유행을 추적합니다. 두 가지 방법을 동시에 활용해 최고의 결과를 얻어낼 수 있죠. 컴퓨터 엔진으로부터는 확장성을 얻고, 인간으로부터는 고유한 통찰력과 직관을 얻습니다."

유행은 때로 유통산업을 완전히 예측 불가능하게 만든다. 그럴 때 인간이 다시 운전대를 잡아야 한다. 허브리치는 말했다. "시장은 결코 정적인 공간이 아닙니다. 피젯스피너(손가락으로 돌리며 스트레스를 푸는 장난감-옮긴이)는 2016년 이전에는 없었습니다. 지금은 있죠. 그리고 2020년이나 2021년에는 시장에서 사라질지 모릅니다. 그렇기 때문에 우리는 세상에서 계속 새로운 것을 발견해내야 합니다."

아마존 유통사업부는 핸즈 오프 더 휠을 기반으로 대단히 민첩하고 효율적으로 움직이고 있다. 그리고 제삼자 시장과 주문 처리 운영 방식에서 계속해서 성공을 거두고 있다. 이 시장에서 판매자는 아마존의 중개에 의존하지 않고 사이트에 직접 물건을 올릴 수 있다.

벤더 매니저의 특권은 이제 퇴색했지만, 많은 벤더 매니저가 아마존 내에서 새로운 자리로 이동했다. 링크드인을 통해 그들이 어디로 자리를 옮겼는지 확인해봤을 때, 나는 많은 이들이 프로그램 매니저와 프로덕트 매니저로 넘어갔다는 사실을 발견했다. 프로그램 매니저와 프로덕트 매니저는 아마존 내에서 일종의 전문 발명가로 인정받는다. 그들은 새로운 것을 꿈꾸고, 만들고, 유지하는 역할을 한다. 일반적으로 프로덕트 매니저는 개별 제품에 집중하고, 프로그램 매니저는 서로 관련된 다양한 프로젝트에 집중한다. 링크드인 데이터에 따르면, 이 분야는 최근 아마존 내에서 빠른 속도로 확장하고 있다. 권은 이렇게 말했다. "많은 사람이 실제로 원했던 업무죠. 그들은 또 혁신을 중요하게 생각하는 다른 멋진 팀을 찾고 있습니다."

팀도 그 흐름을 알아챘다. "2년 전만 해도 열두 명의 동료가 벤더 매니저로 있었습니다. 지금은 세 명밖에 안 남았어요. 유통사업부에서 알고 지내던 사람들 대부분이 프로덕트 매니저나 프로그램 매니저로 일하고 있습니다. 이젠 아무도 유통의 핵심 기능에만 머물러 있지 않습니다. 엔지니어가 아닌 이상 프로그램 매니저나 프로젝트 매니저를 원하죠."

아마존은 유통사업부 업무를 자동화함으로써 발명을 위한 새로운 기회의 문을 열었다. 윌크의 설명에 따르면, 아마존은 이 작업을 지속적으로 추진하고 있다. "평범하고 반복적인 업무를 했던 직원들은 이제 그로부터 해방돼 혁신에 몰두하고 있습니다. 그건 기계가 할 수 없는 일이니까요."

2011년 아마존에서 가격 결정 및 프로모션을 총괄했던 딜립 쿠마Dilip Kumar 부사장은 기존의 유통 영역에서 벗어나 2년간 베조스의 '기술 자문'으로 있었다. 아마존 사람들은 그의 자리를 부러워했다. 기술 자문은 베조스가 주최하는 모든 회의에 참석하고, CEO의 눈으로 조직을 살펴보고, 이후 다양한 비즈니스 기회를 누릴 수 있다. 베조스의 첫 기술 자문이었던 앤디 제시Andy Jassy는 이후 아마존웹서비스를 출범하는 일을 맡았다. 제시가 CEO로 있는 아마존 클라우드 서비스 사업부의 아마존웹서비스는 분기당 약 90억 달러의 매출을 올리고 있다.

링크드인 프로필에서 베조스의 기술 자문 시절을 "내가 경험한 최고의 일!"이라고 설명했던 쿠마 역시 자문 역할을 마치고 보다 중요한 비즈니스를 맡았다. 쿠마가 아마존 유통사업부를 떠난 후 요다 프로젝트는 그의 전문 분야인 가격 결정과 프로모션 업무를 자동화하기 시작했고, 이러한 변화는 그가 새로운 일에 도전할 수 있도록 해방시켜줬다(혹은 그렇게 하도록 압박을 가했다).

쿠마는 유통사업부에서 넘어온 다른 이들과 함께 '실생활'에서 쇼핑을 할 때 가장 짜증나는 부분을 파악하는 과제에 착수했고, 기술을 바탕으로 문제를 해결하고자 했다. 그들이 주목한 부분은 바로 결제 단계였다. 거대한 자판기를 비롯해 몇 번의 시도 끝에 그들이 내놓은 것이 바로 아마존 고였다.

고객은 늘 앞서간다

이제 1조 달러 기업의 CEO이자 억만장자인 베조스가 조금은 속도를 늦춰도 괜찮지 않을까 생각할지 모른다. 베조스는 세계적으로 독보적인 전자상거래 비즈니스와 번영하는 하드웨어 사업부, 오스카상을 받은 영화제작사, 방대한 기업 소프트웨어 비즈니스를 성공적으로 구축했다. 그가 원하기만 한다면, 앞으로 수십 년간 이들 비즈니스를 그대로 운영해나가면서 작은 국가의 GDP와 맞먹는 돈을 매년 벌어들일 수 있다. 그가 25년 전에 도전했듯이 다른 스타트업에게 어느 정도 자리를 내줄 수도 있을 것이다. 하지만 당분간 그런 일은 절대 일어나지 않을 것 같다.

1990년대에 책을 인터넷으로 판매하는 방법을 궁리했을 때처럼, 베조스는 창조적인 일에서 인생의 기쁨을 느낀다. 큰 성공을 거둔 많은 CEO에게 멋진 삶이란 자신이 소유한 섬에서 휴가를 보내고, 보트를 타고 전 세계 해안을 누비는 것을 의미한다. 반면 베조스에게 멋진 삶이란 일하는 삶이다. 요트를 타고 해안을 돌아다니는 일은 그에게 "힘들고 고통스러운, 그리고 죽음에 이르는 몰락"에 불과하다.

아마존의 최고 리더들을 자극하는 일종의 정서적인 욕망이 있다. 이에 대해 윌크는 말했다. "저는 발명을, 그리고 미지의 영역에 도달하기를 원합니다. 또한 공포, 불확실성, 흥분감, 앞을 가로막는 모든 장벽을 뚫고 나가면 환상의 세계가 열릴 거라는 믿음이 혼합된 알지 못할 감정을 맛보고 싶습니다. 그런 욕망이 저를 계속해서 나아가게 만듭니다. 베조스 역시 마찬가지일 겁니다."

아마존을 운영하는, 악명 높게 치열한 전자상거래 분야의 리더가 매출 압박이나 월스트리트의 기대가 아니라 발명에 따른 짜릿함을 좇아 움직인다는 사실은 결코 우연이 아니다. 아마존이 조금이라도 틈을 보인다면 경쟁자가 치고 들어와 더 빨리 배송하고, 더 낮은 가격을 제시하고, 더 나은 쇼핑 경험을 제공할 것이다. 그러면 아마존의 플라이휠도 서서히 멈출 것이다. 고객들은 경쟁자의 웹사이트로 이동하고(이는 사이트 주소를 입력하는 것만큼이나 쉬운 일이다), 그에 따라 공급업체도 경쟁사로 몰릴 것이다. 그러면 경쟁사는 가격을 낮추고 선택권을 넓힘으로써 더 많은 고객을 끌어들일 것이다. 그리고 그들은 당연히 아마존의 고객일 것이다.

2018년 4월 베조스는 인터뷰에서 이렇게 밝혔다. "고객은 늘 만족하지 못합니다. 항상 불만이 있고 계속 더 많은 걸 원합니다. 경쟁자를 앞선다고 해도 고객을 따라잡을 수는 없습니다. 고객은 언제나 우리를 앞서갑니다."[11]

베조스의 이런 급박함은 아마존의 성장 연료다. 직원들에게는 엄청난 압박감으로 작용하기도 한다. 그들은 베조스의 기대를 따라잡아야 한다. 베조스의 또 다른 리더십 원칙, '최고의 기준을 고집하라'는 그런 기대를 분명하게 드러낸다. 이 원칙에는 이런 의미가 담겨 있다. "리더는 직원들 생각에는 말도 안 되게 높은 목표를 제시해야 한다."

아마존 직원이었던 한 사람은 아마존에 입사하면서 가족에게 이렇게 말했다고 한다. "아빠는 이제 전쟁터로 나간단다." 실제로 그는 목표 달성을 위해 추수감사절 내내 야근을 했다. 고위관리자였던 샌디 린은 아마존의 정신을 잘 표현한 말을 내게 계속 들려줬다. "아마존에서 물을 와인으로 바꾼다면, 첫 번째 질문은 이런 것일 겁니다. '그렇다면 샴페인도 가능하지 않을까?'"

아마존의 문제 해결 방식

이처럼 매우 높은 목표를 세우면서, 아마존은 건강에 해로운 워커홀릭 정신을 직원들에게 암묵적으로 독려한 셈이다. 그리고 2015년 8월 15일 아마존 문화의 어두운 면이 5,000단어 분량의 〈뉴욕타임스〉 기사로 드러났다. 기사 제목은 이랬다. "아마존의 이면 : 가혹한 업무환경에서 거대한 아이디어와 씨름하다"[12]

아마존 사람들 사이에서 유명한 이 '뉴욕타임스 기사'는 아마존을 냉혹한 일터로 묘사했다. 가령 이런 식이다. 아마존 직원은 거친 비난에 끊임없이 노출되며, 그들만의 독특한 피드백 시스템 속에서 동료들끼리 서로 비판해야 한다. 그들은 휴일이나 주말 할 것 없이 오랜 시간 일한다. 암에 걸리거나 유산을 했더라도 '성과 개선 계획'에 따라 일해야 하며, 개인적인 문제는 알아서 해결하거나 아니면 나가야 한다. 직원들의 삶은 전반적으로 비참하다. 〈뉴욕타임스〉 기사 서두에는 전 아마존 직원의 증언을 인용했다. "거의 모든 동료가 책상에서 우는 모습을 봤습니다."

그 기사가 터졌을 때, 본사 사무실 곳곳에서 전화벨이 마구 울렸다. 전 벤더 매니저 일레인 권은 뉴욕에 있는 한 브랜드 담당자로부터 전화를 받았다. 상대의 목소리는 다급했다. "괜찮으세요? 문제없어요?" 미카 볼드윈은 병원을 찾았다가 의사에게 책상에서 운 적이 있는지 질문을 받았다고 했다(그는 그런 적이 없었다).

이후 아마존은 〈뉴욕타임스〉와 전쟁에 돌입했다.[13] 아마존은 그 출처의 신뢰성을 집중 공략했다. '〈뉴욕타임스〉가 하지 않은 이야기'라는 제목의 〈미디엄〉 기사에서 아마존 상무이자 전 백악관 대변인인 제이 카니Jay Carney는 책상에서 우는 직원에 대해 말했던 전 아마존 직원을 이렇게 꼬집었다. "협력사를 속이고, 비즈니스 기록을 조작해 그 사실을 감추려 했던 정황이 감사에 적발되면서 그의 아마존 시절은 짧게 끝나고 말았다. 증거를 들이댔을 때, 그는 사실을 인정하고 즉각 회사를 떠났다."

이에 〈뉴욕타임스〉 편집자 딘 바켓Dean Baquet은 반격에 나섰다. "그 내용은 다른 전·현직 직원들의 이야기와 일맥상통한다. 다른 사업부의 여러 사람들 역시 사무실에서 사람들이 우는 모습에 대해 증언했다."[14] 바켓은 〈미디엄〉에도 반박 기사를 내보냈다. 헤비급 매치에서 양쪽은 이렇게 펀치를 주고받았다.

〈뉴욕타임스〉 기사가 터졌을 때, 베조스는 이메일을 통해 직원들에게 말했다. "저는 아마존이 그런 기업이라고 생각하지 않습니다. 여러분도 저와 같은 마음이길 바랍니다. 그런 일이 드물게 일어난다 해도, 그런 공감 결핍은 결코 묵과해서는 안 될 겁니다."[15]

아마존은 〈뉴욕타임스〉 기사 때문에 기존의 시스템과 메커니즘, 혹은 원칙을 바꾼 것은 아니라고 오랫동안 주장해왔다. 하지만 기사가 나간 이후로 아마존은 문제 해결에 착수했다. 가령 개선해야 할 조직 문화를 알아내기 위해 커넥션이라는 설문조사의 활용 범위를 확대했다. 아마존은 직원들에게 이렇게 물었다. 최근 관리자와 일대일 면담을 했던 적이 언제입니까? 관리자는 아마존의 가치 원칙을 실천하고 있습니까?(이 설문조사는 2014년 노스아메리카 물류창고에서 시작된 것이다.) 아마존은 설문조사에서 수집한 데이터를 기반으로 조직 문화 개선 작업을 시작했다.

한 전 직원은 내게 말했다. "아마존은 인풋과 아웃풋에 주목합니다. 여기서 아웃풋은 이런 것이었어요. '〈뉴욕타임스〉가 기사를 썼다.' 긍정적인 아웃풋은 아니었죠. 이러한 아웃풋을 낳은 인풋이 있습니다." 그가 설명하기로, 인풋은 설문조사에 포함된 구체적인 항목들이다. "원하는 아웃풋으로부터 거꾸로 일을 하는 거죠. 이를 위해 새로운 방법과 절차를 개발해야 합니다."

이후 아마존은 변화를 만들어냈다. 그들은 검토 과정을 단순화했다. 예전에는 리더십 원칙에 따라 열두 쪽이 넘는 긴 자기평가서를 직원들에게 요구하곤 했다. 그러나 이제는 '슈퍼파워'라는 목록만 작성하면 된다. 승진 절차도 간소화했다. 전에는 관리자가 보고서를 작성해 이를 가지고 회의적인 동료들과 설전을 벌인 후 최종 결정을 내렸다. 관리자가 특정 직원의 승진을 위해 동료들과 싸울 의지가 없다면, 혹은 얼마 전 다른 직원을 위해 싸우느라 정치적 자본을 모두 소진한 상태라면, 그 직원은 아무리 성과가 뛰어나도 승진 기회를 얻지 못했다. 아마존은 그 과정을 단순화했다. 이제 관리자는 소프트웨어 툴을 통해 승진 후보자 목록을 제출만 하면 된다. 아마존은 '자기 비판적인 목소리를 내라'라는 리더십 원칙도 없앴다. 대신 '신뢰를 얻어라'라는 원칙으로 옮기고, '배우고 호기심을 가져라'라는 새 원칙을 추가했다(어쨌든 '자기 비판적인 목소리를 내라'라는 원칙은 명맥을 유지했다). 한 관리자는 내게 〈뉴욕타임스〉 기사 이후 직원들의 평균 재직 기간이 늘어났다는 이야기를 들려줬다.

걱정하는 가족과 친구, 비즈니스 파트너의 전화를 받거나 의사에게서 개인적인 질문을 듣는 외에 〈뉴욕타임스〉 기사는 또 다른 이유로 아마존 사람들을 어리둥절하게 만들었다. 그들은 알고 지원했던 것이다. 내가 이야기를 나눈 아마존 사람들 대부분은 힘든 업무를 예상하면서 입사했다. 그들은 자신이 감당할 수 있는 정도의 책임을 부여하는 조직에서 일하며, 주어지는 기회와 도전으로 말미암아 자신이 아이디어를 현실로 만들어낼 수 있다고 믿었다. 더불어 조직이 자신을 더욱 열심히 일하게 만들어줄 것이라고 기대했다. 아마존 사람들은 동료가 구글이나 마이크로소프트로 옮겨갈 때, 행복을 빌어준다.

한 전 직원은 내게 이렇게 말했다. "〈뉴욕타임스〉에서 우는 직원에 대한 이야기를 읽었을 때, 아마존 사람들의 반응은 이랬습니다. '그들은 아마존 사람이 아냐.' 그들은 충분히 강한 사람이 아닙니다. 사실 아마존에서 일하는 사람들은 거친 문화에 매력을 느낍니다. 우리는 공짜 점심을 원치 않습니다. 무슨 말인지 아시죠?"

창조성을 가르쳐드립니다

전·현직 아마존 직원들과 이야기를 나눌 때, 그들이 업무 자체보다는 베조스 밑에서 일하는 경험이 그들의 삶을 어떻게 바꿔놓을지에 더 많은 관심을 보인다는 느낌을 종종 받았다. 그들은 베조스의 발명 문화 속에서 살아감으로써(그리고 오랜 시간을 들여 처리했을 과제를 대신 수행해주는 인공지능 시스템으로부터 많은 도움을 받음으로써) 기술적인 차원에서 창조성을 발휘하는 방법을 배운다.

우리 사회에서는 기술적인 태도를 지닌 사람은 창조적으로 생각하지 못하고, 창조적인 태도를 지닌 사람은 기술적으로 생각하지 못한다는 선입견이 팽배해 있다. 한쪽에 화가와 음악가가 있고, 다른 한쪽에 프로그래머와 수학자가 있다. 즉 우뇌와 좌뇌가 따로 떨어져 있다. 베조스는 아마존에서 이 둘을 하나로 연결하는 방법을 가르친다. 그는 미래를 상상하고, 공상과학 소설을 쓰고, 프로그래밍하고, 자동화하고, 다음에 올 것을 예측하도록 격려한다. 그리고 스스로 그 흐름에 박차를 가한다.

나와 인터뷰를 나눴던 많은 이들은 실제로 삶의 다음 단계에서 베조스에게 배운 기술적인 창조성을 발휘하고 있었다. 예를 들어 샌디 린은 2,000만 달러 이상을 투자받은 온라인 강의 기업 스킬자Skilljar의 설립자이자 CEO로 활동하고 있다. 일레인 권은 전자상거래 소프트웨어 및 서비스 업체인 권티파이드Kwontified의 공동설립자이자 파트너다. 이곳에서 그녀는 벤더 매니저로 있던 아마존 시절과 비슷하게 특정 업무를 자동화하는 과제에 매달리고 있다. 또한 미카 볼드윈은 시애틀에 기반을 둔 벤처캐피털 기업 마드로나 벤처스Madrona Ventures에서 스타트업에게 도움을 주는 일을 하고 있다. 현재 존슨앤존슨에서 공급망 관리를 담당하는 닐 애커먼은 아마존의 업무 처리 방식을 130년 된 그 제조기업에 주입하기 위해 애쓰고 있다. 독일 전자상거래 업체인 잘란도Zalando에 2020년 1월에 합류한 랠프 허브리치는 아마존 시절에 그랬듯이 기계학습을 도입하기 위해 애를 쓰고 있다. 한편 제프 월크는 베조스가 물러날 때를 대비해 후임자가 될 준비를 하고 있다. 물론 꽤 오랜 시간을 기다려야 하겠지만 말이다. 마지막으로 프릿 비르디는 지금도 동료들과 함께 웃으며 아마존 물류창고를 돌아다니고 있을 것이다.

나는 아마존 본사 건물을 돌아다니면서 베조스가 사람들을 어떻게 바꿔가고 있는지 보여주는 상징을 곳곳에서 확인할 수 있었다. 에코나 프라임 나우Prime Now(아마존의 신속 배송 서비스-옮긴이) 같은 새로운 발명을 알리는 포스터에는 그 아이디어를 현실로 구현한 팀원들의 서명이 들어가 있다. 어떤 벽에는 거대한 검색창이 그려져 있고 그 한가운데 '발명'이라는 단어가 선명하게 쓰여 있었다. 또한 '스피어Sphere'라는 이름의 유리벽으로 된 세 곳의 사무실 안에는 영감을 자극하는 희귀한 식물과 함께 조그마한 업무 공간들이 마련돼 있었다.

베조스가 머무는 데이원타워 1층에는 아마존의 첫 번째 고매장이 모든 이에게 문을 열어두고 있다. 거기서 나는 당황한 표정으로 주변을 두리번거리며 걸어 나가는 사람들의 모습을 볼 수 있었다. 그들은 아마도 베조스가 어떤 생각으로 이곳을 설계해놓았는지 궁금해했을 것이다.

ALWAYS DAY ONE

2장

페이스북의 피드백 문화

어느 화창한 월요일 아침, 동료에게 도움을 요청하는 올바른 방법을 배우기 위해 열세 명의 페이스북 직원으로 이뤄진 한 그룹이 멘로파크의 강당에 모였다. 이제는 페이스북 학습 개발 파트너가 된 전직 초등학교 교사 메건 맥드빗Megan McDevitt이 피드백 훈련을 시작하자 매니저와 개인 참여자, 엔지니어와 마케터로 이뤄진 이 그룹은 자리에 앉아 서로 미소를 나누다가 조금은 긴장한 표정을 지었다.

맥드빗은 가장 먼저 피드백은 바람직한 일일 뿐만 아니라 반드시 필요한 일이라고 강조했다. 개선의 여지가 있는 부분을 발견할 때마다 지적을 해야 한다. 상대가 상사, 혹은 상사의 상사라도 말이다. 그녀는 말했다. "피드백은 모든 방향으로 나아가야 합니다. 상대가 직급이 높다 해도 적극적으로 피드백을 전해야 합니다. 수직 체계는 중요하지 않아요."

맥드빗은 다음 4시간 동안 페이스북 내에서 피드백의 중요성에 대해 집중 설명했다. 누군가 프로젝트를 미루고 있으면, 혹은 지나치게 간섭한다면, 아니면 회의에서 발언권을 주지 않는다면 피드백 대화가 필요하다. 피드백을 전해서는 안 될 때란 없다. 페이스북 내에서는 언제든 상대방에게 이렇게 말할 수 있다. "당신에게 전해줄 피드백이 있습니다." 페이스북 직원의 40퍼센트 이상이 들은 이 강의는 이러한 태도를 공식화하는 데 도움을 준다.

페이스북은 교육기업인 바이탈스마츠VitalSmarts로부터 피드백 공유 방법을 배웠다. 그 방법은 세 가지 요소로 구성된다. 첫째, 사실 말하기, 둘째, 자신의 이야기 공유하기, 셋째, 질문하기. 사실 말하기란 일어난 일을 객관적으로 설명한다는 의미다. "지난번에 당신은 며칠 안에 답을 주겠다고 했어요. 그런데 벌써 이주일이 지났어요." 자신의 이야기 공유하기란 왜 상황이 예상대로 흘러가지 않았는지에 대해 자신의 생각을 전하는 것이다. "업무로 바빴을 수도 있겠죠. 아니면 제 프로젝트의 방향에 동의하지 않아서 대답을 하지 않을 것일 수도 있겠죠." 마지막으로 질문하기란 해결책에 도달하기 위한 요청이다. "제가 이해할 수 있도록 설명을 좀 해주시겠어요?"

맥드빗이 사람들에게 롤플레이를 통해 이러한 대화를 시도해보도록 했을 때, 강당 안의 긴장감은 더 높아졌다. 누군가에게 문제를 지적하는 일은 롤플레이에서조차 쉽지 않은 것으로 드러났다(나는 앞자리에 앉아 있었고, 첫 번째 롤플레이를 하는 동안 어디라도 숨고 싶은 마음이었다). 하지만 계속 해보니 점점 자연스러워지는 것을 느낄 수 있었다.

마지막으로 맥드빗은 감정적으로 힘든 날을 보낸 후 가급적 21일 안에 어려운 피드백 대화를 시도해야 한다고 말했다. 그리고 모두에게 이 점을 명심하라고 당부했다. 그런데 한 사람이 이의를 제기했다. "지금까지 누구도 그렇게 해야 한다고 말하지 않았습니다!"

맥드빗은 대답했다. "지금부터라도 시작해보세요. 실천하지 않는다면 이런 대화는 아무 쓸모도 없습니다. 그건 엄연한 사실입니다. 그러니 시도해보세요."

사람들은 어색한 웃음을 지었다. 그러나 논쟁은 없었다. 모두가 펜을 들고 적기 시작했다.

저커버그의 모순

맥드빗의 강의는 페이스북 직원들이 피드백을 효과적으로 전달할 뿐만 아니라 피드백을 잘 받아들이도록 만들었다. 강의를 들은 사람이라면 피드백이 자신을 비난하려는 것이 아니라 새로운 관점을 보여주려는 것임을 이해한다. 페이스북에서 피드백이란 문제에 대해 논의해보자는 제안, 혹은 누군가 "제게 좋은 아이디어가 있어요. 우리가 이걸 꼭 시도해봐야 하는 이유는 이렇습니다"라고 말할 때 그 말에 귀 기울이는 것을 의미한다. 에고_ego_와 두려움은 대부분의 조직에서 이런 대화를 힘들게 만든다. 그러나 페이스북에서 맥드빗의 강의는 피드백에 대한 약속과 더불어 피드백을 일상적인 활동으로 만들었다.

저커버그의 이런 피드백 문화는 베조스의 여섯 쪽 메모와 비슷한 기능을 한다. 모든 사람의 아이디어는 귀 기울일 가치가 있다는 인식을 심어줌으로써 저커버그는 신제품에 대한 아이디어를 격려한다. 아이디어는 누가 낸 것인지와 상관없이 대부분 저커버그에게 곧장 전달된다.

이는 기술 거물 중 가장 위태로운 상황에 처한 페이스북에게 특히 중요하다. 자체적으로 운영 시스템을 갖추고 있지 않은 페이스북은 새로운 서비스를 계속 선보이는 것 외에 사용자의 관심을 끌 수 있는 특별한 게 없다. 사용자의 관심을 지속적으로 자극하지 못할 때, 페이스북은 위축되다가 결국 죽음에 이르고 말 것이다. 언론은 몇 달에 한 번 꼴로 페이스북의 이런 위태로운 상황을 상기시킨다. 십대들의 페이스북 사용 감소부터 사용자의 활동량 둔화, 친구끼리 공유 감소에 이르기까지 다양한 문제를 지적한다. 이와 관련해서 마크 쿠반은 내게 말했다. "페이스북은 심각한 상황에 처해 있습니다. 사람들이 원치 않으니까요." 그렇기 때문에 페이스북은 생존을 위해 서둘러 발명을 해야 한다.

2019년 9월 멘로파크를 다시 찾았을 때, 나는 또 한 번 저커버그와 자리를 함께했다. 가장 먼저 나는 페이스북에서 발명이 중단된다면 무슨 일이 벌어질지 물어봤다. 그건 조금 공격적인 질문이었다. 저커버그는 미소를 지으며 즉답을 피했다. 그러고는 항상 그렇듯 대답 대신 질문을 던졌다.

"당신 생각은 어때요?"

"페이스북에는 전혀 좋지 않은 상황이 전개되겠죠."

"아마 그럴 겁니다."

"무너져버릴지도 모르죠."

저커버그는 뭔가 마땅한 대답을 내놓으려는 듯 이렇게 말했다. "재미있는 질문이로군요."

대규모로, 그리고 아주 빠른 속도로 발명하기 위해 페이스북의 피드백 문화를 설계했다는 점에서, 발명이 사라진 상태에 대한 질문은 저크버그를 당황하게 만들었을 것이다. 그는 이렇게 설명했다. 페이스북은 100퍼센트 완벽하지는 않더라도 준비가 되면 신제품을 즉각 출시하는 것을 목표로 삼고 있다. 이를 위해 내부의 피드백을 최고 우선순위로 꼽고 있다. 비록 외부의 피드백을 종종 무시함으로써 페이스북을 위기로 몰아넣곤 했지만 말이다.

페이스북은 오랫동안 대중의 피드백을 외면해왔다. 초창기 뉴스피드와 독립적인 메신저 앱 같은 기능에 대해 사용자들의 조직적인 반발이 있었을 때도 꿈쩍하지 않았다. 그럼에도 성공을 거뒀고, 이후 대중의 불만을 늘 있는 것으로 치부하기 시작했다. 이런 태도로 페이스북은 위기를 맞았다. 가령 사용자 프라이버시를 무시하고, 개인정보를 허술하게 관리하고, 폭력적인 콘텐츠에 주의를 기울이지 않고, 해외의 선거 조작 시도에 안일하게 대처해 비난받았다. 저커버그가 내부 피드백만큼 외부 피드백에도 관심을 기울였다면 페이스북의 현재 상황은 훨씬 더 나았을 것이다.

페이스북은 발명하고, 개선하고, 또다시 발명한다. 아마존의 모토가 언제나 첫 번째 날이었다면, 페이스북은 이제 1퍼센트 완성됐다는 것이다. 저커버그는 말했다. "'빨리 움직이기'는 최근 종종 비난을 받고 있습니다. 그건 사람들이 '되는 대로 하고 결과는 신경 쓰지 마'라는 의미로 이해하기 때문입니다. 하지만 그런 의미가 아닙니다. 진정한 의미는 이겁니다. '어떻게 최대한 빠른 속도로 배울 수 있을까?'"

페이스북의 신속한 발명은 축복이자 저주다. 페이스북은 창조하고 적용하는 능력 덕분에 사용자의 싫증에서 컴퓨터 기술의 변화에 이르기까지 다양한 도전 과제를 효과적으로 해결할 수 있었다. 또한 페이스북은 스스로 감당할 수 있는 것보다 더 빠른 속도로 신제품을 출시했고, 이후 그 속도를 따라잡느라 급급했다. 그리고 페이스북이 제품의 문제를 해결하기 위해 충분히 '빨리 움직이지' 못했을 때(예를 들어 2016년 미국 대선을 앞두고) 재앙이 벌어졌다. 시스템의 결함을 보완하려는 노력 또한 신제품을 서둘러 내놓는 것만큼이나 페이스북의 지속 가능성에 중요하다.

저커버그는 이렇게 지적했다. "나아갈 방향에 대한 공개적인 논의와 검토 없이 특정 방향으로만 서둘러 가다가는 결국 막다른 길로 들어서고 말 겁니다." 그는 맹목적인 다급함에 따른 결과를 잘 알고 있었다.

묻고, 듣고, 배워라

피드백에 대한 저커버그의 집착은 그가 걸어온 길을 감안할 때 자연스러운 현상이다. 베조스나 피차이, 나델라와는 달리 저커버그는 지금의 자리에 앉기까지 다른 일을 경험해보지 못했다. 2004년 하버드대학교 기숙사에서 페이스북을 시작할 때, 저커버그는 기업을 어떻게 운영해야 할지 전혀 몰랐다. 하버드를 중퇴하고 나서는 경험 많은 이들에게 물어가며 배웠다.

〈워싱턴포스트〉의 전 소유주 돈 그래엄Don Graham은 15년 가까이 저커버그에게 조언을 준 인물이다. 2005년 저커버그는 하버드 동료를 통해 그래엄을 처음 만났다. 그 동료의 아버지가 〈워싱턴포스트〉에서 일하고 있었던 것이다. 그래엄에 따르면, 처음 만났을 때 저커버그는 매출과 수익의 차이도 모르는 듯했다. 당시 젊고 파릇파릇한 저커버그는 여섯 명으로 이뤄진 기업을 이끌고 있었다. 이후 조직이 점점 커지자 저커버그는 계속 전화를 걸어 물었고, 그래엄은 기쁜 마음으로 조언했다. 그래엄은 페이스북에 투자를 제안하기도 했으며(나중에 더 나은 조건으로 투자 제안이 들어오면서 저커버그는 이를 거절했다), 결국 페이스북 이사회에 합류했다.

그래엄은 내게 말했다. "마크는 잘 듣는 사람입니다. 나는 그가 조언자들의 의견에 맞서 일을 강행하는 모습을 본 적이 있습니다. 동시에 강한 인상을 받았을 때 생각을 바꾸는 모습도 본 적이 있습니다. 그는 배우는 사람입니다."

2006년 저커버그는 특별한 부탁을 위해 그래엄에게 전화를 걸었다. 그래엄은 당시를 이렇게 떠올렸다. "전화가 걸려왔습니다. 이번에는 아주 드문 경우였죠. 이렇게 말하더군요. '제가 CEO로서 지금껏 몰두해온 일(가령 프로그래밍)을 뛰어넘어 고민해야 하는 단계로 우리 조직이 성장했다는 사실을 깨달았습니다. 그래서 사흘간 당신을 따라다니고 싶습니다.' 웃긴 제안이라는 생각이 들더군요. 평생 들어본 것 중 가장 이상한 부탁이었습니다. 저는 CEO로서 내 역할 역시 마크와 크게 다르지 않을 거라고 설명했습니다. 하지만 그는 막무가내였죠. '아닙니다. 꼭 그렇게 해보고 싶습니다.'"

저커버그는 실제로 그래엄을 찾아와 함께 돌아다녔다. 그는 조용히 세계적인 신문사의 업무를 보고 배웠다. 그래엄은 말했다. "신문사가 돌아가는 모습을 보여줬죠. 우리 업무는 완전히 아날로그 방식입니다. 전통적인 기술이죠. 신문을 인쇄해서 트럭으로 나릅니다. 그가 살아가는 세상과 완전히 딴판이죠. 그런데도 마크는 사람들 사이의 관계를 유심히 살피더군요."

2년 후, 저커버그는 그래엄에게 또 전화를 걸어 다른 부탁을 했다. 이번에는 제프 베조스를 소개해달라는 요청이었다. 그는 베조스도 따라다니고 싶어 했다. 그래엄은 저커버그의 요청을 베조스에게 전했다. 〈워싱턴포스트〉에서 그래엄을 조용히 따라다니던 때와 달리 저커버그의 인지도는 한층 높아진 상태였다. 그래엄에게서 〈워싱턴포스트〉를 인수한 베조스는 전화로 이렇게 대답했다. "재미있는 생각이로군요. 하지만 안젤리나 졸리가 따라다니는 것 말고는, 모든 사람이 마크가 따라다니는 모습을 구경하는 것보다 제 인생을 얼어붙게 만드는 일은 없을 겁니다."

나는 그래엄에게 베조스와 저커버그 사이에 공통점이 있는지 물었다. 그는 그렇다고 대답했다. 두 사람 모두 누가 낸 것이든 새로운 아이디어에, 심지어 어설픈 아이디어에도 마음을 열어놓고 있었다. 그래엄은 말했다. "저는 가장 가능성 없는 아이디어를 제프에게 전했습니다. 바로 〈워싱턴포스트〉를 인수하라는 것이었죠. 그러고는 특별한 노력도 하지 않았어요. 그런데도 제프는 그가 평생 한 번도 생각해본 적이 없는 제 아이디어를 흔쾌히 받아들였습니다."

모든 아이디어는 저커버그로 통한다

저커버그는 듣고 배우면서 또한 단호하다. 그의 피드백 문화에서 페이스북 사람들은 직급과 상관없이 아이디어를 주고받는다. 그렇다고 저커버그가 수직 체계 없이 조직을 운영하는 것은 아니다. 그가 부르면 모두가 달려간다.

저커버그는 아이디어가 자신에게 도달하는 경로를 페이스북 운영 방식의 핵심으로 삼는다. 페이스북 내에서 아이디어는 크게 네 가지 경로로 저커버그에게 전달된다. 그것은 금요일 Q&A 시간, 페이스북 내부 그룹, 핵심 모임, 제품 리뷰를 말한다.

저커버그가 주재하는 금요일 Q&A 시간은 방 하나에 전 직원이 모일 수 있었던 2005년 시절로 거슬러 올라간다. 당시는 그 시간을 '금요일 모임'이라고 불렀다. 페이스북에서 가장 오래 근무한 사람 중 하나인 나오미 글레이트Naomi Gleit 제품관리 부사장은 내게 이렇게 설명했다. "다 같이 중국 음식을 시켜 먹으며 편한 시간을 보냈어요." 그 Q&A 시간은 이제 진행자와 함께 커다란 카페테리아에서 진행되며 실시간 방송까지 되고 있다.

저커버그는 Q&A 시간을 통해 조직의 상태를 점검한다. 인사 책임자 로리 골러Lori Goler는 내게 저커버그가 "사람들이 무슨 생각을 하는지, 어떤 아이디어를 갖고 있는지, 어떤 질문을 하는지, 그 어조는 어떤지" 알고 싶어 한다고 말했다. 이 시간에 사람들은 다음 발명을 위한 아이디어를 자유롭게 개진한다. 골러는 말했다. "사람들은 저커버그에게 제품 전략에 대해 물어봅니다. 가령 이런 식이죠. '제품에 대한 제 피드백은 이렇습니다. 전략적 차원에서 어떤 생각을 갖고 계신지요?'"

또한 페이스북 사람들은 수백 개에 달하는 페이스북 내부 그룹에서 끊임없이 이야기를 주고받는다. 여기서 그들은 제품에 대해 논의하고, 다른 팀에게 질문을 하고, 경영진의 성과를 평가한다. 그리고 자신의 아이디어를 저커버그와 경영진에게 전달한다. 그들은 자발적으로 토론을 제안하고, 토론에 참여한다. 이러한 내부 소셜 네트워크의 상업적 가치를 인식한 페이스북은 그 시스템을 워크플레이스Workplace로 출시했고, 현재 월마트와 도미노피자Dominos, 스포티파이Spotify가 이를 사용하고 있다.

저커버그의 핵심 모임 역시 그에게 아이디어를 전달하는 중요한 역할을 한다. 저커버그는 그 모임을 불편한 진실을 말하는 이들로 채우고 있다(잠시 후 살펴보듯이 항상 성공적인 것은 아니지만). 페이스북 경영진은 와튼스쿨 교수 애덤 그랜트Adam Grant의 책《기브 앤 테이크》를 높이 평가한다. 이 책에서 그랜트는 직원을 네 범주로 구분한다. 바로 우호적인 주는 자agreeable giver, 비판적인 주는 자disagreeable giver, 우호적인 받는 자agreeable taker, 비판적인 받는 자disagreeable taker다. 그 의미는 말 그대로다. 우호적인 직원은 호감을 얻지만 비판적인 직원은 그렇지 않다. 그리고 주는 자는 조직에 뭔가를 주고, 받는 자는 조직으로부터 뭔가를 가져간다.

여기서 페이스북이 가장 중요하게 생각하는 것은 우호적인 주는 자가 아니다. 글레이트는 내게 이렇게 말했다. "마크를 비롯해서 우리 경영진은 비판적인 주는 자야말로 조직에서 가장 가치 있는 사람이라고 말합니다. 우리는 이런 사람을 보호해야 해요. 실제로 마크 주위에는 비판적인 주는 자들로 가득하죠. 그들은 마크가 듣고 싶어 하는 말만 하는 게 아니라 자신의 생각을 그대로 전합니다."

실제로 저커버그는 논란을 일으키는 벤처 자본가 피터 틸Peter Thiel을 이사회에 그대로 두고 있다. 페이스북 이사회에서 틸과 오래 활동했던 그래엄은 이렇게 말했다. "많은 사람이 피터가 이사회에 있는 걸 원치 않습니다. 그는 언제나 반대하는 사람이죠. 하지만 마크는 원했습니다. 피터는 이사가 됐습니다. 그는 초기 투자자 자격으로 페이스북 이사회에 합류했습니다. 마크는 피터가 이사회에 계속 남길 원했어요. 그가 큰 목소리로 반대 의견을 제시하기 때문이죠."

서른다섯의 저커버그는 자신의 핵심 모임을 경험 많은 이들로 채웠다. 저커버그는 어떻게든 그들로부터 배우고자 한다. 가장 대표적인 인물로 셰릴 샌드버그가 있다. 스물세 살 무렵 저커버그는 비즈니스를 키우기 위해서는 누군가의 도움이 절실하다는 사실을 깨달았고, 샌드버그에게 손을 내밀었다. 당시 샌드버그는 구글의 글로벌 온라인 세일즈 및 운영 부사장으로 있었다. 클린턴 행정부에서도 경력을 쌓은 샌드버그는 실리콘밸리의 많은 기업으로부터 CEO 제안을 받았다. 그때까지 페이스북을 완전히 통제하고 있던 저커버그는 샌드버그에게 광고와 정책 및 운영 사업부에 대한 권한과 더불어 이사회 합류를 제안했다. 샌드버그는 자신을 〈워싱턴포스트〉에 영입하려 했던 그래엄에게 전화를 걸어 상의한 뒤 페이스북 합류를 결정했고, COO로 활동했다.

샌드버그는 페이스북이 수십억 달러 규모의 기업으로 성장하는 데 큰 기여를 했다. 그녀가 없었더라면 페이스북은 지금처럼 크지 못했을 것이다. 또한 최근 페이스북 스캔들의 중심에 있는 인물이기도 하다. 사용자들은 샌드버그가 이끄는 광고 세일즈 팀의 데이터를 향한 집착 때문에 부분적으로 페이스북을 신뢰하지 않는다. 그리고 2016년 대선에서 미국 정치 광고 구매를 위해 러시아 자금까지 받으려고 했던 그녀의 결정은 기술 역사상 가장 당혹스러운 사례로 남았다. '오직 좋은 소식만Only Good News'이라는 샌드버그의 회의실 명칭은 그녀가 페이스북 피드백 강의를 적극 지지했다는 점에서 다소 의아한 생각이 들게 만든다.[1]

샌드버그가 페이스북의 비즈니스를 운영하는 동안, 저커버그는 새로운 제품과 서비스를 개발하고, 오후 중 많은 시간을 프로덕트 매니저와 회의하는 데 쓰고, 그들의 성과를 검토하고 격려하는 데 다소 지나칠 정도로 집중하고 있다. 프로덕트 매니저들의 피드백은 페이스북이 나아갈 방향을 결정하는 데 대단히 중요한 역할을 한다. 전 페이스북 이사이자 《비커밍 페이스북》의 저자 마이크 회플링거Mike Hoefflinger는 내게 이렇게 말했다. "저커버그는 적어도 내부적으로 충분한 영향력을 행사할 수 있다는 평판을 얻고 있습니다."

비즈니스 관점에서 볼 때, 페이스북의 피드백 문화는 아마도 컴퓨팅 기술의 중요한 변화가 그 젊은 소셜 네트워크를 허물어뜨리겠다고 위협을 가할 때 대단히 중요한 역할을 하게 될 것이다.

페이스북을 재앙에서 구해준 것

2011년 페이스북은 곤경에 처했다. 당시 페이스북은 효율적인 웹사이트를 구축했지만, 모바일 앱은 버그가 많고 속도가 느린 골칫덩어리였다. 사람들은 점차 데스크톱 대신 모바일 기기로 인터넷에 접속하기 시작했고, 스마트폰에서 더 많은 시간을 보내면서 페이스북은 사람들의 관심 밖으로 밀려날 위기에 처했다.

페이스북 앱은 인기를 끌지 못했다. 주된 이유는 모바일 전용 앱 개발을 거부했기 때문이다. 데스크톱 웹사이트를 구축할 때 페이스북은 새로운 기능을 신속하게 출시했고, 데이터를 확인하고, 수정하고, 그리고 다시 한 번 내놓았다. 페이스북은 횟수에 제약을 받지 않고 사이트를 업데이트할 수 있었다. 새로 고침만 하면 새로운 버전의 페이스북 페이지를 띄울 수 있었다. 그러나 모바일 앱을 구축할 경우, 페이스북은 iOS와 안드로이드의 긴 검토 과정을 기다려야 했다. 그럴 때 앱 수정을 위한 탄력성은 크게 떨어질 것이었다.

앱 사용이 증가하면서, 저커버그는 모바일 웹사이트를 구축하고 iOS와 안드로이드의 고유한 코드인 '래퍼wrapper'를 추가하는 방식으로 페이스북의 데스크톱 접근 방식을 모바일에 적용하고자 했다. 래퍼는 페이스북 사이트를 앱처럼 보이게 만들고, 앱스토어에 등록하고, 여전히 계속 업데이트할 수 있도록 허용했다. 그러나 페이스북이 내놓은 그 하이브리드 제품은 제대로 기능하지 못했고, 이러한 상황에서 누군가는 저커버그가 현실을 직시하도록 만들어야 했다.

당시 그 누군가는 코리 온드레이카Cory Ondrejka라는 인물이었다. 저커버그의 금요일 Q&A 시간을 마치고 나서, 모바일 엔지니어링 부사장인 온드레이카는 저커버그를 따로 만나 모바일에서 성공하려면 기존의 운영 방식을 재검토해야 한다고 말했다. 그는 기존 방식을 고수하는 대신 운영체제 안에서 돌아가는 프로그램을 만들어야 한다고 주장했다. 그러려면 저커버그는 반복적인 수정 작업의 제약을 받아들여야 했다. 그러나 앱이 문제없이 작동하려면 다른 방법이 없었다.

온드레이카는 내게 말했다. "지금 방식을 고집해서는 목표에 도달할 수 없기 때문에 궤도를 수정해야 한다고 말했습니다. 물론 변화는 힘든 일이죠. 그래도 저는 새로운 접근 방식이 효과가 있을 거라고 확신했어요."

저커버그는 온드레이카의 아이디어를 시험해보기 위해 소규모 팀을 꾸려 실험적인 앱을 개발하도록 했다. 몇 달 후, 온드레이카 팀이 내놓은 네이티브 앱Native App(iOS나 안드로이드 같은 운영 체제에 맞는 언어로 개발한 앱-옮긴이)이 웹 기반 페이스북 앱보다 훨씬 더 부드럽게 돌아가는 것으로 드러났다. 새로운 앱을 직접 확인했을 때, 저커버그는 현실을 부정할 수 없었다. 이후 페이스북의 방향을 네이티브 앱 개발 쪽으로 선회했다.

저커버그는 내게 말했다. "첫 반응은 이랬을 겁니다. '확실해요? 좀 더 집중적으로 테스트를 해볼 수 있을까요?' 하지만 나중에는 이렇게 바뀌었죠. '좋습니다. 이게 사실이라면 페이스북의 계획을, 그리고 우리가 지금 해야 할 일을 완전히 수정해야 하겠군요. 그게 어떤 의미인지 한번 생각해보도록 합시다.'"

네이티브 앱 개발은 페이스북 운영 방식의 중대한 변화를 의미하는 것이었다. 페이스북은 새로운 기능을 추가하는 속도에 대해 다시 생각해야 했다. 하루에 여러 번 하던 것을 두 달에 한 번으로 바꿔야 할 것이다(그 간격은 결국 짧아졌고 지금은 거의 정상 수준으로 회복됐다). 채용 방식도 바꿔야 했다. 먼저 채용 절차를 통해 심사한 후 네이티브 앱 개발자를 찾아야 했다. 그리고 교육을 통해 기존 엔지니어들이 네이티브 운영 시스템을 구축하도록 만들어야 했다.

2012년 8월, 페이스북은 iOS 네이티브 앱을 출시했다.[2] 웹 기반 앱보다 빠르고 버그는 줄었다. 그리고 넉 달 후, 마찬가지로 개선된 안드로이드 앱을 출시했다. 페이스북은 이들 앱을 통해 새로운 기반을 다질 수 있었다. 그러나 온드레이카의 과제는 여기서 끝이 아니었다.

이런 개발 과정에서 온드레이카는 더 많은 피드백을 가지고 저커버그를 찾았다. 그는 페이스북 사용자가 얼마나 빨리 모바일 기술을 받아들이는지, 페이스북의 모바일 활용이 어디로 흘러가고 있는지 보여주는 그래프를 보여줬다. 그래프의 곡선은 오른쪽 위를 향하고 있었다. 페이스북이 앞으로 더 많이 변화해야 한다는 뜻이었다.

온드레이카는 이렇게 말했다. "저는 성장 곡선을 들여다봤고, 좀 더 가속화된 흐름으로 미래를 예측했습니다. 그건 아마 우리가 도달하기 힘든 곡선일 겁니다. 시간이 갈수록 모바일은 점점 더 빠른 속도로 시장의 절반 이상을 차지하게 되겠죠. 지금까지 우리의 예상에 미치지 못했던 적은 없었습니다. 사실 모바일 세상으로의 이동은 제가 그린 그 미친 곡선보다 더 빠른 속도로 일어나고 있습니다."

온드레이카는 그 곡선을 바라보며 열성적인 모바일 팀을 해체하고, 대신 조직 전체가 모바일 개발에 뛰어들도록 만들어야 한다고 강조했다. 저커버그는 사태의 심각성을 알아차렸고, 프로덕트 매니저들에게 앞으로는 모바일 기기를 기반으로 하는 데모 프로그램만 들고 올 것을 당부했다. 데스크톱용 데모만 들고 왔다가는 사무실에서 쫓겨날 것이었다. 이는 페이스북에게 중대한 전환점이었다. 이후 페이스북의 모바일 서비스는 급속도로 개선됐고, 오늘날 페이스북 광고 수입의 90퍼센트 이상이 모바일에서 비롯된다.[3]

모바일 혁신에 관한 페이스북의 신화는, 저커버그가 스마트폰 시대를 위한 새로운 궤도에 페이스북을 올려놨다는 것이다. 하지만 그건 현실과 다르다. 저커버그는 페이스북에 피드백 문화를 구축했다. 이런 문화 속에서 사람들은 저커버그에게 아이디어, 특히 기업의 운영 방식을 새롭게 생각하도록 하는 생생한 아이디어를 들고 왔다. 이런 아이디어가 결국 페이스북을 재앙으로부터 구해냈다.

또 한 번의 위기

페이스북은 모바일로 넘어가는 변화의 흐름을 잘 버텨냈다. 그러나 곧바로 또 다른 위험한 순간을 맞이했다. 페이스북의 가장 중요한 제품이라 할 수 있는 뉴스피드가 몇 년 사이에 점점 형식적이고 재미없는 것이 돼버린 것이다. 초창기에 뉴스피드는 활기가 넘치고 제어와 예측이 힘들었다. 사용자는 뉴스피드를 통해 친구나 조심스레 작업을 걸려고 시도했던(그러나 실패로 끝났던) 사람이 올린 광란의 파티 사진에서 이국적인 상태의 업데이트까지 다양한 콘텐츠를 만날 수 있었다.

그러나 페이스북이 성장하면서(부분적으로 모바일로 이동하는 데 성공적으로 대처함으로써) 뉴스피드는 달라졌다. 사용자들이 계속 친구를 맺으면서 그들의 네트워크는 소규모 친구 집단에서 살면서 만난 거의 모든 이들을 포함하게 됐다. 그렇게 네트워크 범위가 넓어지면서 사람들은 자기 검열이란 걸 하기 시작했다.

즉 자신의 진짜 모습을 드러내는 일을 꺼리기 시작했다.

또한 사람들이 페이스북에서 거대한 네트워크를 형성하면서 뉴스피드 알고리즘은 더 많은 게시글을 고려해야 했다. 페이스북 알고리즘은 가장 많은 참여를 자극하는 게시글, 삶에서 기념이 될 만한 순간, 즉 약혼이나 결혼, 출산의 순간을 담은 콘텐츠를 우선 게재했다. 이런 가운데 사용자들은 사적인 글을 네트워크의 모두와 공유하기를 점차 꺼리게 됐다. 또한 자신이 속물처럼 보일까봐 걱정했다. 2015년, 사용자들이 공유하는 게시글의 수가 크게 줄면서 뉴스피드는 과거의 자아를 담은 유물 같은 존재가 됐다.[4]

경영진은 이를 심각한 문제로 인식했다. 그리고 상황을 타개하기 위한 작업에 즉각 착수했다. 페이스북 앱을 총괄 관리했던 피지 사이모Fidji Simo는 내게 말했다. "우리는 뉴스피드가 점차 압박을 받고 있다는 사실을 알고 있습니다. 설문조사에서 사람들은 이렇게 말하더군요. '2년 전처럼 마음 편히 공유할 수 없다.' 이는 혁신을 통해 해결책을 찾아내야 한다는 명백한 경고의 신호입니다."

페이스북은 사람들의 관심에서 멀어지기 전에 시계를 거꾸로 돌려야 했다. 네트워크 규모가 15억 명을 넘어선 상황에서[5] 페이스북은 사람들이 집중화된 소규모 그룹과 게시글을 공유하도록 만들어야 했다.

페이스북의 첫 번째 변화는 자연스럽게 이뤄졌다. 페이스북의 모든 친구와 공유하기를 꺼리던 사용자들은 페이스북 그룹Facebook's Group을 통해, 즉 관심사를 공유하는 집중화된 네트워크를 통해 점차 게시글을 공유하기 시작했다. 가령 최근 출산을 한 부모는 전체 친구보다는 비슷한 상황에 있는 사람들에게 더 마음 편히 질문을 던질 수 있었다. 사용자들은 이런 방식으로 새로운 공유를 시작했다.

사이모는 페이스북 그룹과 관련해서 내게 이렇게 말했다. "2015년과 2016년에 유행이 일어났습니다. 사람들이 이를 받아들인 이유는 선택할 수 있다는 점 때문이었어요. 그건 우리가 지금까지 해왔던 일과 완전히 다른 건 아니었죠. 그럼에도 사람들은 페이스북 그룹을 열광적으로 받아들여줬습니다."

페이스북 그룹 가입자가 매달 수천만 명씩 늘어나면서[6] 페이스북은 더욱 박차를 가하기 시작했다. 그들은 그룹을 조직하는 새로운 툴을 개발했다. 사용자는 이 툴을 활용함으로써 '의미 있는' 그룹을 만들기 위한 높은 내부 기준을 설정하고, 공식 메시지를 통해 그룹을 홍보할 수 있었다. 그룹 내 게시글이 활발하게 올라오면서 뉴스피드는 생기를 되찾았고, 사용자들은 페이스북을 자신의 글을 게시하기 위한 마음 편한 공간으로 다시 한 번 느끼게 됐다. 사이모는 말했다. "그룹 기능은 앱과 뉴스피드에 활력을 가져다줬습니다. 분명하게요."

그룹이 뉴스피드에 결정적인 활력소가 돼주었으나 페이스북의 근간이라 할 수 있는 친구와 가족 사이의 공유 문제는 해결하지 못했다. 그리고 이런 유형의 공유는 점차 다른 곳을 모색하기 시작했다.

실리콘밸리에서 가장 중국적인 기업

페이스북이 뉴스피드 문제 해결에 몰두할 무렵, 성격 급한 스탠 퍼드대학교 졸업생 에반 스피겔Evan Spiegel이 이끄는 새로운 메시 지 전송 앱인 스냅챗Snapchat은 스토리스Stories 기능을 새롭게 내놓 았다. 친구와 공유한 사진 및 동영상이 하루가 지나면 자동으로 삭제되는 서비스였다. 스냅챗 사용자들은 이제 아무 걱정 없이 콘텐츠를 올릴 수 있다는 점에서(게시글을 모든 친구와 공유하고 영 원히 남아 있는 페이스북과는 달리) 이 기능을 환영했다. 스냅챗 사 용량은 폭발적으로 증가했다.

저커버그의 30억 달러 인수 제안을 거절했던 스피겔은 페이 스북의 약점을 파고들려 했다. 플랫폼들이 사용자의 시간을 놓 고 경쟁을 벌이는 소셜 미디어 시장의 제로섬 게임에서 그는 공유라는 소중한 자산을 확보하고 있었고, 이를 기반으로 주목 받는 기업공개를 향해 달려가고 있었다.

스냅챗이 인기를 누리기 시작할 무렵, 마이클 세이먼Michael Sayman이라는 열여덟 살의 개발자가 페이스북에 입사했다. 저커버그의 시선을 사로잡은 게임을 개발한 세이먼은 2015년 정규 엔지니어로 페이스북에 들어왔는데, 오리엔테이션을 받는 동안 관리자들로부터 다른 사람의 아이디어에 귀를 기울이는 페이스북의 문화에 대해 듣고 가슴 깊이 간직했다. 세이먼은 내게 이렇게 말했다. "그 이야기를 마음속으로 받아들였습니다."

오리엔테이션 기간이 끝나기 전, 세이먼은 이미 스냅챗 쪽으로 많이 넘어간 십대들이 어떻게 기술 서비스를 활용하는지, 페이스북이 십대를 위해 무엇을 개발해야 하는지를 주제로 프레젠테이션을 했다. 복권을 살 수 있는 나이도 되지 않았던 세이먼은 자신의 아이디어를 관리자들에게 전했고, 결국 저커버그 앞에 서게 됐다. 처음에 그의 프레젠테이션은 그리 인상적이진 않았다. 그러나 페이스북에서 제품을 책임지고 있던 크리스 콕스Chris Cox는 저커버그에게 세이먼의 실험을 위해 소규모 팀을 꾸리자는 제안을 했다.

세이먼은 내게 말했다. "구체적인 청사진은 없었습니다. 몇 가지 아이디어만 있었어요. 사람들은 제가 창조적인 능력을 보여주길 기대했고 이를 위해 팀까지 마련해줬습니다. 문제될 게 없었죠."

이후 세이먼은 자신의 십대 동료들이 페이스북을 떠나 스냅챗을 통해 더 많은 것을 공유하는 모습을 지켜봤다. 그는 스냅챗 스토리스에 집중했다. 그리고 페이스북 제품 안에 이 기능을 탑재해야 한다고 생각했다. "페이스북 사람들이 스냅챗을 실질적인 위협으로 인식하길 원했습니다. 그들이 크게 당황하기를 바랐죠."

세이먼은 자신의 우려를 저커버그에게 전했다. 저커버그는 다른 많은 이들로부터도 비슷한 이야기를 들었지만, 특히 세이먼은 십대라는 점에서 중요했다. 저커버그는 세이먼으로부터 스냅챗 문화를 배웠다. 저커버그는 내게 말했다. "그가 우리에게 이런 이야기를 들려줄 거라 기대했습니다. '저는 이러저러한 소셜 미디어에서 활동하고 있습니다.' 혹은 '제가 생각하기에 영향력이 큰 멋진 사람들은 이들입니다.' 그러면 저는 그들을 팔로우해서 함께 이야기를 나누고 직접 만나볼 계획이었죠. 이런 노력을 반복함으로써 결국 무엇이 중요한지 배울 수 있다고 생각했습니다."

저커버그는 실제로 사람들의 기호에 많은 영향을 미치는 이들을 인스타그램에서 팔로우했다. 자신이 스냅챗 사용자라는 사실도 밝혔다. 그는 이렇게 말했다. "모든 걸 다 사용해봤습니다. 배우려는 마음만 있다면, 다양한 이들로부터 많은 걸 배울 수 있습니다. 사람들이 무얼 바라고 있는지 관심을 기울인다면 그들은 아주 많은 이야기를 들려줄 겁니다."

저커버그는 이런 유형의 실험을 통해 예상치 못한 곳으로 나아갔다. "페이스북의 데이팅 서비스를 공식적으로 개발하는 아이디어에 대해 처음으로 생각했을 때, 저는 모든 데이팅 서비스에 가입해봤습니다. 그중 하나를 (제 아내) 프리실라에게 보여줬죠. 하루에 한 명씩 만날 수 있는 서비스를 제공하는 앱이었습니다. 저는 이렇게 말했죠. '이게 바로 그 앱이야.' 그런데 앱 화면을 들여다본 아내가 이러더군요. '이 친구랑 내일 같이 저녁 먹기로 했어.'" 저커버그의 매칭 상대는 다름 아닌 아내의 친구였던 것이다. 그날 저녁이 어땠는지에 대해서 저커버그는 아무말이 없었다.

세이먼은 저커버그가 열성적으로 스냅챗을 공부했다는 사실을 확인해줬다. "저커버그는 제게 스냅을 보냈고, 저는 문제점을 지적했습니다. '아니에요, 마크. 그런 식으로 하는 게 아니에요!'"

세이먼을 비롯해 여러 명이 주도했던 스토리스에 대한 거대한 지지는 결국 저커버그에게까지 이어졌다. 2016년 8월 페이스북 경영진은 기자들을 사무실로 초청해 인스타그램 스토리스Instagram Stories라는 이름의 신제품을 공개했다. 이름을 비롯해 모든 면에서 스냅챗 스토리스의 판박이였다. 당시 인스타그램 CEO였던 케빈 시스트롬Kevin Systrom은 스피겔과 그의 팀을 가리키며 〈테크크런치〉에 이런 말을 전했다. "모든 공은 그들의 것입니다."

인스타그램 스토리스는 대단히 위협적이었다. 이는 스냅챗의 성장 속도를 매우 느리게 만들었고, 모기업인 스냅Snap Inc.의 시장가치를 수십억 달러나 떨어뜨렸다. 지금 이 글을 쓰는 시점을 기준으로 스냅의 주식은 기업공개 가격 이하로 거래되고 있다. 당황한 스냅은 그들이 작성하고《해리포터》의 악당에서 이름을 딴 '볼드모트 프로젝트'[7]라는 서류를 가지고 연방통상위원회Federal Trade Commission, FTC의 반독점 조사관들과 논의 중이다.

사악한 악당이든 아니든 간에, 인스타그램은 스토리스가 없었다면 심각한 문제에 봉착했을 것이다. 그들은 이를 통해 몇 년 전부터 시들해진 친구와 가족 간의 공유를 되살리고 앱에 활력을 불어넣을 수 있었다. 그러나 이마케터eMarketer에 따르면, 페이스북은 미국 내에서 연간 3퍼센트 정도의 십대 사용자를 지속적으로 놓치고 있다. 그래도 스토리스와 메시지 기능(친밀한 공유의 또 다른 형태)에 새롭게 주목하지 않았더라면, 페이스북은 지금보다 훨씬 더 암울한 상황에 처하고 말았을 것이다. 페이스북에게 모방이란 생존을 위한 몸부림이었다.

세이먼은 세계에서 자신들이 차지하는 위상에 대한 내부적인 인식을 그대로 이어나가는 페이스북의 능력을 믿었다. 그는 말했다. "페이스북은 단지 인터넷 앱입니다. 특히 2015년과 2016년에는 그랬습니다. 어떤 다른 앱이 등장해 도전해올 수 있었죠. 마크는 이렇게 말했습니다. '사람들이 무얼 원하죠? 그들에게 원하는 걸 줍시다.' 그는 신중하고 열정적이었습니다. 분명하게도 저커버그는 자신이 만든 제품이 영원할 것으로 기대하지 않았습니다."

《AI 슈퍼파워》를 쓴 중국 벤처 자본가 리카이푸Kai-Fu Lee에 따르면, 모방이 오랫동안 표준으로 자리 잡았던 중국에서 페이스북은 '실리콘밸리에서 가장 중국적인 기업'으로 널리 알려져 있다. 리카이푸가 베이에어리어를 방문했을 때 그를 만났다. 나는 그에게 저커버그에 대해 어떻게 생각하는지 물었다. 그는 말했다. "왜 모방을 비난해야 하죠? 우리는 모방으로부터 모든 걸 배우지 않나요? 모차르트와 베토벤을 따라 하면서 음악을 배우지 않나요? 기존의 모든 스타일을 베끼면서 예술을 배우지 않나요? 우리는 모방을 통해 자신이 만드는 것의 핵심을 이해합니다. 그러고 나서 혁신하고 개발할 수 있어요. 모방이야말로 훌륭한 출발점입니다."

스토리스를 모방한 이후 페이스북은 개선을 계속 이어나갔다. 그리고 이제는 페이스북 버전이 스냅챗보다 낫다는 평가를 받고 있다. 페이스북이 개선한 일부 특성은 너무나 훌륭해서 이제는 스냅챗이 도로 베껴가는 상황이다.

소셜 네트워크 세상의 공동묘지는 한때 누구도 넘볼 수 없었지만 결국 오만 혹은 발명과 관련된 무능함으로 파국을 맞이한 기업들의 시체로 가득하다. 가령 마이스페이스Myspace, 라이브저널LiveJournal, 포스퀘어Foursquare, 프렌드스터Friendster, 텀블러Tumblr가 그러한 사례다. 반면 페이스북은 계속해서 새롭게 개발했고, 이를 통해 여전히 세계 최고의 자리를 지키고 있다. 그리고 그 밑에는 페이스북의 피드백 문화가 자리 잡고 있다.

리카이푸는 내게 말했다. "물론 우리는 독창적이고 가장 먼저 개발하기를 원합니다. 하지만 그럴 수 없다면 우선 모방하고 차차 개선해나가야죠."

만약 인공지능이 없었다면

2012년 초 두 명의 이스라엘 기업가 길 허쉬Gil Hirsch와 이든 쇼 챗Eden Shochat이 페이스북 본사 건물로 걸어 들어가고 있었다. 두 사람이 운영하는 페이스닷컴Face.com은 얼굴 인식 기술을 페이스 북에 라이선스로 제공하고 있었다. 페이스북은 이 기술을 활용 해 '태그 추천' 기능을 선보였다.

페이스북 경영진은 이들을 만나서 이야기를 나누고 싶어 했 다. 지금도 활발하게 활용되는 태그 추천 기능은 사진 속 인물 이 누구인지 확인하고, 사용자가 사진 속 인물에 설명을 추가할 수 있도록 한다.

페이스북 캠퍼스에 도착한 두 사람은 프로덕트 팀과 이야기 를 나누기 위해 회의실로 향했다. 그런데 놀랍게도 회의실로 들 어온 사람은 다름 아닌 저커버그였다. 저커버그는 두 사람에게 곧장 질문을 퍼붓기 시작했다. 당시 페이스북은 태그 추천 같은 기술을 자체 개발할 능력이 없었다. 이미지에서 사람 얼굴을 인식하기 위해서는 기계학습 기술이 필요했고, 이는 페이스북이 보유하지 못한 자산이었다. 이런 상황에서 허쉬와 쇼챗은 페이스북 제품에 그들의 컴퓨터 시각 기술을 적용하는 일을 맡고 있었다. 저커버그는 그들의 기술에 대해 더 많은 것을 알고 싶어 했다. 쇼챗은 내게 말했다. "저커버그는 처음부터 호기심을 보였어요. 뭔가 재미있는 일이 그 안에서 벌어지고 있다는 사실을 알았고, 그 기술에 한 걸음 더 다가서고 싶어 했습니다."

저커버그는 그렇게 90분간 허쉬와 쇼챗에게 컴퓨터 시각 기술과 얼굴 인식 기술의 미래에 대해 질문했다. 그리고 회의가 끝날 무렵 저커버그는 인수 문제로 화제를 돌렸다. 그는 회의실을 나가기 전에 이렇게 말했다. "조건이 합리적이라면 한번 성사시켜봅시다." 6개월 후, 페이스북은 페이스닷컴을 5,500만 달러가 넘는 돈으로 인수했다.[8]

페이스북 엔지니어들이 페이스닷컴 기술을 만났을 때, 그들은 기계학습의 가능성을 이해하기 시작했다. 경영진은 중요한 기술에 장기적으로 대규모 투자할 것을 결정했다. 그 무렵 저커버그는 세계적인 인공지능 전문가 얀 르쿤Yann LeCun 영입에 열을 올리고 있었다.

2013년 봄, 저커버그는 르쿤에게 제안을 했다. 그는 페이스북이 기술을 활용할 수 있도록 도움을 주기만 한다면, 얼마든지 자유롭게 연구할 수 있는 인공지능 연구실을 제공하겠다고 약속했다. 당시 뉴욕에 살고 있던 르쿤은 계속 뉴욕에 머물 수 있고, 계속 뉴욕대학교에서 가르칠 수 있다면 제안을 받아들이겠다고 했다. 저커버그는 동의했고 르쿤은 서명했다. 이로써 페이스북은 하룻밤 새 인공지능 초보에서 세계적인 리더로 거듭났다.

페이스북의 야심찬 최고기술책임자 마이크 슈뢰퍼Mike Schroepfer는 내게 말했다. "지난 수십 년간 인공지능 분야에서 두각을 드러낸 인물이 서너 명 있었죠. 우리는 그중 한 명인 얀 르쿤을 영입했습니다."

이 모든 일이 이뤄지는 동안, 케임브리지대학교에서 기계학습을 가르쳤던 연구원 호아킨 칸델라Joaquin Candela는 페이스북 광고사업부에서 자신의 전문성을 활용해 사람들이 언제 광고를 클릭하는지 예측하는 연구를 하고 있었다. 칸델라는 자신의 일을 마음에 들어 했다. 하지만 르쿤이 페이스북에 들어오자, 기계학습에 전문성을 갖고 있던 칸델라는 새로운 기회를 맞게 됐다. 페이스북은 르쿤의 연구 성과를 페이스북 제품에 적용시킬 누군가를 필요로 했고, 칸델라가 바로 그런 인물이었다. 2015년 가을, 페이스북은 르쿤의 성과를 활용하는 임무를 부여받은 새로운 조직인 응용기계학습 팀의 책임자로 칸델라를 임명했다.

칸델라가 새로운 임무를 맡은 지 1년 후인 2016년 6월에 처음 만났을 때, 그는 내 눈을 쳐다보며 이렇게 말했다. "인공지능이 없었다면 페이스북은 지금 존재하지 못했을 겁니다." 나는 공손한 태도로 고개를 끄덕였지만 사실 그 말을 온전히 믿는 것은 아니었다. 하지만 그로부터 3년이 흐른 지금 돌이켜볼 때, 그의 말은 옳았다. 인공지능이 없었다면 페이스북은 그 제품을 뒷받침하기 위해 필요한 방대한 규모의 실행업무를 처리할 수 없었을 것이다. 특히 페이스북 라이브Facebook Live의 사례가 그 사실을 잘 말해준다.

2015년 12월, 프로덕트 팀은 페이스북 라이브를 출시했다.[9] 이제 사용자는 버튼 하나만 누르면 페이스북을 통해 생방송을 직접 중계할 수 있었다. 게다가 동영상을 보다 쉽게 업로드할 수 있었다. 페이스북이 새로운 유형의 콘텐츠에 문을 활짝 열어놓았을 때, 대단히 재미있는 영상들이 올라오기 시작했다. 가령 한 영상에서는 츄바카(〈스타워즈〉에 등장하는 캐릭터-옮긴이) 가면을 쓴 여성이 배꼽을 잡고 웃고 있었다. 하지만 나쁜 영상도 올라왔다. 페이스북 라이브가 출시된 지 얼마 지나지 않아, 〈버즈피드BuzzFeed〉 뉴스룸에 있는 한 직원은 이 새로운 제품이 앞으로 어디로 흘러가게 될지 걱정했다. 그는 이렇게 예언했다. "언젠가 총격 사건이 영상으로 올라올 겁니다."

그의 예언이 입증되기까지 그리 오랜 시간이 걸리지 않았다. 페이스북 라이브가 출시된 지 3개월이 지난 2016년 2월, 도네샤 간트라는 한 플로리다 여성이 차에서 총을 맞은 후 페이스북 라이브로 영상을 중계했다.[10] 화면 속에서 그녀는 이렇게 말했다. "엄마 피가 나. 총을 맞았지만 괜찮아요. 괜찮아. 신이시여, 부디 제 죄를 사해주소서. 모든 걸 용서해주소서."

이 사건 이후로도 페이스북 라이브에는 한 달에 두 번 꼴로 폭력 영상이 올라왔다.[11] 살인과 강간, 아동 학대, 고문, 자살 영상이 등장했다. 이들 영상은 빠른 속도로 퍼져나가면서 인간의 병적인 호기심을 자극했다. 자살 사건의 실시간 중계는 더욱 충격적이었다. 모방 자살을 부추긴다는 사회적 우려가 제기됐고, 페이스북의 파급력과 젊은이들에 대한 영향력을 고려할 때 이는 대단히 심각한 문제였다.

이런 상황에서 저커버그는 그 첫 번째 회의에 나를 불렀다. 그가 발표하려 했던 5,700단어 분량의 선언문은 이 문제에 보다 적극적으로 개입하려는 페이스북의 의지를 담고 있었다. 가령 증오 발언과 테러 홍보, 시각적 폭력, 괴롭힘으로부터 사용자를 보호하기 위해 더욱 자주 개입하겠다는 내용이 들어 있었다.

페이스북은 사람이 직접 콘텐츠를 검토하고 보고하도록 함으로써 많은 문제를 해결해왔다. 저커버그는 이렇게 언급했다. "기존 시스템은 사람이 콘텐츠를 검토하고 보고하는 방식이었죠. 실제로 한 달에 1억 건 이상의 콘텐츠를 검토하고 있습니다. 대규모 팀이 이런 일을 하고 있어요. 하지만 페이스북에 올라오는 콘텐츠는 하루에만 수십억 건에 달합니다. 메시지와 댓글까지 포함하면 수백억 건의 콘텐츠가 매일 게재되고 있는 셈이죠. 아무리 많은 사람을 고용해도 그 모두를 일일이 검토하는 방법은 물리적으로 불가능합니다. 실질적으로 이 문제를 해결할 유일한 방법은 인공지능 툴 개발이죠."

인공지능을 통해 게시물을 사전에 모두 검토할 수 있다는 저커버그의 생각은 단지 상상만은 아니었다. 우리의 만남에 앞서, 저커버그는 칸델라 팀에게 그 방법을 연구하도록 지시했다. 페이스북은 지금껏 존재한 인간 행동에 대한 가장 포괄적인 데이터 집합을 확보하고 있다. 그들은 우리가 누구인지, 무얼 좋아하는지, 무얼 하는지, 문제가 발생할 때 어떻게 행동하는지 안다. 페이스북의 이런 데이터 집합은 아마존이 20년간 수집한 구매 데이터와 유사하다. 아마존이 기계학습 시스템을 통해 데이터를 운용함으로써 우리가 무얼 구매할지 예측하듯이, 페이스북은 그들의 시스템을 통해 데이터를 운용함으로써 폭력과 자해의 장면이 담긴 콘텐츠가 언제 올라올지 예측할 수 있다.

저커버그는 인공지능이 아직은 그런 기능을 온전히 수행하지 못한다는 사실을 조심스레 덧붙였다. "그래서 사람에게 권한을 부여하는 것이 중요합니다. 인공지능을 떠올릴 때, 흔히 이 모든 일을 완벽하게 처리하는 컴퓨터 시스템을 생각합니다. 하지만 당분간 우리가 구축할 인공지능 시스템은 완벽하지 못할 겁니다. 많은 문제가 발생할 겁니다. 그럼에도 시스템이 발견한 문제를 인간에게 알릴 정도의 역할은 충분히 수행하리라고 기대합니다."

우리가 이야기를 나누는 동안에도 페이스북 인공지능 시스템은 저커버그의 기대대로 콘텐츠를 사전에 검토함으로써 문제가 될 소지가 있는 부분을 발견하고 있었다. 이러한 시스템과 더불어, 페이스북의 '조정자moderator'는 일종의 감사관 역할을 맡는다. 그들은 아마존의 벤더 매니저와 비슷한 기능을 한다. 페이스북 인공지능은 어떤 인간보다 더 많은 콘텐츠를 검토하고, 인간이 개입할 필요가 있는지 결정한다. 그리고 개입할 필요가 있다고 판단된 콘텐츠는 조정자에게 보낸다. 그러면 조정자는 인공지능의 판단을 검토하고, 그 결정이 정확했는지 심사한다.

이런 시스템이 올바로 작동하기 위해, 페이스북은 먼저 올바른 인풋을 집어넣어야 한다. 이를 위해 칸델라 팀은 페이스북 인공지능 팀에게 도움을 주는 다양한 툴을 개발했다. 가령 코텍스Cortex나 로제타Rosetta 같은 툴은 인공지능 시스템이 어떤 유형의 콘텐츠를 걸러내야 하는지 지시하는 단계에서 도움을 준다. 인간이 핵심 단어나 행동을 입력하면, 그 시스템은 그 같은 특성을 포함한 콘텐츠를 사전에 걸러낸다.

이런 툴의 도움으로 인공지능 팀원 한 사람의 영향력은 크게 증가했다. 또 다른 인간(주로 페이스북 정책에 대한 이해가 부족한)이 보고한 콘텐츠를 마냥 기다리는 것이 아니라, 개입할 필요가 있는 게시물의 특성을 적극적으로 파악하고, 매일 올라오는 수백억 건의 콘텐츠에서 그런 특성을 찾아내도록 인공지능 시스템에 명령을 내린다.

저커버그는 특히 자살에 대해 이야기할 때 열정적이었다. "아무도 보고하지 않았기 때문에 별다른 조치를 취하지 않았다고 변명을 댈 수는 없습니다. 누군가 자해나 자살을 시도하려는 듯 보일 때, 우리가 먼저 다가가 도움을 줄 수 있기를 바랍니다."

이후 한 달이 지나기 전, 페이스북은 인공지능을 기반으로 하는 자살 방지 툴의 출시를 발표했다.[12] 페이스북에 따르면, 그 툴은 페이스북이 도움을 제공해야 하는 사례를 인간보다 더 정확하게 발견해내는 능력을 이미 갖추고 있었다.

다시 1년 정도가 흘러, 제품관리 부사장 가이 로젠Guy Rosen은 그 프로그램이 전반적으로 어떻게 작동하고 있는지에 대해 새로운 업데이트를 내놨다.[13] 그는 페이스북 인공지능이 노출이나 증오 발언, 폭력적인 내용을 담은 콘텐츠에 대한 사전 검토 작업에서 큰 도움이 되고 있다고 설명했다. 또한 인공지능은 테러 선전(1분기에 약 200만 건이나 올라오는)을 자동으로 제거하고, 자해를 시도하는 사람을 페이스북 조정자들에게 알리는 기능까지 한다. 덕분에 페이스북 조정자들은 즉각적인 도움이 필요한 사람들에게 첫 번째 메시지를 천 건 넘게 발송할 수 있었다.

페이스북에서 앱을 총괄하는 피지 사이모는 내게 말했다.

"자살을 생방송으로 중계하려는 사람과 직접 이야기를 나눠보면, 그저 '우리 플랫폼에 올라오는 좋은 콘텐츠로부터 그런 콘텐츠를 분리해내기만 하면 된다'고 생각할 수만은 없습니다. 인공지능이 그런 콘텐츠를 발견할 수 있고, 도움이 필요한 사람에게 실시간으로 희망을 전하고, 지역 당국에 사실을 알리고, 이를 통해 소중한 목숨을 구할 수 있다는 것이야말로 가장 중요한 부분입니다. 이를 통해 우리는 많은 영향력을 미칠 수 있습니다. 그리고 우리 제품을 선한 목적으로 활용할 수 있다는 사실에 대해 더 많은 신뢰를 얻을 수 있습니다."

칸델라의 강한 자부심은 분명 근거 있는 것이었다. 이런 점에서 오늘날 페이스북은 인공지능이 아니었더라면 존재하지 못했을 것이다. 인공지능이 없었다면 끔찍한 콘텐츠가 제품을 장악하고, 프로덕트 팀 업무를 마비시키고, 리더십을 위태롭게 흔들었을 것이다. 물론 페이스북 인공지능 시스템은 여전히 완벽과는 거리가 멀다. 그리고 최근 보고서가 보여줬듯이, 조정자 중 일부는 열악한 환경에서 일하고 있다.[14] 페이스북 인공지능 시스템은 인공지능 발전의 측면에서, 그리고 지금 압박받고 있는 조정자의 업무환경 측면에서 지속적으로 개선이 이뤄져야 한다.

페이스북 사람들은 이러한 툴의 도움으로 다음 창조를 준비하는 데 전념하고, 경영진은 새로운 아이디어를 모색하고 이를 구현하기 위한 여유를 확보할 수 있게 됐다.

더 이상 연봉 협상은 없다

페이스북은 알고리즘과 인공지능을 통해 실행업무를 대단히 효과적으로 줄여나가고 있다. 그리고 페이스북 인사 팀은 이런 도구를 활용해 직원들의 연봉까지 결정하고 있다. 인사 팀을 이끄는 로리 골러는 내게 말했다. "연봉은 전적으로 시스템을 통해 결정됩니다. 직원 개인에 대한 평가, 그리고 기업의 성과를 조합해 급여와 상여금, 주식을 지급합니다."

2010년 초에 페이스북은 연봉 시스템을 마련했다. 당시 인사 팀은 알고리즘이 인간보다 더 공정하게 평가를 내릴 수 있다는 사실을 확인했다. 보통 관리자와 직원은 보상 문제를 처리하기 위해 많은 시간을 투자해야 했다. 또한 급여 결정에 대해 재량권이 있는 상사는 마음에 드는 직원에게 더 많은 혜택을 주는 편향에서 자유롭지 못했다. 물론 성과 점수에 기반을 둔 표준적인 연봉 시스템 역시 완벽하지는 않다. 평가 기준에 대한 신중한 고려 없이(실제로 페이스북은 성장 요소를 지나치게 중요하게 생각한다) 높은 점수를 기록한 직원에게만 집중하게 될 위험이 따른다. 하지만 적절하게 조율할 수 있다면, 그 시스템은 최대한 공정하게 직원들의 연봉을 결정할 수 있다.

골러는 말했다. "우리는 그 시스템에서 모든 재량권을 제거했습니다. 재량권은 조직 내 편향을 묵인하고, 이는 불공정한 결과와 성 및 인종에 따른 차별로 이어질 테니까요. 일단 재량권을 없애면, 훨씬 더 객관적인 결과를 얻을 수 있습니다."

페이스북의 알고리즘 연봉 시스템은 개인의 성과 점수를 근간으로 삼는다. '기대를 충족시키지 못함'에서 '기대 수준을 새롭게 정의함'으로 이어지는 5점 만점의 성과 점수는 알고리즘 시스템에 입력되고, 여기에 전반적인 기업의 성과를 함께 고려해 급여 수준이 결정된다.

성과 점수는 6개월 단위로 결정되며, 이에 따라 페이스북은 개별 직원과 기업 전체의 성과를 검토한다. 검토 과정에서 직원들은 함께 일하는 모든 동료들의 피드백을 받는다. 관리자는 피드백을 참고해 점수를 매기고, 이를 가지고 '조율 회의'에 참석한다. 여기서 관리자는 다른 동료와 함께 자신이 매긴 점수에 대해 이야기를 나누고, 필요한 경우 수정을 하게 된다. 조율 회의의 목적은 개별 직원에 대한 평가를 최대한 공정하게 하는 것이다.

조율 회의를 통해 최종 성과 점수가 결정되며, 그 데이터가 시스템에 입력되면 연봉이 도출된다. 이는 최종 결정 사항이다. 골러는 말했다. "누구도 여기에 불만을 제기할 수 없습니다."

이런 연봉 시스템은 실행업무 부담을 줄이고, 새로운 아이디어를 위한 여유를 마련한다. 골러는 이렇게 언급했다. "팀원들과 날마다 연봉에 대해 이야기하고 싶은 관리자는 없을 겁니다. 가령 1년에 한 번 승진할 때만 논의하길 바랄 겁니다. 나머지 시간은 업무에 집중해야죠."

페이스북이 공무원을 영입한 까닭은

2018년 4월 10일 이른 아침, 나는 워싱턴 DC에 위치한 하트 상원사무소 건물의 드넓은 청문회장으로 들어섰다. 그곳은 이미 기자들로 가득했고, 그중 많은 이들은 샌프란시스코 모임에서 봤던 이들이었다. 방청석 역시 사람들로 가득했다. 기자들은 긴 나무 의자에 어깨를 맞대고 다닥다닥 붙어 앉아 있었고, 여느 때보다 바쁜 모습이었다. 나는 주변을 한번 돌아보고 나서 자리를 잡고는 노트북을 열면서 커피 잔을 쏟아지지 않게 조심스레 내려놨다.

청문회장 안에는 기대감이 감돌았다. 상원의원들이 들어와 자리를 잡고 스마트폰을 들여다봤다. 방청석 사람들은 주변을 두리번거렸다. 기자들은 트위터를 확인하느라 바빴다. 그리고 마침내 마크 저커버그가 들어왔다.

저커버그를 본 것은 멘로파크에서 있었던 첫 만남 이후 약

14개월 만이었다. 그동안 페이스북은 2016년 대선에서 러시아 정부의 지원을 받아 페이스북 상에서 이뤄진 대규모 가짜 뉴스 캠페인에 대해 제대로 진상을 파악하지 못했다고 인정하는 일이 있었다.[15] 기자들은 데이터 분석 기업인 케임브리지 애널리티카Cambridge Analytica가 도널드 트럼프의 대선 캠페인을 위해 페이스북 사용자 데이터 수백만 건을 불법으로 활용했다는 사실도 밝혀냈다.[16] 이들 사건은 페이스북의 신뢰성과 세계적 위상에 중대한 타격을 입혔고, 이로 인해 저커버그는 결국 상원 법사위원회에 출두하게 된 것이었다.

저커버그가 걸어 들어올 때, 나는 피드백을 중요하게 여기고 피드백을 통해 다른 사람들의 생각을 읽어내는 저커버그가 어떻게 페이스북의 취약점은 발견하지 못했던 것일까 의아한 생각이 들었다. 내 동료 기자조차 페이스북 라이브가 총격 사건을 중계하는 일이 벌어질 거라고 예상했는데, 왜 저커버그는 그걸 생각하지 못했던 것일까? 러시아 정부가 미국의 민주적 절차를 허물어뜨리기 위한 광범위한 캠페인에 관여했다는 사실이 분명하게 드러났는데, 왜 저커버그는 페이스북에 떠도는 가짜 뉴스가 2016년 대선 결과에 영향을 미쳤다는 주장을 "말도 안 되는 소리"로 치부했던 것일까? 케임브리지 애널리티카 보고서가 나왔을 때, 왜 저커버그는 허를 찔린 듯 며칠간 아무 반응도 보이지 않았던 걸까?

이 질문에 대한 대답은 피드백 시스템의 본질에 대한 중요한 교훈을 들려준다. 저커버그는 사람들에게 피드백을 요청했지만, 요청하는 행위 자체만으로는 충분하지 않았다. 피드백 시스템은 기계학습 시스템과 마찬가지로 거기 들어가는 데이터, 즉 인풋만큼의 가치가 있다. 사실 저커버그의 핵심 모임을 구성했던 비판적인 주는 자들(힘든 진실을 이야기함으로써 페이스북 제품을 개선하고 광고 비즈니스를 성장시키는 데 기여했던 이들) 대부분은 기술 낙관주의자였다. 다시 말해 페이스북이 하는 일이 "실질적으로 선하다"고 믿고, 뭔가 잘못된 일이 벌어질 수 있다는 위험에 대해서는 별로 걱정하지 않는 사람들이었다. 비판적인 주는 자 중 한 사람이자 페이스북 임원인 앤드류 '보즈' 보스워스 Andrew 'Boz' Bosworth는 2016년 6월에 페이스북 내부 그룹에 올린 '추함The Ugly '17이라는 제목의 게시글에서 이 점을 잘 지적했다(나는 동료인 라이언 맥Ryan Mac, 찰리 와즐Charlie Warzel과 함께 〈버즈피드〉 뉴스에 이 게시글과 관련된 기사를 썼다).

우리는 우리가 하는 일의 선과 악에 대해 종종 이야기를 나눈다. 여기서 나는 추함에 대해 이야기하고 싶다.

우리는 사람들을 연결하는 일을 한다.

이는 선한 일이다. 단, 사람들이 긍정적으로 활용한다면 말이다. 누군가는 여기서 사랑을 발견할 것이다. 어쩌면 자살 직전에 있는 사람의 목숨도 구할 수 있다.

그래서 우리는 더 많은 사람을 연결하려고 한다.

그러나 사람들이 이를 악의적으로 활용한다면 악한 일이 될 수도 있다. 누군가 괴롭힘 때문에 생명의 끈을 놓아버리게 만들지도 모른다. 테러범들은 우리가 만든 툴로 협력함으로써 많은 사람을 죽일 수 있다.

그래도 우리는 여전히 사람들을 연결하고 있다.

추한 진실은, 우리가 사람들을 연결하는 것이 정말로 선한 일이라고 믿고 있다는 점이다. 하지만 오직 결과만이 우리에 관한 진정한 이야기를 들려준다.

보스워스는 이 글을 올리고 난 뒤 활발한 논의를 자극하기 위해 쓴 것이라고 해명했다. 그러나 저커버그는 이를 인정하지 않았다. "보즈는 논란이 될 만한 이야기를 자주 하는 재능 있는 리더입니다. 그러나 제 자신을 포함해서 페이스북 사람들 대부분 그런 생각에 동의하지 않습니다. 우리는 목적이 수단을 정당화할 수 있다고 믿지 않습니다."

보즈의 의도가 무엇이었든, 그의 글은 페이스북 사람들이 악의적인 사용자가 그들의 제품을 이용하는 방식에 대해 충분히 고민하지 않았다는 증거였다. 페이스북 사람들의 지배적인 낙관주의는 회의적인 기자와 페이스북 프로덕트 매니저 사이에서 벌어지는 다소 기묘한 대화 속에서 뚜렷하게 드러난다. 가령 신제품 발표를 위해 기자를 초청할 때, 페이스북 사람들은 그들의 발명 속에 담긴 세상을 바꾸는 힘에 대해 대단히 낙관적이다. 그들은 조금은 오만한 태도로 이렇게 말한다. "새로 나온 스티커는 사람들이 메신저를 통해 더 활발하게 소통하고 생각을 표현할 수 있도록 도울 겁니다. 우리는 사용자들이 이 스티커를 가지고 깜짝 놀랄 만한 일을 할 거라고 기대합니다." 하지만 러시아 정부는 페이스북 뉴스피드와 페이스북 그룹, 그리고 광고 플랫폼을 악용하는 방법을 모색하고 있었다.

저커버그가 상원들 앞에 섰을 때, 그는 페이스북 피드백 시스템의 결함을 대부분 인정했다. 그는 이렇게 발언을 시작했다. "페이스북은 이상적이고 낙관적인 기업입니다. 우리는 그동안 사람들을 연결하는 일이 가져다줄 이익에 집중했습니다. 이런 툴이 악의적으로 사용될 위험에 대해서는 충분히 고민하지 못했습니다. 지금의 문제는 가짜 뉴스와 해외의 선거 개입, 증오 발언, 그리고 개인정보까지 걸쳐 있습니다. 우리는 거시적인 차원에서 우리의 책임을 바라보지 못했고, 그건 중대한 실수였습니다."[18]

이후 저커버그는 자신의 피드백 시스템에 새로운 인풋이 필요하다는 사실을 깨닫고 이를 추가하기 시작했다. 페이스북은 기존 시스템을 보완하기 위해 전직 정보기관 요원, 기자, 학자,

그리고 반대 성향의 미디어 바이어(광고대행사에서 광고 매체의 지면 및 시간을 구매하는 담당자-옮긴이)를 고용했고, 이들을 통해 피드백 시스템을 새롭게 점검했다.

페이스북에서 프로그램 관리와 글로벌 운영을 맡고 있는 저스틴 오소프스키Justin Osofsky 부사장은 내게 이렇게 말했다. "저커버그는 위험을 찾아내고, 확인하고, 이해하고, 사전에 해결하는 데 대단히 열정적인 인물입니다."

2018년 미국 중간선거(추가적인 선거 조작에 대처하는 페이스북의 역량을 검증하기 위한 첫 번째 중대한 시험 무대였던)를 며칠 앞두고, 나는 근본적인 차원에서 새로운 '인풋'의 통합을 직접 경험했던 페이스북의 세 인물, 제임스 미첼James Mitchell과 로사 버치Rosa Birch, 그리고 칼 라빈Carl Lavin을 만났다. 미첼은 페이스북 콘텐츠 조정 시스템에서 취약점을 발견하는 위험대응 팀을 이끌고 있었다. 버치는 전체 사업부에 걸쳐 위기 대응을 조율하는 전략대응 팀에서 프로그램 매니저로 일하고 있었다. 마지막으로 〈뉴욕타임스〉와 〈포브스〉, CNN에서 편집자로 일한 라빈은 사용자가 할 수 있는 악의적인 일을 집중적으로 분석하는 수사운영 팀에 몸담고 있었다.

미첼과 버치는 라빈을 포함해 다른 분야에서 영입된 인재들과 함께 일했다(잠시 재미있는 이야기를 하자면, 나는 전에 라빈 밑에서 일하기 위해 지원을 한 적이 있다. 그는 내 경력에 대해 구글에서 면밀히 검색했고, 내가 대학 신문에 쓴 기사에서 오류를 찾아내고는 다시는 이메일을 보내오지 않았다). 라빈은 이렇게 말했다. "우리는 압력 단체advocacy groups나 기자, 공무원들이 페이스북에 들어오는 것에 대응할 뿐만 아니라, 내부적으로 이런 문제에 대해서도 생각하도록 만들어야 합니다."

수년간 페이스북을 취재한 기자로서, 나는 전 정보기관 요원이나 기자가 페이스북 프로덕트 매니저와 함께 일하는 모습을 상상하기가 쉽지 않다. 하지만 페이스북이 그들과 다른 생각을 받아들이기 위해 노력하고 있다는 사실만큼은 분명하다. 라빈은 말했다. "위협과 위기에 대해 함께 논의하는 것은 대단히 중요한 일입니다. 사람들은 이렇게 말하죠. '우리는 위협에 대해 이렇게 생각한다. 그리고 사용자의 역량과 동기에 대해, 그리고 취약성에 대해 이야기를 나눈다.'" 내가 멘로파크에서 위협, 취약성, 동기라는 단어를 들은 것은 그때가 처음이었다.

페이스북은 외부 인사를 영입함으로써 똑같은 유형의 사고방식, 그리고 북부 캘리포니아에 만연한 기술 낙관주의에서 벗어나기 위해 노력하고 있다. 라빈은 이를 이렇게 표현했다. "사실 우리는 점심을 함께하지도 않습니다. 대부분 캘리포니아에 살고 있지 않거든요. 더블린이나 싱가포르에 삽니다. 저는 캔자스 오스틴에 있죠. 그래서 우리는 캘리포니아가 아니라 세상 전체에 집중할 수 있는 겁니다."

서로 생각이 다른 사람들의 관점을 조직의 혈관에 주입하기 위해, 페이스북은 이들을 제품과 프로세스를 훤히 이해하는 베테랑 직원들과 짝을 이뤄 일하도록 했다. 미첼은 말했다. "플랫폼 상에서 어떻게 나타날지 알 수 없다면, 외부 사건을 우리가 내부에서 이해하는 방식으로 옮길 수 없습니다. 우리는 서로 다른 두 유형의 사람을 연결하고자 합니다. 이런 노력은 특히 우리 시스템이 어떻게 악용될 수 있는지 이해하기 위해 중요합니다."

이들 그룹은 다양한 회의에 함께 참여한다. 가령 사건 검토 회의에서는 제품·정책·운영·커뮤니케이션 팀이 매주 금요일에 페이스북의 실수를 분석한다. 이 회의에서 새로운, 그리고 덜 낙관적인 직원은 자칫 간과할 수 있는 문제를 거론할 기회를 얻는다. 이에 대해 미첼을 이렇게 말했다. "그것은 사람인 동시에 새로운 프로세스입니다. 이런 검토 회의가 없다면 우리가 무엇을 제시해도 주목받지 못할 겁니다."

이런 공식 절차를 기반으로 페이스북의 새로운 팀 구성원들은 자신의 피드백을 조직의 내부 그룹에 주입하고 있다. 버치는 이런 그룹 내에서 이뤄지는 논의에 대해 이렇게 말했다. "이는 대단히 중요한 활동입니다. 커뮤니케이션을 신속하고 원활하게 만들고, 메일함에서 골치 아픈 문제를 없애주고, 특히 지역적으로 서로 떨어진 직원들을 결속시키는 데 큰 도움이 됩니다."

미첼의 팀과 버치의 팀, 라빈의 팀은 또한 페이스북의 기계학습 시스템이 무엇을 추구해야 하는지 이해하도록 만드는 데 중요한 역할을 하고 있다. 가령 증오 발언이 미얀마 일대에서 확산되는 문제를 해결하기 위해(비평가들은 페이스북이 대량 학살을 촉발한 원인으로 작용했다고 비난한다) 버치 팀은 페이스북의 기계학습 엔지니어들을 모아서 언어를 감지하는 시스템을 개발했다. 다음으로 그들은 여기에 키워드와 이미지 특성, 경고 신호를 입력함으로써 조정자에게 무엇을 전송해야 하는지 결정하도록 했다.

페이스북이 고용한 새로운 조정자들은 이런 툴을 활용함으로써 위기에 보다 효과적으로 대처한다. 그러나 이런 경우, 피해의 많은 부분은 이미 이뤄진 상태다. 페이스북은 이제 카메룬이나[19] 스리랑카[20] 등 해외에서 일어날 수 있는 잠재적 위험을 사전에 방지하기 위한 노력을 기울이고 있으며, 더 빨리 움직이기 위한 제반시설을 마련하고 있다.

저커버그의 피드백 시스템의 결함으로 페이스북은 수년간 혼돈의 세월을 겪었다. 하지만 지금은 그 피드백 시스템이 조직의 빠른 회복에 도움을 주고 있다. 페이스북 사람들은 이제 '새로운 인풋', 즉 전직 정보기관 요원, 기자, 미디어 바이어 등 그들과 생각이 다른 사람들의 말에 적극적으로 귀 기울인다. 이들은 페이스북 사람들이 그동안의 훈련을 바탕으로 다른 사람의 생각을 적극적으로 받아들인다는 사실을 이해하고 있다. 라빈은 이렇게 말했다. "그들은 열정적으로 정보를 받아들입니다."

우리의 회의가 끝났을 때, 버치는 라빈에게 다가가 잡담을 나누며 언제 오스틴으로 돌아갈지 물었다. 라빈은 선거일인 다음 화요일까지 멘로파크에 머물 계획이라고 했다. 2018년 중간선거가 지나갔다. 그러나 라빈은 그대로 머물러 있었다. 페이스북은 앞으로 더 많은 시험에 직면하게 되겠지만, 어쨌든 이번 시험만큼은 무사히 통과했다. 페이스북 서비스를 심각하게 악용한 사례는 보고되지 않았다.

페이스북은 무엇을 발명할 것인가

2019년 9월 25일, 저커버그는 산호세 맥에너리 컨벤션센터 연단에 올랐다. 그의 뒤로 "차세대 컴퓨팅 플랫폼"이라는 문구가 걸려 있었다. 그날 저커버그는 페이스북이 가상현실을 위해 개발하고 있는 운영 시스템 및 하드웨어 장비를 위한 개발자 회의인 오큘러스 커넥트_{Oculus Connect}를 축하하기 위해 그곳에 있었다.

오큘러스는 앱을 넘어선 존재가 되고자 하는 페이스북의 도전을 상징적으로 보여주는 행사다. 페이스북은 "차세대 컴퓨팅 플랫폼"으로 자리 잡기를 바라는 운영 시스템을 자체 개발함으로써 취약성의 원천, 다시 말해 경쟁자의 변덕으로부터 해방되기를 기대했다.

저커버그는 내게 말했다. "플랫폼을 개발했을 때 가능해지는 일이 있습니다. 우리는 스마트폰 앱을, 그리고 웹사이트를 개발하고 있습니다. 특히 스마트폰 앱 모델에서 우리는 운영 시스템을 만든 이가 앱이 할 수 있어야 한다고 생각하는 것에 종종 크게 제약을 받습니다."

저커버그는 사용자로 하여금 먼저 과제를 선택하고, 다음으로 그 과제를 함께할 사람을 선택하도록 하는 모바일 운영 시스템의 기존 방식에 대해 실망감을 보였다. 그의 설명에 따르면, 사용자는 메시지 앱을 탭해서 열고 난 뒤 메시지를 보낼 사람을 탭으로 선택한다. 하지만 이는 인간의 직관과는 반대된다. 원래 인간은 사람을 먼저 고르고, 그러고 나서 과제를 선택하는 성향이 있다.

저커버그는 이렇게 언급했다. "제가 바라는 한 가지, 그리고 증강현실과 가상현실에서 우리가 할 수 있기를 바라는 한 가지는 차세대 컴퓨팅 플랫폼이 보다 유기적인 원칙에 집중하도록, 즉 과제가 아니라 사람을 중심으로 작동하도록 방향을 전환하는 겁니다. 이것이야말로 컴퓨팅 기술이 나아갈 방향과 관련해서 제가 정말로 많은 관심을 기울이는 부분입니다."

저커버그는 다른 이에게 의존해야 하는 것이 어떤 일인지 알고 있으며, 또한 그런 상태에 영원히 머물고픈 마음이 없다. 가상현실, 혹은 증강현실이 모습을 드러낸다면 페이스북은 오큘러스를 통해 널리 알려진 운영 시스템을 확보하게 될 것이다. 그리고 사람들은 데스크톱과 모바일, 혹은 음성 시스템 상에는 존재하지 않는 서비스를 기반으로 상호작용을 하게 될 것이다.

저커버그는 이를 원하고 있으며, 오큘러스 투자를 통해 페이스북의 거대한 차세대 발명을 향한 길을 열어가고 있다.

페이스북은 그들의 예외적인 성공을 미래에도 계속 이어나가기 위한 의지와 기술, 시스템을 갖추고 있다. 저커버그와 함께 유리벽으로 둘러싸인 회의실을 걸어 나오면서 나는 그런 확신을 어느 때보다 분명하게 느낄 수 있었다.

기업이 새로운 인풋에 귀를 기울이고 책임 있게 행동함으로써 건전한 방식으로 성장을 관리할 수 있다면, 그들은 앞으로 다가올 수십 년을 위한 원동력을 확보하게 될 것이다. 하지만 그러지 못한다면, 연방 규제기관이 압박을 가하고 정치인들이 해체를 요구하는 상황에서, 페이스북은 저커버그가 그토록 싫어했던 곳으로 떨어지게 될 것이다. 즉 기술 역사 속에 하나의 주석으로 남을 것이다.

ALWAYS DAY ONE

3장

구글의 협력 문화

2017년 7월, 구글 엔지니어 제임스 다모어 James Damore 는 열 쪽 분량의 메모에서 기업의 다양성과 포용성 정책을 비판했다. 그는 구글에서 실시한 편견 예방 교육 프로그램에 참석한 후 그 메모를 작성했고, 피드백 전달 차원에서 프로그램 주최측에 이를 보냈다.

다모어는 기술 분야에서 남성과 여성의 비중이 크게 다른 것은 아마도 부분적으로 생물학적 차이에 기인한 것이며, 교육 프로그램이 강조한 것처럼 편견이 주요 원인은 아니라고 썼다. 그리고 여성이 남성보다 더 예민하며, 이는 "스트레스가 강한" 직종에 여성이 드문 한 가지 이유라고 말했다.

다모어는 계속해서 이렇게 썼다. "구글은 암묵적(무의식적)인, 그리고 명시적인 편견이 기술 분야와 리더십에서 여성의 발목을 붙잡고 있다고 종종 말합니다. 물론 남성과 여성은 편견과 기술, 일터를 다르게 경험하며 우리는 이 점을 인정해야 합니다. 하지만 그건 전체 이야기와는 거리가 멉니다."

프로그램 주최측이 별다른 반응을 보이지 않자, 다모어는 현 상태를 인정하지 않으려는 사람들로 가득한 구글의 내부 소규모 그룹인 '회의주의자들'과 자신의 메모를 공유했다. 구글 내부에서 계속 활동을 이어나가는 수천 개의 이메일 그룹 중 하나인 '회의주의자들'은 그 메모에 대한 논의를 펼치기에 적당한 공간처럼 보였다. 그러나 그 그룹 구성원들이 조직 내부의 다른 사람들과 공유하기 시작하면서 메모는 구글 내부에 급속도로 확산됐다.

결국 다모어의 메모는 구글의 내부 커뮤니케이션 네트워크 안에서 논의 주제로 떠올랐고, 이를 둘러싸고 조직의 입장은 분열됐다. 일부 구글러Googler(구글이 직원을 지칭하는 용어-옮긴이)는 그 주장의 의미에 대해 논의했다. 하지만 더 많은 이들은 구글이 다모어를 해고해야 할지, 그리고 그를 지지한 사람들 역시 조직을 떠나야 하는지를 놓고 논쟁을 벌였다. 다모어는 내게 수백 명의 동료 직원이 자신에게 긍정적인 답장을 보내왔다고 했다.

논쟁이 점차 뜨거워지면서,[1] 일부 직원은 이를 전자제품 전문 사이트인 기즈모도Gizmodo의 케이트 콘거Kate Conger와 공유했고, 당시 휴대전화도 잘 터지지 않은 외딴 곳에서 휴가를 보내고 있던 콘거는 이를 공개적으로 게재했다. 그 이야기가 수백만 명의 구독자에게 전달되면서 불편함을 드러내는 여론이 일었고, 직장 내 여성 처우에 관한 문제와 더불어(그로부터 두 달 후 미투 운동이 터졌다)[2] 구글의 소규모 네트워크 그룹에서 돌았던 메모가 세계적인 뉴스거리가 됐다.

그 무렵 해외여행 중이었던 구글 CEO 순다르 피차이는 신속하게 의사결정을 내려야 했다. 다모어를 그냥 내버려둔다면 여성은 원래 예민하며, 그래서 리더 역할에는 어울리지 않다는 그의 주장을 구글이 묵인하고 있다고 비판받을 위험을 감수해야 할 것이다. 반대로 그를 해고한다면, 구글이 가치 있게 여기는 발언의 자유가 단지 허울뿐이라는 메시지를 내부적으로 전하게 될 것이다.

결국 피차이는 직원들에게 보내는 메시지에서 다양한 생각은 환영하지만 여성이 생물학적 차원에서 구글 업무에 적합하지 않다는 다모어의 발언은 선을 넘은 것이라고 분명히 밝혔다. 그는 이렇게 썼다. "우리 동료들이 회의에서 입을 열 때마다 그들이 메모 내용처럼 '단호'하기보다는 '순응적'이고 '스트레스를 잘 못 참고' '예민'하지 않다는 것을 입증해야 한다는 걱정을 하도록 해서는 안 됩니다."

이후 피차이는 다모어를 해고했다.

하나의 구글

아이디어는 구글 내부에서 빠른 속도로 이동한다. 너무 빨라서 아이디어를 내놓은 사람이 통제하기 힘들 때가 많다. 사실 그건 다분히 의도적인 것이다. 이는 때로 사소한 이야기가 국제적인 안건으로 떠오를 수 있다는 것을 의미한다. 커뮤니케이션 툴은 다모어의 메모를 확산시킨 동시에 집단의식을 중심으로 직원들을 연결하고 사업부 간의 장벽을 허물어 구글을 지구상 가장 협력적인 조직으로 바꿔놨다. 이러한 커뮤니케이션 툴과 피차이의 도움으로, 구글은 완전히 새로운 방식으로 상상했고, 이를 통해 그들을 위협했던 일련의 컴퓨팅 기술의 변화를 이겨냈다.

검색 알고리즘을 구축하고 이를 8,000억 달러의 시장가치로 끌어올린 구글의 이야기는 어쩌면 당연한 성공 스토리로 들릴 수 있다. 하지만 오늘날 급변하는 비즈니스 세상에서 그 속도를 따라잡기 위해 구글은 하나의 제품만 고집하지 않았다. 구글은 계속해서 스스로를(구체적으로 말해서 검색 알고리즘을) 재발명했고, 이를 통해 변화하는 소비자 취향을 따라잡았다. 이것이 바로 구글의 성공을 이끈 원동력이었다.

구글 검색은 오랜 진화를 거쳐 변화했다. 처음에는 웹사이트로 시작했지만, 마이크로소프트가 인터넷 익스플로러 상에서 배포를 막자 그들만의 브라우저인 크롬을 자체 개발했다. 다음으로 인터넷 사용이 데스크톱에서 모바일로 넘어가면서 구글은 다시 한 번 모바일 운영 시스템인 안드로이드를 검색 기반으로 삼았다. 사람들이 음성으로 모바일 기기를 제어하기 시작하면서, 이제 구글은 음성 지원을 통한 검색 서비스를 새롭게 내놓고 있다.

각각의 혁신과 더불어, 구글은 강력한 협력을 바탕으로 기존 제품을 새롭게 개발하고 있다. 가령 구글 어시스턴트는 구글 검색, 지도, 뉴스, 사진, 안드로이드, 유튜브 등을 하나의 통합적인 제품으로 묶고 있다. 이런 제품을 개발하기 위해 구글의 여러 그룹은 긴밀하게 협력해야 한다. 그리고 이런 협력은 구글의 다양한 내부 커뮤니케이션 툴(맞춤형과 일반형 모두)이 있기에 가능하다.

구글 직원들은 구글 드라이브 안에서 모든 업무를 처리한다. 구글 독스와 스프레드시트, 슬라이드를 사용해 계획을 세우고, 회의를 하고, 금융 관련 정보를 저장하고, 프레젠테이션을 한다. 이러한 드라이브 내 파일은 대부분 모두에게 열려 있기 때문에 구글러들은 어느 그룹에 속해 있든지 현재 진행 중인 프로젝트 관련 서류를 읽어보고 진행 상황이 어떠한지, 어느 방향으로 나아갈지, 예산을 어떻게 마련하고 있는지, 누가 무슨 일을 담당하는지 파악할 수 있다. 이러한 툴은 구글의 전체 조직을 전례 없이 투명하게 만들고 있다.

한 전직 구글러는 내게 이렇게 말했다. "대단히 거대한 조직임에도 불구하고 높은 접근성과 투명성은 자체적으로 다양한 연구를 수행하고, 적합한 사람과 연결을 맺는 데 큰 도움을 줍니다. 모든 업무가 내부적으로 가능합니다. 기업 내 모든 문서를 검색을 통해 확인할 수 있죠."

함께 협력할 동료가 필요할 때, 구글러는 인트라넷인 모마 Moma를 통해 살펴보고 연결을 맺을 수 있다. "구글 전체 인물 목록에서 개별 구성원과 조직 구조를 확인할 수 있습니다. 사람들의 사진과 이메일 주소를 열람할 수 있고, 각자의 일정을 확인해서 시간 예약까지 할 수 있습니다. 일상적인 업무 외에 뭔가 다른 걸 시도하려고 할 때, 적합한 사람을 쉽게 발견할 수 있다는 건 아주 중요한 장점입니다."

또한 구글은 열린 드라이브를 기반으로 업무를 추진함으로써 문서를 중심으로 협력을 활성화할 수 있다. 전 구글 전략 책임자인 맷 맥고완Matt McGowan은 구글 슬라이드(파워포인트의 구글 버전)로 첫 번째 프레젠테이션을 준비하는 동안 동료들이 달려들어 한꺼번에 데이터를 추가하기 시작했고, 그는 이를 놀라움 가득한 시선으로 지켜봤다는 이야기를 들려줬다. 그때 맥고완은 스스로 뭔가를 추가하기가 망설여져 노트북에서 물러나 있었다. 그러나 이후 동료들이 구글의 문화를 소개해주기 위해 일부러 그랬다는 사실을 알았고, 즉시 그 문화를 받아들였다. 맥고완은 내게 말했다. "어느 날 저녁에는 집에 앉아서 전 세계 팀원들에게 정보를 검색하고 추가하도록 지시했습니다. 덕분에 일은 금방 마무리됐죠."

구글러들은 드라이브 안에서 일하기 때문에 이메일에 문서를 첨부하지 않는다는 암묵적인 규칙을 따른다. 문서를 첨부하면 동일한 문서의 다양한 버전을 따로 저장했다가 나중에 다시 통합해야 하는 수고를 들여야 한다. 맥고완은 이렇게 말했다. "문서 버전에는 신경 쓸 필요가 없어요. 그런 문제가 없다면 얼마나 시간을 절약할 수 있는지 한번 생각해보세요."

드라이브의 검색 기능(언제 작성됐는지, 얼마나 자주 접근하는지, 작성자와의 관계는 무엇인지, 그리고 다양한 정보를 통해 특정 문서를 지능적으로 제시해주는) 덕분에 구글러들은 동료의 업무를 파악하고, 또한 신속하게 업무에 참여할 수 있다.

또한 구글러들은 '회의주의자들' 같은 이메일 그룹을 통해 서로 연결된다. 이런 그룹 안에서 그들은 업무 프로젝트부터 구글 비즈니스와는 별로 상관없는 일까지 모든 이야기를 주고받는다. 인사 팀에서 일했던 호세 콩^{Jose Cong}은 내게 말했다. "어느 이메일 그룹에나 가입할 수 있어요. 중재자는 없어요. 대부분의 주제는 우리가 예상하는 것들이죠. 사람들은 아이디어에 대해 논의하거나 기술 관련 문제에 도움을 요청합니다. 예를 들어 자전거 그룹 사람들은 자전거를 타고 캠퍼스 주변을 돌아다니는 방법에 관한 정보를 주고받습니다. 제가 퇴사할 무렵에는 서로 연봉을 공개하는 그룹도 있었죠."

이런 그룹 덕분에 정보와 아이디어는 구글 내부에서 아주 빠른 속도로 이동한다. 콩은 말했다. "그런 툴과 디지털화, 그리고 연결 덕분에 수십 년 전에 비해 의견을 공유하기가 한결 수월해졌습니다. 예전에는 함께 커피를 마시거나 점심을 먹으며 이야기를 나눴습니다. 지금은 굳이 커피숍에 가지 않아도 됩니다. 대화가 보다 광범위하게 이뤄지고 있으니까요."

구글에서는 경영진과 직원이 함께 모여 'TGIF'라고 부르는 일종의 Q&A 시간을 갖는다. 이 모임은 마운틴뷰 캠퍼스에 있는 커다란 카페테리아 찰리스에서 열린다. 먼저 피차이가 최근 소식을 전하고 나면 다른 임원이나 팀이 프레젠테이션을 하고, 질의응답 시간으로 이어진다.

TGIF 역시 기술을 기반으로 이뤄진다. 전 세계 구글러는 인트라넷을 통해 그 영상을 볼 수 있다. 〈니모를 찾아서〉에 등장하는 캐릭터(건망증 때문에 계속 질문하는) 이름을 딴 Q&A 소프트웨어 툴 '도리Dory'를 통해 질문도 할 수 있다. 구글러는 Q&A 시간에 도리를 통해서 자신이 원하는 질문에 투표한다. 이들은 투표 현황을 모르기 때문에 다른 사람의 의견에 방해받지 않고 투표하게 된다. 경영진은 상위 10개 질문을 선정해서 이에 대해 대답한다. 2019년 2월 구글 캠퍼스를 찾았을 때, 나는 수천 건의 투표가 도리를 통해 이뤄지는 광경을 목격했다.

마지막으로 구글은 밈젠Memegen이라는 내부 소셜 미디어 웹사이트를 구축했다. 여기서 구글러들은 사내에서 벌어진 사건에 대한 재미있는 글과 사진, 즉 '밈meme'을 게시한다. 구글을 방문했을 때 나는 의회에서 증언했던 피차이를 칭찬하고, 승진 기준에 대해 농담을 하고, 지저분한 유머를 하고, 동료의 죽음을 애도하고, 실수로 회사 전체로 보내버린 이메일에 대해 사과하는 밈을 구경했다(마리사 메이어Marissa Mayer가 구글을 떠나 위기를 겪고 있던 야후의 CEO가 되었을 때, 밈젠에는 그녀의 사진과 함께 다음과 같은 글이 올라왔다. "뛰어난 기술 리더, 마침내 비영리단체를 이끌다").[3]

콩은 내게 말했다. "직원들 분위기를 살피기 위해 종종 밈젠에 들릅니다. 사람들의 글을 보고 조직이 어떻게 돌아가는지 파악할 수 있거든요."

구글의 커뮤니케이션 툴은 성공에 중요한 역할을 했다. 커뮤니케이션 툴은 실행업무를 줄여줌으로써 새로운 프로젝트의 속도를 높이고, 새로운 아이디어를 위한 여유를 가져다준다. 그리고 아이디어를 조직 전체로 확산함으로써 발명과 개선을 자극한다. 또한 협력을 장려하고, 조직 내 분위기를 가늠할 수 있게 하며, 형식적인 절차를 제거하고, 하이브 마인드hive mind(다수의 개체를 지배하는 하나의 정신을 뜻하는 개념-옮긴이)를 지닌 동료와 함께하는 협력의 중요성을 각인시킨다.

구글은 지난 15년 동안 커뮤니케이션 툴을 기반으로 검색을 계속해서 재발명했다. 그리고 각각의 혁신에서 순다르 피차이는 중요한 역할을 했다.

마이크로소프트, 전쟁의 시작

피차이는 위기가 고조되던 2004년에 프로덕트 매니저로 구글에 입사했다. 그 무렵 구글 검색 트래픽의 약 65퍼센트가 마이크로소프트 인터넷 익스플로러에서 오고 있었다.[4] 이런 사실은 구글 입장에서 대단히 위태로운 상황을 의미했다. 지극히 경쟁적인 마이크로소프트는 검색 트래픽에서 나오는 수십억 달러의 돈을 다른 기업에게 영원히 양보할 생각이 없었다. 구글 경영진 역시 당연하게도 마이크로소프트가 언젠가는 구글 대신 자체 검색 엔진을 내놓을 것을 우려했다.

구글은 마이크로소프트의 위력에 맞서기 위해, 구글 툴바와 구글 데스크톱 같은 다양한 제품을 개발했다. 그리고 이를 통해 사용자가 인터넷 익스플로러의 기본환경을 벗어나서도 검색 서비스에 접근할 수 있도록 했다. 예를 들어 구글 툴바는 인터넷 익스플로러 주소창 바로 밑에 커다란 검색창으로 떠 있다.

툴바를 설치하면, 사용자는 브라우저 안에서 구글의 존재를 뚜렷하게 확인할 수 있다.

호리호리한 체격에 조용한 엔지니어 출신인 피차이는 전화기와 냉장고가 없던 인도 남부에서 성장했다. 그는 구글에서 툴바와 관련된 막중한 임무를 맡았다. 그것은 사람들이 컴퓨터에 툴바를 설치하도록 만드는 일이었다. 사실 이는 피차이가 구글의 맨 꼭대기로 올라가는 과정에서 맡았던 첫 번째 임무였다.

피차이가 처음으로 구글 툴바를 맡았을 때, 쉽게 검색에 접근할 수 있도록 해주는 특성을 높이 평가한 얼리어답터들 사이에서 관심을 얻고 있었다(그때까지만 해도 인터넷 익스플로러 상에서 뭔가를 검색하기 위해서는 '검색' 버튼을 클릭해서 검색 웹페이지를 따로 띄워야 했다). 또한 팝업창을 막음으로써 더 많은 지지를 얻었다. 하지만 출시 후 몇 년간 구글 툴바는 마이크로소프트에 맞설 수 있을 만큼 충분히 다운로드되지 못했다. 피차이는 이런 상황을 타개하기 위해 다른 기업과 협력관계를 맺기 시작했다.

당시 피차이와 같은 사무실을 썼던 구글 부사장 라이너스 업슨Linus Upson은 내게 이렇게 말했다. "사용자가 새로운 윈도우 소프트웨어를 시도해보도록 만드는 과정에서 가장 힘든 부분은 소프트웨어를 다운로드하게 만드는 일입니다. 그래서 피차이는 어도비Adobe와 손을 잡았죠. 어도비는 지구상에서 가장 많이 다운로드된 윈도우 제품 플래시와 아크로뱃리더를 보유하고 있었습니다. 플래시나 아크로뱃리더를 설치할 때면 이런 메시지가 뜨죠. '구글 툴바를 설치해보시겠습니까?' 피차이는 많은 유명 프로그램과 함께 이런 작업을 했습니다. 일종의 유통망을 만든 거죠."

어도비를 비롯한 여러 기업과 협력관계를 맺는 과정에서 피차이는 관심사가 다른 이들을 하나로 연결하는 방법을 알아내야 했다. 특히 엄청난 돈이 오가는 치열한 협상에서는 이런 노력이 더욱 중요했다. 여기서 구글이 많은 자금을 갖고 있다는 사실은, 즉 돈을 찍어내는 광고 비즈니스 제품을 확보하고 있다는 사실은 큰 도움이 됐다. 피차이는 협력사를 만나 돈을 보여주며 무얼 해야 한다고 지시할 수도 있었겠지만, 대신 그는 귀를 기울이고, 그들의 생각을 확인하고, 해결책을 모색했다.

툴바 프로젝트를 추진하는 피차이의 접근 방식은, 그가 조직의 사다리를 밟고 CEO에 오르기까지 발명을 격려하는 방식을 미리 보여준 것이었다. 베조스의 경우, 사람들은 여섯 쪽 메모를 통해 의사결정자에게 메시지를 전했다. 저버커그는 피드백 문화를 기반으로 아이디어가 흘러들어오는 통로를 구축함으로써 아이디어가 조직의 위아래로 자연스럽게 흘러가도록 했다. 피차이는 그룹 사이의 장벽을 허물어 아이디어가 좌우로 자유

롭게 흘러가도록 했다. 그는 목표를 제시하면서도 자신의 존재
를 최소화하고 협력을 강화했다.

업슨은 말했다. "순다르는 대화를 지배하는 그런 유형의 사
람이 아닙니다. 그는 다른 사람이 자신의 생각을 입 밖으로 꺼
내도록 만드는 데 능합니다. 대단히 사려 깊고 신중하죠. 그는
듣는 일에 더 익숙합니다."

구글 툴바가 점차 성장하면서 마이크로소프트는 구글을 압
박하기 시작했다. 피차이 바로 밑에서 수석 프로덕트 매니저로
일했던 아심 수드Aseem Sood는 내게 말했다. "우리는 매주 급박한
상황에 맞서 싸워야 했습니다. 수치가 급격히 떨어지면서 뭔가
잘못 돌아가고 있다는 사실이 드러났습니다. 무슨 일이 벌어지
고 있는지 파악해야 했어요. 결국 우리는 면밀히 지켜보고 있
다는 사실을 마이크로소프트에 전하기 위해 법무부를 끌어들
여야 했죠."

피차이가 CEO 자리에 오른 지 2년 후, 마이크로소프트는 미
래를 암시하는 인터넷 익스플로러 업데이트 버전인 IE7을 내
놨다. 몇 달 후에는 인터넷 익스플로러 상의 기본 검색을 구글
에서 그들 자신이 개발한, 빙Bing의 전신인 라이브서치Live Search로
대체함으로써 구글 비즈니스의 심장부에 일격을 가했다.

그래도 피차이는 협력관계를 통해 구글을 재앙적인 시나리
오로부터 구했다. 그는 첫 시험 무대에서 툴바 사용자 규모를

수억 명으로 늘렸고, 수십억 달러의 매출을 창출함으로써 마이
크로소프트의 악의적인 공격으로부터 구글을 지켜냈다. 그러나
마이크로소프트와의 전쟁은 이제 시작에 불과했다.

크롬, 인터넷 익스플로러를 이기다

피차이는 2004년 4월 1일에 구글에서 면접 인터뷰를 했다. 그 날은 구글이 지메일을 출시한 날이기도 하다. 구글은 좀 기이한 만우절 거짓말의 역사를 갖고 있었고, 피차이는 웹 기반의 다른 이메일 서비스들의 저장 공간을 훌쩍 뛰어넘는 구글의 새로운 이메일 서비스가 정말인지 농담인지 확신할 수 없었다. 피차이는 처음 몇 번의 인터뷰 동안 그것을 알아내고자 했다.

2017년에 피차이는 이렇게 말했다. "제게 지메일에 대해 어떻게 생각하는지 계속해서 물어보더군요. 그때까지 저는 지메일을 사용해보지 않았습니다. 만우절 농담쯤으로 여겼죠. 그런데 네 번째 인터뷰에서는 이렇게 묻더군요. '지메일을 본 적이 있습니까?' 저는 아니라고 했고, 그러자 실제로 보여주더군요. 다섯 번째 인터뷰에서야 지메일에 대한 저의 생각을 말할 수 있었죠."5

지메일은 농담이 아니었다. 그것은 마이크로소프트의 핵심 비즈니스를 향한 구글의 첫 번째 공격이었다. 당시 마이크로소프트는 오피스 판매로 많은 돈을 벌어들이고 있었다. 오피스는 일종의 생산성 프로그램 패키지로서, 이메일을 비롯해 일정관리를 위한 아웃룩, 문서 작성을 위한 워드, 계산을 위한 엑셀 등의 소프트웨어를 포함하고 있었다. 이러한 툴을 사용하려면 마이크로소프트에 돈을 지불하고 컴퓨터에 프로그램을 설치해야 했다.

지메일을 시작으로, 구글은 마이크로소프트의 주요 생산성 프로그램 모두를 브라우저 상에서 자체 버전으로 출시했다. 구글 경영진은 이러한 시도의 미래 가능성을 확신했다. 2006년 3월에는 업스타틀Upstartle이라는 기업을 인수했는데,[6] 그 기업이 출시한 라이틀리Writely는 나중에 구글 독스로 완성됐다. 2006년 4월에는 구글 캘린더를 내놨고[7] 6월에는 구글 스프레드시트를 출시했다.[8] 구글은 지메일과 더불어 이런 툴을 가지고 오피스에 도전장을 내밀었고, 마이크로소프트를 곤경에 빠뜨렸다.

구글의 공격은 마이크로소프트에게 흥미로운 선택지를 남겨줬다. 마이크로소프트는 시장을 주도하는 브라우저인 인터넷 익스플로러를 계속해서 개선해나갈 수 있었다. 그러나 이는 동시에 구글의 웹 기반 툴을 더욱 빠르게 만들어줄 것이며, 이는 다시 마이크로소프트 오피스의 존재를 위태롭게 만들 것이었다. 아니면 인터넷 익스플로러의 개선 속도를 고의적으로 늦춤으로써 구글(그리고 웹 기반 툴)의 발목을 잡아 선두를 지킬 수 있었다. 결국 마이크로소프트가 선택한 쪽은 후자였다.

2007년 구글로 자리를 옮긴 전 마이크로소프트 총괄 매니저 치 추Chee Chew는 내게 이렇게 말했다. "마이크로소프트는 인터넷 익스플로러가 선두를 지킬 수 있도록 개선하려 했지만, 지메일 같은 웹 기반 앱이 아웃룩보다 더 나은 서비스를 제공하는 건 원치 않았습니다. 당시 마이크로소프트는 인터넷 익스플로러 개발 예산을 크게 줄였습니다. 다시 말해 유지 모드로 돌입한 거죠."

마이크로소프트가 인터넷 익스플로러의 개선 속도를 늦추면서 그 브라우저는 점차 느리고 비대해졌다. 구글 경영진은 이를 긍정적인 신호로 받아들이지 않았다. 마이크로소프트가 그들의 검색 비즈니스를 공격하고 생산성 툴을 방해하고 있다고 봤다. 마이크로소프트는 브라우저를 제대로 기능하지 않게 함으로써 구글을 공격했고, 이로 인해 마이크로소프트는 새로운 도전에 더욱 취약해지고 말았다.

구글은 처음에 인터넷 익스플로러의 최대 경쟁자인 모질라Mozilla의 파이어폭스에 많은 투자를 했다. 하지만 결국은 이상적인 브라우저를 자체 개발하기로 결정했다. 이를 위해서 구글은 처음부터 시작해야 했다.

업슨은 내게 말했다. "전적으로 기술적인 차원에서, 우리는 과거의 모든 유산을 버리고 백지 상태에서 시작해야 한다는 결론에 도달했습니다. 처음부터 시작하는 게 가장 좋은 선택일 때가 있죠."

그래서 구글은 인터넷 속도를 높이겠다는 뚜렷한 목표와 더불어 완전히 새로운 브라우저를 개발하기 위한 프로젝트에 돌입했다. 이 브라우저가 인기를 얻는다면, 구글 웹 기반 앱의 성공 가능성은 더욱 높아질 것이었다. 또한 구글이 검색 서비스를 제공하는 방식을 완전히 새롭게 만들 것이었다. 사용자는 구글 툴바를 다운로드하거나 Google.com에 접속하는 대신, 그 브라우저의 주소창에 검색어를 바로 집어넣을 수 있을 것이었다. 그렇게 된다면 구글은 경쟁자의 속박으로부터 완전히 벗어나게 될 것이었다.

구글은 그 브라우저의 이름을 크롬이라고 붙였다. 주소창이나 탭, 버튼, 위젯처럼 검색 활동과 직접적인 관련이 없는 '크롬'을 최소화하겠다는 목표에서 가져온 이름이다. 이 프로젝트를 위해 구글 경영진은 다시 한 번 피차이를 주목했다.

툴바 프로젝트를 성공적으로 이끈 피차이는 기존과는 다른 방식으로 크롬 프로젝트를 지휘했다. 그는 협력을 강화하기 위해 오픈 소스 프로젝트 개념을 기반으로 하는 분산화된 조직을 구축했다. 피차이 팀은 느슨하면서도 집중적인 의사결정 방식을 기반으로 협력했던 맥고완의 구글 슬라이드 프레젠테이션과 흡사한 방식으로 크롬을 개발했다. 피차이는 브라우저를 빠르고, 단순하고, 안전하게 만들라는 주문을 했지만, 동시에 그 안에서 자유롭게 개발할 수 있는 충분한 재량권을 부여했다. 크롬 버전 1에서 44까지 프로젝트에 몸 담았던 추는 이렇게 설명했다. "순다르는 문지기 같은 존재가 아니었습니다. 반드시 순다르에게 보고해야 하는 건 아니었어요. 크롬과 관련된 많은 일을 순다르에게 이야기하지 않았습니다. 그를 찾아가 승인을 받지 않아도 됐습니다. 순다르와 라이너스는 조직 내 모두에게 권한을 부여하는 문화를 구축했습니다."

프로젝트 팀원들은 피차이와 함께 논의했고, 피차이는 프로젝트를 위해 무엇이 최선인지 조언했다. 내가 집요하게도 최종 결정권자가 누구였는지 캐묻자, 추는 그런 존재는 없었다고 했다. 그는 이렇게 말했다. "기업이 돌아가는 일반적인 방식에서 한 걸음 떨어져서 바라봐야 합니다. 불신, 그리고 알고 있던 모든 걸 내려놓아야 기존의 틀에서 벗어나 새로운 세상을 바라볼 수 있어요."

피차이는 크롬 프로젝트를 추진하는 과정에서 구글 설립자 래리 페이지와 세르게이 브린이 창조한 자유분방한 문화를 끝까지 밀고 나갔다. 피차이는 자신의 권한을 직원들에게 나눠줌으로써 개발 과정에서 스스로 의사결정을 할 기회를 줬다. 스스로 병목과 같은 존재가 되기보다 한 걸음 물러나서 팀원들이 일하도록 했다. 피차이와 함께 일했던 이들은 그 보답으로 좋은 아이디어를 선사했다. 크롬 브라우저에서는 각각의 탭이 마치 따로 떨어진 프로그램처럼 구동된다. 그래서 경쟁사와는 달리 하나의 탭에 문제가 발생해도 전체 브라우저가 멈춰버리는 일은 없다. 또한 크롬은 검색창과 주소창을 하나의 창으로 통합함으로써 사용자 경험을 단순화했다. 그리고 기대만큼 빨리 작동했다.

크롬의 오픈 소스 개발 방식은 대단히 성공적이었다. 구글은 출시 시점부터 크로뮴Chromium이라는 개발자 버전으로 크롬의 코드를 공개했다. 2008년 피차이는 크롬을 소개하면서 이렇게 말했다. "우리의 목표는 웹 플랫폼 전체가 한 걸음 더 나아가도록 만드는 겁니다. 웹이 발전하면 우리는 직접적인 전략적 이익을 얻을 수 있습니다. 우리는 웹에서 살고, 웹에서 서비스를 개발합니다. 웹이 발전하면 더 많은 이들이 웹을 사용하게 될 것이며, 그만큼 우리는 혜택을 누릴 수 있습니다."[9]

크롬이 처음 모습을 드러냈을 때, 피차이는 이를 두 집단에 선보여야 했다. 대중, 그리고 자신의 동료들이었다. 동료 중 많은 이들은 파이어폭스 개발에 힘을 쏟았다. 구글은 파이어폭스를 개발한 비영리기업 모질라에 투자했고, 모질라는 구글을 파이어폭스의 기본 검색 엔진으로 선택했다. 업슨은 이렇게 설명했다. "파이어폭스와의 경쟁은 우리 모두가 바라는 바가 아니었습니다."

피차이는 동료들에게 크롬을 강요하는 대신 그들 스스로 관심을 기울이도록 했다. 구글러들에게 크롬을 사용하라고 지시하지도 않았다. 업슨은 말했다. "피차이는 이렇게 물었습니다. '제품의 장점만으로 직원들의 마음을 움직일 수 있을까요?' 지금도 구글에서는 모두가 크롬을 사용하진 않습니다. 여전히 파이어폭스도 사용하고 있죠."

피차이는 부드러운 카리스마를 통해 구글의 모든 사업부로부터, 그리고 설립자로부터 강한 신뢰를 얻었다. 피차이가 페이지와 브린에게 프레젠테이션을 할 때 그 자리에 함께 있었던 수드는 내게 이렇게 말했다. "순다르는 분위기를 잘 이끌었습니다. 그건 단순히 기술이 아니었어요. 그는 진실한 자세로 공감을 보였고, 자신을 앞세우거나 자신의 생각을 강요하지 않았습니다. 사람들의 마음을 잘 다룰 줄 알았죠."

크롬의 등장은 기대를 품게 하면서도 위압적이지는 않았다. 크롬은 얼리어답터의 마음을 얻고, 동시에 인터넷 익스플로러를 굴러가게 만드는 관성의 힘에 맞서 싸워야 했다. 피차이는 크롬 사용을 확산시키기 위해 툴바 프로젝트에서 활용했던 유통 채널을 그대로 활용했다. 경영진으로부터 넉넉한 광고 예산까지 승인받았다. 그렇게 크롬은 날아올랐다.

업슨은 말했다. "신화는 우리가 크롬을 개발했고, 크롬은 정말 대단한 제품이며, 모두가 크롬을 사용하고 있다고 말합니다. 하지만 현실은 달랐습니다. 처음에 수천만 명의 열정적인 사용자들이 있었죠. 그랬던 것이 어느 순간 수억 명으로 도약했습니다. 피차이가 툴바 프로젝트에서 활용했던 유통 채널을 크롬에 그대로 적용하면서 사용자가 증가했던 거죠. 그렇게 플라이휠은 돌아가기 시작했습니다."

크롬은 2008년에 첫선을 보였다.[10] 2009년 크롬의 활동적인 사용자는 3,800만 명 정도였다. 2010년에는 1억 명을 넘어섰다. 지금은 10억이 넘는 인구가 크롬을 사용한다. 한편 마이크로소프트는 인터넷 익스플로러 개발을 중단했다.[11]

앱, 웹을 위협하다

구글이 크롬으로 안정적인 기반을 다질 무렵, 그들이 딛고 있던 땅은 다시 한 번 지각 변동을 일으켰다. 마이크로소프트 인터넷 익스플로러의 위협이 초라해 보일 만큼 강력한 변화였다.

구글이 크롬을 개발했을 무렵에 컴퓨터는 연결성과 프로세싱 기술의 발전으로 손바닥 크기만큼 작아졌고, 이는 스마트폰 시대의 탄생으로 이어졌다. 아이폰을 비롯해 다양한 안드로이드(구글이 소유한 운영 시스템) 스마트폰이 수백만 명의 주머니 속에 들어 있던 폴더폰을 대체했다. 그런데 마우스와 키보드를 기반으로 설계된 기존의 웹 브라우저는 이런 모바일 기기에 적합하지 않았다. 스마트폰의 작은 화면은 자유로운 웹 서핑에 방해가 됐다. 그래서 스마트폰 사용자들은 웹 대신 앱을 통해 인터넷을 이용했다.

많은 이들이 앱에서 더 많은 시간을 보내기 시작하면서, 구글 검색의 중요성은 그만큼 낮아졌다. 사람들은 인근 레스토랑을 찾기 위해 구글을 검색하는 대신 옐프Yelp 같은 앱을 이용했다. 항공과 숙박 예약을 위해서도 구글 검색 대신 카약Kayak 같은 앱을 활용했다. 그리고 뉴스나 정보 검색보다 페이스북과 트위터에서 더 많은 시간을 보냈다. 구글 검색은 몇몇 키워드 입력으로 사용자가 원하는 정보를 무제한의 웹 페이지로 보여줬다. 하지만 모바일 세상에서는 그 존재 이유를 찾기 힘들었다.

비슷한 무렵에 또 다른 중요한 기술 진보가 고개를 내밀었다. 인공지능 연구원들은 오랜 노력 끝에 스마트폰의 등장을 이끈 것과 동일한 첨단 프로세싱과 연결성을 기반으로 혁신을 보여주기 시작했다. 또한 그들은 스마트폰을 통해 방대한 데이터를 수집했다.

구글 인공지능 그룹을 이끌고 있는 "구글의 브레인" 제프 딘 Jeff Dean 선임연구원은 내게 이렇게 말했다. "마침내 우리는 이런 기술이 현실에서 작동하게 할 수 있는 컴퓨팅 역량을 확보했습니다."

구글은 긍정적인 초기 성과를 확인하고 난 뒤, 기술산업의 흐름에 발맞춰 인공지능에 대한 투자를 확대하기 시작했다. 그리고 비즈니스 성과가 불투명한 분야에도 과감하게 투자하는 구글은 인공지능의 세 가지 주요 영역에 연구를 집중했다. 바로 컴퓨터 시각, 음성 인식, 자연어 이해였다. 딘은 내게 이렇게 설명했다. "시각, 음성, 언어라는 세 가지 영역 안에 정말로 중요한 뭔가가 숨어 있습니다. 모델의 규모를 확장하고 더 많은 훈련 데이터를 활용한다면, 점점 더 좋은 결과를 얻게 될 겁니다."

물론 컴퓨터는 아직 인간만큼 똑똑하지 않다. 하지만 인공지능이 발전하면서 컴퓨터는 점차 인간처럼 세상과 상호작용을 하고 있다. 오늘날 컴퓨터는 인공지능 기술에 힘입어 빛을 내는 이차원 화면에서 보고, 듣고, 자연어를 처리하고, 대답까지 할 수 있다. 이런 흐름 속에서 2014년 11월, 제프 베조스의 발명 공장은 인공지능 분야의 성과를 통합해 아마존 에코와 거기 탑재된 디지털 비서 알렉사를 출시했다.[12]

마운틴뷰에 있던 구글 경영진은 이에 주목했다.

순다르 피차이의 등장

2015년 8월 10일, 래리 페이지는 자신의 블로그를 통해 깜짝 놀랄 소식을 전했다.[13] 세계 최고의 브랜드 중 하나인 구글이 앞으로 알파벳Alphabet이라는 이름으로 불리게 될 것이라는 소식이었다. 여러 기업으로 구성된 알파벳 안에는 칼리코Calico(구글의 노화 방지 프로젝트), 라이프 사이언스Life Sciences(구글의 의료연구 그룹으로 지금은 베릴리Verily로 바뀜), 그리고 새로운 모습으로 거듭난 구글이 포함돼 있었다.

　구글은 설립 이후로 그들의 사명인 "세상의 정보를 조직화하고 이를 보편적으로 접근 가능하고 유용하게 만들기"와는 동떨어진 다양한 프로젝트에 투자해왔다. 이 사명은 검색기업으로서 마땅히 추구해야 할 목표였지만, 구글의 공동설립자와 더불어 인습 타파에 주저함이 없는 그 직원들의 끝없는 호기심은 다양한 방면의 투자로 이어졌다. 결국 구글은 과학 프로젝트와 자본주의가 만나는 거대한 결정체가 됐다.

구글의 두 공동설립자는 구글의 방향을 원래의 사명으로 되돌리고, 과학 프로젝트는 알파벳 하에서 자회사 형태로 분리하고자 했다. 페이지와 브린은 새로운 조직 구조에서 유튜브 외에 모든 제품을 책임지고 있던 피차이가 구글의 지휘봉을 잡아야 한다고 믿었다. 2019년 페이지와 브린은 알파벳에서 물러나면서 조직 전체를 피차이에게 넘겼다.

페이지는 블로그에 이렇게 썼다. "새로운 조직을 기반으로 구글이 품고 있는 놀라운 잠재력에 집중할 것입니다. 앞으로 순다르 피차이가 핵심 역할을 맡게 될 것입니다. 우리와 이사회 모두 순다르가 구글 CEO로 나설 때가 왔다고 확신합니다."

알파벳 구조조정은 많은 외부 사람들을 어리둥절하게 했지만, 내부 사람들은 그 의미를 분명히 이해하고 있었다. 구글의 모바일 웹은 사용자의 관심을 점점 잃어가고 있었고, 기존 검색 서비스 역시 위축되고 있었다. 이마케터에 따르면, 2017년 미국인이 인터넷에서 보내는 시간 중 89.2퍼센트를 앱이 차지했다.[14] 브라우저로 인터넷 세상을 만나는 시간은 10.8퍼센트에 불과했다.

한편, 처음엔 많은 이들이 비웃었던 아마존 에코는 사용자들이 알렉사를 점점 친구로 대하면서 질문에 대답을 하기 시작했다. 사실 질문에 대답하는 것은 구글의 전문 분야였다. 이제 아마존이 그 영토를 넘보고 있다.

이런 상황에서 구글은 가만히 있을 수 없었다. 음성 인식과 모바일 앱이 사람들이 인터넷과 상호작용하는 방식을 바꾸고 있는 가운데, 과거의 영광을 지키기 위해 다시 한 번 발명에 도전해야 했다. 그 과정에서 알파벳은 구글이 중대한 도전에 나서기 위한 발판이었다.

인공지능이 먼저다

피차이는 구글 CEO가 되자마자 직원들에게 '인공지능 우선'을 받아들이도록 했다. 즉 구글 제품에 인공지능 기술을 최대한 많이 집어넣으라고 지시했다.

딘은 내게 말했다. "피차이는 기술과 제품을 다루는 모든 직원이 이렇게 말하길 원했습니다. '뭔가 중요한 일이 벌어지고 있어. 우리는 여기 주목해야 해.' 그는 직원들이 인공지능에 관심을 기울이도록 만들었습니다."

피차이의 이런 노력은 구글의 협력 문화 덕분에 빠르게 효과를 나타냈다. 딘의 팀이 다른 팀을 위해 인공지능 기술을 개발하기 시작했을 때, 소문은 빨리 퍼졌고 다른 팀으로부터 기술 개발에 대한 요구를 받았다. 그렇게 인공지능을 적용한 새로운 사례가 이어졌다. 가령 번역 팀이 인공지능 모형을 활용해 특정 문장이 다른 언어에서 어떤 형태로 나타날지 예측했을 때, 많은 팀이 그 결과에 주목했다. 또한 지메일 팀은 동일한 인공지능 모형으로 스마트 리플라이Smart Replies라는 앱을 개발했다. 이를 활용해서 지메일로 답장을 쓸 때, 인공지능이 짧은 문장을 추천한다.

인공지능 기술을 받아들이면서 구글 제품은 점점 더 스마트해지고, 서로를 더 잘 인식하고, 상호작용하는 인간을 더 잘 이해하기 시작했다. 예를 들어 구글 포토는 포옹과 같은 특정 동작을 인식함으로써 사용자가 포옹을 포함한 사진을 검색할 수 있도록 해줬다. 지메일은 구글 캘린더와 연동해 항공편 확인과 관련된 세부 정보를 공유함으로써 정보를 자동 기록한다. 구글의 음성 검색은 검색어를 키보드로 입력할 때와 마찬가지로 질문에 대답하기 시작했다.

이런 발전이 이어지면서 구글러들의 상상력은 마음껏 날아올랐다. 가령 취리히에 있는 한 그룹은 검색을 대화의 형태로 만드는 방법에 대해 연구를 시작했고, 다른 그룹은 구글 검색을 보다 개인적이고 유용하게 만드는 방법에 대해 생각하기 시작했다. 또한 하드웨어 사업부는 말하는 이에게 관심을 기울였다.

구글은 새로운 방향으로 나아가고 있었다. 하지만 그 움직임은 아직 구체적으로 드러나지는 않았다.

구글 홈의 위대한 탄생

2016년 2월 초, 순다르 피차이는 마운틴뷰의 찰리스에 마련된 무대에 미소를 지으며 올랐다. 새로 CEO가 된 후 첫 번째 연례 연설이었다. 장난기 가득한 세르게이 브린은 피차이가 구글의 2016년 전략을 현대무용으로 보여줄 것이라고 소개했고, 카페 테리아에 가득 들어선 직원들은 웃음을 터뜨렸다. 정말로 댄스 를 선보였더라면 관중은 흥분했겠지만, 피차이는 침착한 방식 을 택했다.

언제나 그렇듯 피차이는 탁자에 기대 선 채 진지한 교수님 억양으로 연설을 시작했다. 먼저 구글이 지금 어디 와 있는지 간략하게 언급했다. 오늘날 검색의 절반 이상이 모바일로 이뤄 지고 있으며, 그중 많은 부분을 음성이 차지한다고 설명했다. 구글 검색은 모바일에서도 여전히 중요한 부분을 차지하고 있 었지만, 구글이 데스크톱에서 기대했던 것만큼은 아니었다.

피차이가 띄운 슬라이드 한쪽에는 구글의 제품 로고들이 있었고, 이들을 포괄한 화살표가 그 맞은편에 있는 '어시스턴트'라는 단어를 가리키고 있었다. 피차이는 올 한 해 동안 구글의 주요 제품을 하나로 묶는 디지털 비서를 개발하기 위한 프로젝트를 공동추진하겠다고 설명했다. 구글 어시스턴트는 사용자와의 교류를 친밀한 대화 형태로 바꿔놓을 것이었다. 이제 사용자는 어시스턴트 프로그램에게 직장까지 얼마나 걸릴지(구글 맵), 아마존 택배가 언제 도착할지(지메일), 다음 회의가 언제인지(구글 캘린더) 음성으로 물어볼 수 있다. 또한 재미있는 동영상(유튜브), 휴가지에서 찍은 사진(구글 포토), 최신 뉴스(구글 뉴스)를 요청할 수 있고 음성으로 웹 검색까지 지시할 수 있다.

구글 어시스턴트는 인터넷의 근본적인 변화에 대해 구글이 내놓은 대답이었다. 그리고 아마존의 알렉사(이마케터에 따르면, 그해 연말이면 72퍼센트에 해당하는 스마트 스피커에 탑재될)와 애플의 그저 그런 시리Siri에 대한 구글의 대응이었다. 구글 어시스턴트는 이미 많은 이들이 일상생활에서 사용하는 구글 맵이나 지메일 같은 서비스를 기반으로 경쟁자들에게 도전장을 내밀었다. 구글 어시스턴트는 검색창에 키보드로 입력하듯이 음성으로 물어보도록 함으로써 구글과 자연스럽게 이야기를 나누도록 만들어줄 것이었다. 또한 구글을 비롯한 많은 이들이 만든 다양한 앱과 인간을 연결함으로써, 웹이든 모바일이든 간에 구글이 세상의 모든 정보를 조직화하고 이를 더 유용하게 만들어나가는 데 기여할 것이었다.

구글 어시스턴트는 대규모 협력을 요구하는 거대한 재발명이었다. 지메일, 구글 맵, 캘린더, 포토, 검색, 유튜브를 비롯한 구글의 모든 프로덕트 팀이 협력해서 각각의 서비스를 완벽하게 연결해야 했다. 그들은 구글에서조차 전례 없는 방식으로 협력해야 했다. 그 과정에서 구글의 인공지능 기술이 사용자가 제품에 말을 걸고 질문을 할 수 있도록 만들 것이다.

피차이는 어시스턴트의 개념을 대략 설명하고 난 뒤, 모두가 이 프로젝트에 참여하기를 기대한다고 말했다. "올해 가장 중요한 일이 무엇이냐고 묻는다면 당연히 이 프로젝트라고 생각합니다."

그러나 어시스턴트 프로젝트의 시작은 순조롭지 못했다. 구글 맵을 책임지는 젠 피츠패트릭Jen Fitzpatrick 수석부사장은 내게 이렇게 말했다. "대단히 당혹스럽고 힘들었다는 점에서 어시스턴트 프로젝트는 조직 전반에 걸친 많은 협력의 전철을 그대로 따랐습니다. 누가 무슨 일을 맡을지, 언제 무엇을 우선 과제로 꼽아야 할지에 대해 모두의 생각이 일치한 건 아니었죠."

이런 어려움을 해결하기 위해, 피차이는 아이디어가 그룹과 사업부 사이에서 흘러가지 못하도록 가로막는 장애물을 하나씩 제거해나갔다. 피차이는 스물다섯 명이 넘게 참석하는 회의에서 어시스턴트 팀들을 한자리에 모으곤 했다. 그들이 무얼 개발하는지, 누가 무얼 맡고 있는지, 무얼 우선 과제로 삼아야 할지 모두가 같은 생각을 하도록 만들었다.

프로젝트 팀원들의 동의를 이끌어낸 뒤, 피차이는 크롬 시절에 활용한 접근 방식을 보다 광범위하게 적용했다. 탄탄한 기반을 마련해놓고 자신은 한 발 물러서서 모두가 개발에 참여하도록 독려했다.

피츠패트릭은 이렇게 말했다. "우리는 순다르가 내놓은 하나의 아이디어를 뛰어넘어 모두가 참여하는 집단지성으로 나아가야 합니다. 우리는 이렇게 물어야 합니다. '어떻게 이 거대한 아이디어를 구체적인 결과물로 만들 수 있을까?' 조직 전체가 협력해야 합니다."

이런 접근 방식은 예전에 조직 전반에 걸쳐 추진했던 주요 프로젝트, 구글플러스Google+와의 결별을 의미하는 것이었다. 구글플러스 프로젝트는 중앙집권적인 방식을 선택했고, 결국 실패했다. 전 구글 프로덕트 매니저이자 임원인 시바 라자라만Shiva Rajaraman은 내게 이렇게 설명했다. "어시스턴트 팀은 '당신이 A, B, C를 하기를 바랍니다'라고 지시를 내리기보다, 상향식 혁신을 추구했습니다. 이것이야말로 협력의 비결이죠. 여러 팀이 하나로 뭉쳐 해야 할 일을 확대해나갈 때, 협력은 원활하게 이뤄집니다."

상황은 빨리 진척됐다. 구글의 커뮤니케이션 툴은 프로젝트를 공동추진하는 여러 팀이 새로운 기회를 찾고, 협력할 적절한 인재를 발견하고, 최신 정보를 지속적으로 받도록 도움을 줌으로써 어시스턴트 개발을 가속화했다. 어시스턴트 프로젝트를 이끌던 닉 폭스Nick Fox 부사장은 내게 이렇게 말했다. "서로 숨기는 게 없었습니다. 어시스턴트와 관련된 일은 모두 공개됐죠. 모두가 잘 이해했고 어떻게 기여해야 할지 잘 알았습니다."

각각의 제품을 하나로 연결하기 위해 노력하는 가운데, 프로젝트에 참여한 팀들은 어시스턴트 자체에 대해 새로운 질문을 던지기 시작했다. 얼굴이 있어야 할지, 구글 어시스턴트라고 불러야 할지, 아니면 다른 이름('럭키'도 한 가지 후보였다)이 필요할지, 그리고 재미있어야 할지를 놓고 논의를 벌였다. 또한 성인이 질문할 때 아이도 함께 들을 수 있다는 사실을 감안해서 민감한 주제에 어떻게 대답해야 할지에 대해서도 이야기를 나눴다. 이런 문제는 검색 결과가 화면으로 나올 때보다 더 신중해야 했다.

해결해야 할 문제는 한 가지 더 있었다. 바로 스마트 스피커였다. 사용자는 스마트폰과 떨어져 있어도 어시스턴트에 말을 걸 수 있어야 했다. 이를 위해 구글은 어시스턴트가 내장된 스피커를 추가적으로 내놨다. 그것이 바로 구글 홈이다.

그러나 구글 홈은 어시스턴트 프로젝트 입장에서 잠재적인 지뢰밭이었다. 하드웨어 생산은 종종 하향식으로 이뤄진다. 가령 휴가 시즌까지 제품 생산을 완료하기 위해 특정 시점까지 특정 수량의 부품을 구매해야 하는 책임을 맡고 있다면, 아마도 그 과제를 처리하기 위해 여러 사람의 아이디어에 귀를 기울일 여유가 없을 것이다.[15] 이런 이유로 하드웨어 생산은 보통 수직적인 방식으로 진행된다.

그러나 구글 홈은 일반적인 하드웨어와 같아서는 안 되었다. 그것은 어시스턴트 서비스를 전달하는 특별한 형태의 기기다. 스피커 품질도 중요하지만, 정말로 중요한 것은 세상의 모든 정보를 검색하고, 사용자가 알고 싶어 하는 것을 정확하고 즉각적으로 말해주는 내장된 음성 기능이었다. 그랬기 때문에 구글 홈을 담당한 팀은 엄격한 수직적 방식으로 프로젝트에 접근할 수 없었다. 그들은 일반적인 방식과는 달리 테이블에 모여 머리를 맞대고 협력해야 했다.

구글 하드웨어 수석부사장 릭 오스털로Rick Osterloh는 이렇게 설명했다. "당연하게도 하드웨어 개발에는 제품 출시까지 하향식 방식이 요구되지만, 그건 단지 마감 시간을 맞추기 위한 것에 불과합니다. 하향식으로 이뤄지는 제품 개발은 구글에 적합하지 않습니다."

모토로라에서 오랜 경력을 쌓은 오스털로는 구글의 방식이 자신이 일했던 어느 곳과도 다르며, 하드웨어 분야에 오랫동안 몸담았다가 구글에 들어온 사람은 그 방식을 제대로 이해하지 못할 것이라고 말했다. "그들은 아마도 힘든 시절을 보내게 될 겁니다. 하드웨어를 생산하는 다른 기업, 가령 모토로라는 대단히 수직적인 조직입니다. 모든 업무가 하향식으로 추진되죠. 이러한 비즈니스 모델에서 중요한 건 예측 가능성입니다. 리더가 방향을 결정하면, 구성원들이 즉각 반응을 보이는 게 대단히 중요합니다."

오스털로가 보기에 구글의 방식은 완전히 달랐다. 그는 다른 그룹에 있는 직원들이 직급 체계에 구애받지 않고 아이디어를 자신에게 계속 가져온다고 말했다. "저는 개선의 여지가 있는 제품에 많은 시간을 들여 치밀하게 연구하는 직원을 높이 평가합니다. 구글에는 거대한 아이디어 풀이 존재합니다. 우리는 수많은 흥미로운 기술과 많은 이들이 내놓은 아이디어로 최고의 제품을 만들어내기 위해 노력합니다."

겨울 시즌에 걸쳐 어시스턴트 프로젝트를 진행한 뒤, 구글은 마운틴뷰에 있는 야외 원형극장인 쇼어라인 앰피시어터에서 연례 IO(Inputs/Outputs) 컨퍼런스를 열었다. 2016년 5월 18일 이른 아침, 수천 명의 개발자와 기자, 그리고 일반인이 원형극장에 몰려들어 좌석과 잔디밭에 자리를 잡았다. 나도 거기 참석했다. 그날 하늘은 아름답고 청명했으며 주변에서는 커피 향과 싱싱한 풀 향기, 그리고 선크림 냄새가 함께 묻어났다.

컨퍼런스의 시작을 알리는 영상이 끝나자 피차이는 무대로 올라와 중대 발표를 했다. "우리는 검색의 효율성을 높이기 위해 계속 진화해왔습니다." 그러고는 구글 어시스턴트를 소개했다. 피차이는 두 가지 데모 영상을 보여줬다. 첫 번째 영상에서는 한 사람이 어시스턴트로 영화 티켓을 주문한다. 다음 영상에서는 음식을 주문한다. 어시스턴트가 없었더라면, 두 행동 모두 모바일 앱에서 이뤄질 것이었다. 그 과정에 구글이 들어설 자리는 없었다.

다음으로 피차이는 그날의 가장 인상적인 발표로 넘어갔다. 바로 구글 홈이었다. 손바닥만 한 크기에 스크린이 없는 그 기기는 별로 특별해 보이지 않았다. 하지만 홍보 영상이 시작되자 나는 자리를 고쳐 앉았다. 구글 홈은 음악을 재생하고, 항공편 상태를 업데이트하고, 저녁식사 예약을 변경하고, 문자 메시지를 전송하고, 스페인어를 영어로 통역하고, 택배 배송 상태를 알려주고, 우주에 대한 질문에 대해 대답하고, 캘린더 일정을 읽어주고, 공항으로 가는 길을 알려주고, "굿바이"라는 말과 함께 조명을 껐다.

그 영상은 다소 이상적이었지만, 구글 홈은 오랜 실험을 거쳐 탄생한 실제 제품이었다. 그 기기는 주로 스크린을 통해 실행하는 행동을 음성으로 실행했다. 인공지능이 계속 발전하는 상황에서, 구글 홈은 우리가 일하고, 운전하고, 일상생활을 하는 동안 음성이 함께하는 세상으로 들어가게 만드는 구글의 첫 번째 시도였다. 이제 사람들은 마치 동료에게 말하듯 자연스럽게 구글 홈과 대화하게 될 것이다. 이는 검색의 다음 단계이자, 그 이상이었다.

어시스턴트 프로젝트는 구글 고유의 개발 과정을 거쳐 탄생했다. 인공지능의 발전과 구글 커뮤니케이션 툴의 도움을 받아 여러 프로덕트 팀이 협력한 결과물이었다. 그렇게 모습을 드러낸 구글 홈 덕분에 구글은 향후 얼마간 존재감을 이어나갈 수 있었다.

저항하는 구글러

2017년 늦은 가을, 한 구글러 그룹이 조직에서 진행 중인 은밀한 프로젝트에 대해 논의를 시작했다. 그들이 알기로, 구글은 최근 인공지능 기술을 미국 국방부인 펜타곤에 지원하고 있었고, 펜타곤은 그 기술을 활용해 드론 영상을 해독하는 작업을 하고 있었다.

그 구글러 그룹은 펜타곤이 언젠가 구글의 기술로 드론 공격을 시도할 것으로 예상했고, 이런 우려를 경영진에게 전했다. 이를 둘러싼 논의가 진행되는 가운데, 사이트 신뢰성 site-reliability 엔지니어인 리즈 퐁-존스Liz Fong-Jones는[16] 이 비밀 프로젝트를 면밀히 들여다봤고, 자신의 생각을 구글 플러스를 통해 내부적으로 나눴다. 은밀한 프로젝트에 익숙하지 않은 구글러들은 프로젝트 관련 자료를 파헤쳐 진상을 폭로했다. 펜타곤이 메이븐 Maven이라고 칭한 그 프로젝트는 수백만 달러 규모의 사업이었으며, 펜타곤에서 그 성과에 만족할 경우 프로젝트 규모는 훨씬 더 커질 가능성이 있었다.

메이븐 프로젝트 소식은 구글러들을 당황하게 만들었다. 진보적인 성향이 강한 대부분의 직원들은 얼마 전 구글이 CPAC Conservative Political Action Conference(보수정치행동회의)에 후원한 데 대해 심기가 불편한 상황이었다. 그런 그들에게 이제 구글이 살상용 무기 개발을 지원하고 있다는 소식이 들려온 것이다. 구글은 메이븐 프로젝트를 대단히 은밀하게 추진했고, 이런 방식이 상황을 더욱 악화시켰다.

메이븐 프로젝트에 반대한 전 구글 직원 타일러 브레이자허 Tyler Breisacher는 내게 이렇게 말했다. "그때 사람들 반응은 이랬습니다. '구글이 또 짜증나는 일을 벌이고 있군. 그 은밀함이 사람들을 더 화나게 만들고 있어.'"

겨울로 접어들면서 상황은 더욱 심각해졌고, 결국 일부 구글러는 피차이에게 직접 항의서한을 전했다.[17] "친애하는 순다르, 우리는 구글이 절대로 전쟁 비즈니스에 뛰어들어서는 안 된다고 생각합니다. 메이븐 프로젝트 철회를 요구합니다."

그 서한은 구글 커뮤니케이션 툴을 통해 신속하게 퍼졌고, 하루에만 천 명의 직원이 동의하는 서명을 했다. 이에 대해 그역시 무인전쟁을 위해 인공지능 기술을 활용하는 프로젝트에 반대했던[18] 제프 딘은 별로 놀라지 않은 표정이었다. 그는 말했다. "기계학습 분야 연구원들은 자신의 연구가 어떻게 활용되는지 많은 관심을 갖고 있습니다. 그들은 자신의 연구가 무인전쟁을 위한 무기 개발에 활용되는 걸 원치 않아요. 그들은 그 프로젝트가 세상을 심각한 위험으로 몰아갈 수 있다고 생각합니다."

당시 펜타곤과의 계약을 중재했던 사업부는 구글 클라우드였다. 이 부서를 이끌었던 다이앤 그린Diane Greene은 이후 열린 TGIF에서 그 서한에 대해 언급했다. 그날 구글 직원들은 Q&A 시간에 폭발했다. 당시 회의 분위기를 〈자코뱅〉에 자세하게 전했던 내 동료의 증언에 따르면, 한 구글러는 이렇게 말했다. "저는 이런 일이 싫어서 국방부를 떠나 이곳으로 왔습니다.[19] 이 프로젝트의 부당함을 알리기 위해 우리에게 주어진 기회는 Q&A 시간밖에 없지 않습니까?"

그 회의를 계기로 상황은 소용돌이치기 시작했다. 메이븐 프로젝트에 반대하는 밈이 밈젠을 가득 채웠고, 수천 명의 구글러가 항의서한에 서명했다. 그리고 열두 명 정도가 퇴사했다.[20] 이후 그 서한은 〈뉴욕타임스〉를 통해 유출됐고, 이어서 구글 클라우드의 인공지능 수석연구원 페이페이 리Fei-Fei Li의 이메일도 함께 유출됐다.[21] 거기서 리는 메이븐 프로젝트에 대해 언급하며 이렇게 말했다. "어떤 경우라도 인공지능에 관한 언급이나 암시를 해서는 안 됩니다. 인공지능의 무기화는 인공지능과 관련해 가장 민감한 사안 중 하나입니다. 구글 때리기에 혈안이 돼 있는 언론에게는 그야말로 좋은 먹잇감이 될 겁니다."

불안이 증폭되는 상황에서(특히 구글의 협력 문화와 커뮤니케이션 툴에 의해 가속화된) 피차이는 다시 한 번 귀를 기울였다. 당시 구글은 인공지능 개발을 관리하기 위한 기반에 대해 고심하고 있었다. 구글러들이 메이븐 프로젝트에 대한 우려를 제기했을 때, 피차이는 함께 논의를 진행했다. 그는 구글이 인공지능의 무기화에 어떻게 접근해야 하는지를 비롯해, 여러 까다로운 윤리적 사안에 대해 구글러들의 의견을 적극적으로 구했다.

구글의 국제업무 및 최고법률책임자인 켄트 워커Kent Walker 수석부사장은 내게 이렇게 설명했다. "피차이는 우리가 많은 이야기를 들어야 한다고 말했습니다. 우리가 이 문제에 대해 생각하는 방식과 관련해서 조직 전반에 광범위하게 공유되는 여론이 존재한다는 사실을 분명히 지적했습니다."

다음으로 피차이는 글로벌 차원에서 일련의 타운홀 회의town hall meeting(구글 고유의 공개 토론회-옮긴이)를 열었다. 타운홀 회의에서는 다음과 같은 기업의 투명성 관련 사안을 집중적으로 다뤘다. 의료 분야의 인공지능 기술은 얼마나 투명해야 하는가? 언제 인간이 직접 개입해야 하는가? 언제 기계에게 수술을 맡겨도 좋은가? 인간에게 피해를 입힐 수 있는 기술을 개발해도 좋은가?

워커는 말했다. "대단히 까다로운 문제죠. 우리가 행동하는 방식, 그리고 행동에 앞서 어떤 점을 고려해야 하는지에 대해 신중하게 접근하고자 했습니다. 사람들의 관심이 집중돼 있는 만큼, 우리는 올바르게 행동하고 많은 이들로부터 의견을 구해야 했습니다. 하지만 근본적으로 장기적인 차원에서 대응해야 하죠. 구글의 모든 구성원이 앞으로 해야 할 일을 뒷받침하는 올바른 기반을 마련해야 합니다."

수백 명의 구글러가 각각의 타운홀 회의에 참석했고, 생생한 토론이 이뤄졌다. 구글의 방향에 대한 의구심 때문에 결국 퇴사를 결심했던 브레이자허는 이렇게 말했다. "사실 이들에게 감사를 드렸습니다. 구글에서의 마지막 주에 타운홀 회의에 참석했죠. 저는 이렇게 생각했습니다. '이미 사표를 냈어. 절대 마음을 바꾸진 않을 거야.' 그럼에도 미묘한 문제에 대해 함께 나누는 의미 있는 토론의 기회였다는 인상을 받았습니다."

워커와 그의 팀은 타운홀 회의로부터 여론을 수렴했다. 그런 다음 인공지능을 이끄는 경영진, 우려를 제기한 구글러들과 함께 기준안을 마련했다. 그리고 피차이에게 의견을 물었고, 그의 승인이 날 때까지 기준안을 수정했다.

2018년 6월 7일, 피차이는 구글의 연구 기반이 돼줄 인공지능 원칙을 발표했다.[22] 이 원칙에는 "사회에 도움이 되기" "부당한 편견을 조장하거나 부추기지 말기" "인류에 대한 책임을 다하기"등등 중요한 항목이 담겼다. 또한 "전반적인 피해를 입히거나 입힐 가능성이 있는 기술" "일차적인 목적이나 실행이 인간에게 상해를 입히거나 상해의 직접적인 원인이 되는 무기를 비롯한 다양한 기술"등 구글이 다루지 말아야 할 기술도 포함됐다.

하지만 내부의 비판자들은 그 표현이 애매모호하다고 지적했다. 구글이 그 표현을 어떻게 해석할지는 여전히 불투명한 상태로 남아 있었다(예를 들어 "전반적인 피해"란 무엇을 의미하는가). 하지만 메이븐 프로젝트에 대한 반발, 즉 구글의 협력 툴을 기반으로 경영진에게 보여줬던 구글러의 저항은 조직 전반에 공감대를 형성했다. 결국 구글은 펜타곤과의 계약을 갱신하지 않겠다고 선언했다.[23]

물론 메이븐 에피소드는 내부 갈등이 촉발된 첫 번째 사례는 아니었다. 실제로 구글러들은 드물지 않게 이의를 제기한다. 하지만 이 에피소드는 구글의 커뮤니케이션 툴이 예전에 비해 저항을 위한 보다 강력한 수단으로 활용되고 있다는 사실을 말해주는 것이기도 하다. 그리고 대단히 중요한 사안이 고개를 내밀기 시작하고 있었다.

분노의 워크아웃

메이븐 프로젝트에 대한 저항이 있고 몇 달 후, 2만 명에 달하는 구글러들이 전 세계 사무실에서 업무를 중단하고 거리로 나서는 일이 벌어졌다. 이제는 잘 알려진 것처럼,[24] 2018년 10월 〈뉴욕타임스〉는 안드로이드 플랫폼을 이끌었던 앤디 루빈Andy Rubin이 성추행 혐의로 퇴사할 때 구글이 9,000만 달러에 달하는 어마어마한 퇴직금을 지급했다는 사실을 폭로했다. 더 나아가, 구글이 그와 비슷한 행위로 고발당한 다른 이들도 보호했다고 주장했다. 그 기사가 난 후 일주일 만에 벌어진 일이었다.

메이븐 에피소드가 한 번의 일탈로 치부될 수 있었던 반면, 저항이 광범위한 정치운동으로 이어진 이 사건은 구글이 이제 새로운 단계로 접어들었다는 사실을 분명히 보여주는 것이었다. 혁신적인 제품을 개발하도록 힘을 실어줬던 커뮤니케이션 툴이 이제는 동전의 뒷면을 드러내고 있었다. 그 툴이 오랫동안 존재했던 조직의 모든 곳에서 저항과 분열이 일어났다. 구글은 그 툴의 위력을 생생하게 체험하고 있었다.

이 워크아웃walkout 사건은 타흐리르 광장과 월스트리트 점령 시위, 여성행진Women's March과 마찬가지로 "네트워크를 통해 연결된" 형태로 시작됐다. 비록 그 대상이 독재자나 낡아빠진 정치 시스템이 아니라 기업이기는 했지만, 그 출발점에서는 많은 공통점이 있었다.

〈뉴욕타임스〉 기사가 터졌을 때 구글 직원들은 분노했다. 피해자의 증언에 따르면, 사내 동료와 불륜관계를 맺었던 루빈은 구강 섹스를 강요했다. 〈뉴욕타임스〉는 혐의를 모두 부인한 루빈이 엄청난 퇴직금과 더불어 행복을 기원하는 래리 페이지의 공식적인 인사까지 받고서 "영웅적인 퇴임"을 했다고 지적했다. 실제로 페이지는 이렇게 썼다. "앤디의 미래를 응원합니다. 그는 안드로이드, 그리고 10억 명이 넘는 행복한 사용자와 더불어 정말로 대단한 일을 해냈습니다."

그 기사를 읽던 유튜브 제품 마케팅 매니저 클레어 스태플턴Claire Stapleton은 기가 막혔다. 그녀가 놀랐던 것은 단지 그런 일이 벌어졌기 때문이 아니라, 구글 안에서 벌어졌기 때문이었다. 그녀는 내게 말했다. "더 나은 세상을 바라는 구글 문화를 생각할 때, 실로 충격적인 사건이었습니다."

스태플턴은 하루 종일 내부 구글 맘스Google Moms 목록에 올라온 반응들을 살펴봤다. 그녀의 동료들은 성추행 사건과 인사팀 보고 절차의 문제점, 차별 대우에 관한 경험을 익명으로 공유하고 있었다. 스태플턴은 그 글을 모두 읽고 난 뒤 행동을 결심했다.

나중에 〈뉴욕〉을 통해 자세히 설명했듯이, 스태플턴은 맘스 그룹에 보낸 이메일에서 집단행동을 제안했다.[25] "우리의 집단적인 힘을 어떻게 활용할 수 있을지 궁금합니다……. 모두가 하나로 뭉친다면 무슨 일을 할 수 있을까요? 파업, 아니면 순다르에 대한 공개서한? 구글 여성들(그리고 동맹)은 지금 '정말로' 분노하고 있습니다. 저는 어떻게 이 에너지를 동력 삼아 실질적인 변화를 이끌어낼 수 있을지 궁금합니다."

다음 날 스태플턴은 집단행동을 조직화하기 위해 위민스 워크Women's Walk라는 새로운 그룹을 만들고 이를 맘스 그룹과 공유했다. 그녀는 내게 말했다. "많은 이들이 그 그룹으로 몰려오는 걸 보면서 특별한 순간이 다가오고 있다는 생각이 들었습니다. 사람들은 그 그룹에서 분노를 분명하고 당당하게 드러내기 시작했습니다."

위민스 워크 그룹 구성원들이 경영진에 대한 요구 사항을 제안했을 때, 그룹의 한 명은 구글 독스로 그 내용을 기록했다. 얼마 지나지 않아 그 문서는 수십 명의 직원들이 적어 넣은 그들 자신과 다른 이의 요구 사항으로 가득 채워졌다. 구글 독스와 이메일 그룹으로 시작된 움직임은 구글 내부 사이트를 통해 동료들에게 최신 소식을 전하고, 구글 스프레드시트를 통해 연락처 정보를 지속적으로 업데이트했다. 워크아웃 주최측은 구글의 툴을 활용해 실명을 걸고 투명한 방식으로 일을 추진해나갔다.

스태플턴은 말했다. "우리는 정말로 구글의 중요한 순간이 왔다고 생각했습니다. 구글 문화가 어떻게 이런 일을 할 수 있는 공간을 창조했는지에 대해 할 이야기가 있습니다. 우리는 구글 그룹과 내부 시스템을 통해 토론하는 데 익숙합니다. 사람들은 계속해서 서로 다른 의견을 내놓습니다. 구글 문화의 긍정적인 측면이죠."

2018년 중간선거가 다가오면서 워크아웃을 기획했던 이들은 더 이상 기다릴 여유가 없다고 판단했다. 그들은 스태플턴이 위민스 워크 그룹을 만든 지 일주일도 지나지 않은 목요일에 워크아웃 행사를 벌이기로 결정했다. 그녀는 내게 말했다. "놀라운 협력이었습니다. 이는 특히 구글에서 사람들이 공동의 목표를 중심으로 함께 뭉칠 때 얼마나 놀라운 성취를 거둘 수 있는지 상기시켜줬습니다."

피차이는 메이븐 때처럼 귀를 기울이는 방법을 선택했다. 워크아웃 행사가 있기 전 직원들에게 보낸 메시지에서, 피차이는 지난 TGIF에서 보였던 구글의 애매모호한 태도에 대해 사과했다(당시 경영진은 마지못해 "유감"을 표명했고, 구글 포토 프레젠테이션으로 바로 넘어가버렸다). 그런 다음 부적절한 행위에 대해 구글이 강경한 입장을 취하는 것이 대단히 중요하다고 강조했다. 또한 워크아웃 행사에 필요한 것들을 지원할 것이며, 그들의 이야기를 진지하게 받아들이겠다고 말했다. 피차이는 이렇게 썼다. "몇몇 사람이 우리의 정책과 나아갈 방향에 대해 건설적인 아이디어를 제시해줬습니다. 여러분 모두의 의견을 수용해서 이런 아이디어를 실천에 옮기도록 노력하겠습니다."[26]

워크아웃 당일, 스태플턴 그룹의 규모는 2,000명 정도였다. 그녀와 동료 조직자들은 이 행사에 얼마나 많은 이들이 동참할지 알 수 없었다. 그들은 전 세계 사무실의 지역 시간을 기준으로 오전 11시에 행사를 시작한다고 발표함으로써 행동 개시를 선언했다.[27]

첫 번째 워크아웃은 아시아에서 일어났다. 일본과 싱가포르를 비롯한 여러 사무실에서 많은 이들이 참여했다. 다음으로 유럽과 뉴욕, 그리고 마운틴뷰가 따랐다. 그날 총 2만 명이 워크아웃에 참여했고, 이는 스태플턴 그룹의 열 배나 되는 규모였다. 각 지역에서 구글러들은 확성기나 육성으로 그들이 받은 부당한 대우에 대해 목소리를 높였다. 그 행사는 너무도 급박하게 진행돼서 공식적인 허가를 신청할 여유도 없었다.

스태플턴은 말했다. "실제로 이뤄진 건 아무 것도 없었지만 사람들은 열기와 집단의 힘으로 한껏 고무돼 있었습니다. 이는 놀라운 행동이었고 중대한 선언이었습니다."

물론 워크아웃 행사는 노사 양측을 모두 만족시키지는 못했다. 구글 경영진은 이 행사로 망신을 당했다. 또한 광범위한 반트럼프 정치운동(CPAC와 메이븐, 워크아웃, 그리고 다모어 사건을 관통하는 공통의 축)을 기반으로, 불만 가득한 직원들이 경영진에 도전하기 시작하고 있다는 사실을 받아들여야 했다.

파업에 참여한 이들의 요구 사항 중 유일하게 충족된 것은 직원에 대한 강제적인 중재 조항을 없앤 것뿐이었다.[28] 월스트리트 점령 시위나 여성행진의 경우처럼, 워크아웃의 탈중심적 특성은 다양한 요구 사항(이사회에 직원 대표가 참여하는 것을 포함해서)과 그런 요구 사항을 실현하지 못한 무력감만을 과제로 남겼다.

나는 스태플턴에게 워크아웃이 어떻게 월스트리트 점령 시위와 같은 운명을 피할 수 있을지 물었다. 월스트리트 시위는 실질적으로 아무 것도 얻어내지 못한 채 시간이 흐르면서 시들해지고 말았다. 스태플턴은 그게 핵심은 아니라고 답했다. "우리는 결속력을 드러내고자 했던 게 아닙니다. 정말로 그런 게 아닙니다. 리스트서브LISTSERV(그룹 내 모든 구성원에게 메시지를 자동 전송하는 시스템-옮긴이)에 2,000명이 참여했습니다. 그리고 2만 명이 행사에 동참했습니다. 우리는 그들이 누구인지, 어떻게 연락할 수 있는지 알지 못합니다. 이번 행사가 앞으로 계속 이어질 운동이라는 인식도 없었습니다. 다만 새로운 국면이 시작되면서 계속 성장하고 활성화되리라 기대합니다."

소셜 미디어를 근간으로 하는 탈중심적인 시위가 대부분 그렇듯이, 구글의 저항운동 역시 혼잡한 양상을 드러냈다. 마운틴뷰에서 만난 켄트 워커에게 나는 구글이 이런 운동을 생산적인 것으로 생각하는지 물었다. 워커의 대답은 이랬다. "개방성과 피드백 문화, 그리고 직원 참여는 우리가 창조한 혁신과 밀접한 관련이 있습니다. 우리는 이 점을 중요하게 생각합니다. 이런 혁신을 조직의 규모에 맞게 관리하는 법을 찾아야죠."

워커는 구글이 내부 커뮤니케이션 네트워크가 어떤 방식으로 작동해야 하는지를 놓고 고심 중이라는 사실을 넌지시 드러냈다. 얼마 지나지 않아 구글은 실제로 정치적 논의를 통제하는 정책을 발표했다. 스태플턴, 그리고 워크아웃 행사를 조직했던 메러디스 휘태커Meredith Whittaker에 따르면, 구글은 이후 두 사람에게 보복을 했고[29] 결국 둘은 구글을 떠났다. 그리고 2018년 말, 피차이와 경영진에 대한 직원들의 신뢰도는 두 자리 수만큼 떨어졌다.[30]

직원들의 저항운동과 구글의 대응을 지켜본 전·현직 구글러들은 구글의 기업 문화가 10만 명 규모에서도 그대로 이어질 수 있을지 의문을 품었다. 경영진 역시 워크아웃 이후로 이에 대해 고민했다. 최근 피차이와 경영진은 구글의 개방성을 예전

수준으로 되돌림으로써(TGIF 규모를 축소하고, 일부 운동가를 해고함으로써) 기업 문화의 긍정적인 측면은 유지하는 동시에 갈등과 저항은 억제하려 하고 있다. 하지만 두 마리 토끼를 모두 잡기는 결코 쉽지 않을 것이다.

결국 피차이는 개방성을 그대로 유지하면서 직원들의 저항에 대응할지, 아니면 개방성을 제한하고 그에 따른 결과를 감수할지 결정해야 할 것이다. 구글이 신중한 의사결정을 하고자 한다면 높은 수준의 개방성과 활발한 토론을 이어나가야 할 것이다. 그리고 어시스턴트 같은 힘든 프로젝트를 활발히 추진해가기 위해서는 아무리 힘들더라도 하이브 마인드를 그대로 유지해야 할 것이다.

커뮤니케이션 툴과 개방성을 포기할 때, 구글의 이름은 더 이상 동사로 쓰이지 못할 것이다. 라이코스, 알타비스타, 애스크닷컴, 익사이트와 같이 한때 검색 시장에 파장을 일으켰지만 끝내 살아남지 못한 기업들과 운명을 함께할 것이다.

ALWAYS DAY ONE

4장

애플의 다듬기 문화

마르케스 브라운리 Marques Brownlee는 애플이 최근 관심을 기울이는 인물이다. 천만 명 이상의 구독자를 거느린 유튜브 스타 브라운리는 IT 신제품을 대상으로 따끈따끈한 리뷰 영상을 정기적으로 올린다. 소비자의 기호를 창조하는 브라운리는 새로이 떠오른 전문가로서 IT기업들의 이미지에 많은 영향을 미치고 있다.

이제 44세가 된 애플의 마케팅 팀 역시 그의 존재를 인식하고 있다. 애플은 신제품 출시 행사 때마다 브라운리를 초대하며, 엔지니어링 수석부사장인 크레이그 페더리기 Craig Federighi를 비롯한 임원들 역시 그를 만나고 있다. 그리고 브라운리는 애플에 긍정적인 제품 리뷰를 선물한다. 이런 모습은 애플이 IT 세상에 군림하면서 점차 일반화된 관행이다.

이런 점에서 애플이 내놓은 홈팟 HomePod에 대한 브라운리의 리뷰는 모두를 놀라게 했다.[1] 2018년 2월, 그는 구글 홈과 아마존 에코에 대한 한참 늦은 대응으로 애플이 내놓은 새로운 스마트 스피커 홈팟의 리뷰 영상을 올렸다. 이 영상에서 그는 9분 40초간 혹평을 이어갔다.

영상의 도입부는 평범했다. 브라운리는 홈팟의 하드웨어를 살펴보면서 재질, 음량 버튼, 전원 선, 감성적 요인, 세계적인 수준의 사운드를 칭찬했다. 그는 이렇게 말했다. "최근 다양한 스마트 스피커로 많은 노래를 들어봤습니다. 그중에서 홈팟의 사운드가 가장 좋군요."

그런데 어느 순간 갑자기 어조가 달라졌다. 브라운리는 홈팟 같은 제품에서 가장 중요한 것은 다양한 기능이라고 지적하면서, 이런 점에서 홈팟은 부족한 점이 많다고 했다. 그는 먼저 홈팟에 탑재된 몇몇 기본적인 기능을 열거했다. 애플뮤직에서 음악 재생하기, 마지막으로 온 문자 메시지를 큰 소리로 읽어주기, 날씨 정보 알려주기. 다음으로 그는 홈팟이 하지 못하는 기능을 나열했다. 두 사람의 음성을 구분하지 못하고, 다른 홈팟 기기와 동기화를 할 수 없으며, 스포티파이를 기본 음악 플레이어로 설정할 수 없다. 홈팟에 대한 비판은 계속 이어졌다.

브라운리는 말했다. "온라인으로 제품을 살 수도, 음식을 주문할 수도 없습니다. 홈팟으로 우버나 리프트를 부를 수도 없어요. 일정을 읽어주지 못하고 새로운 입력도 불가능하죠. 여러 개의 타이머를 동시에 설정할 수 없습니다. 한 번에 하나만 가능하죠. 부엌에서 요리를 할 때나 쓸 수 있겠군요. 또 음성으로 전화를 걸 수도 없어요. 그러려면 먼저 스마트폰에 설정을 해놓고 에어플레이 기능을 사용해야 합니다. 요리법도 검색할 수 없고, 내 폰 찾기 기능도 지원하지 않습니다. 그 목록은 계속 이어집니다. 다른 스마트 스피커와 비교할 때 기능이 너무 빈약해요. 홈팟은 황당한 제품입니다."

홈팟에 크게 실망한 브라운리는 마지막으로 결론을 내렸다.

"솔직히 말하면, 비슷한 사운드를 들려주면서 훨씬 더 많은 기능을 탑재한 다른 스마트 스피커 구매를 추천합니다. 지금 홈팟을 사서 사용하다 보면 시리의 결함만 두드러져 보일 거예요."

브라운리가 왜 홈팟에 그토록 실망했는지 이해하기는 어렵지 않다. 이 아쉬운 기기는 과거의 업무 방식을 고집했던 애플의 기업 문화가 낳은 결과물이다. 애플의 문화에서 아이디어는 언제나 위에서 아래로 내려온다.

팀 쿡이 이끄는 애플에서 엔지니어 사고방식은 좀처럼 찾아보기 어렵다(쿡이 엔지니어 출신임에도 불구하고). 발명은 민주적으로 이뤄지지 않고, 인재와 아이디어는 수직 구조에 갇혀 있으며, 협력은 보안에 발목이 잡혀 있다. 다른 한편으로 애플의 기술은 경쟁자들에 비해 몇 년이나 뒤처져 있다. 그 결과는 쉽게 예측할 수 있다. 애플은 위에서 내려온 아이디어를 갈고 닦는 데 능하다. 반면 밑에서 올라온 아이디어로 획기적인 제품을 개발하는 데 서툴다.

애플에게 지금 던질 수 있는 가장 중요한 질문은 이것이다. 애플은 문화 전체를 바꾸지 않고도 급변하는 비즈니스 세상을 따라잡을 수 있을 것인가? 아이폰 판매가 둔화되고 새로운 컴퓨팅 시대가 모습을 드러낸 상황에서, 애플은 기존의 경직된 문화에서 벗어나야 한다. 그러지 않으면 겉은 화려하지만 안은 초라한 홈팟 같은 운명에 빠지고 말 것이다.

잡스 시대의 유물

로빈 다이앤 골드스타인Robin Diane Goldstein은 몇 년 전 샌프란시스코에 위치한 호텔에서 열린 회의에 조금 일찍 도착해서 커피를 마셨다. 애플 22년차 베테랑 직원인 골드스타인은 회의실 구석에 놓인 테이블에서 커피 잔을 집어 들며 당혹감을 느꼈다. 그녀는 당시 상황을 이렇게 설명했다. "손잡이에 손가락을 집어넣는데 안쪽 면 몰딩 라인이 느껴지더라고요. 처음엔 이런 생각이 들었습니다. 디자이너와 제조사는 왜 30분을 더 투자해 손잡이 안쪽을 매끄럽게 다듬을 생각을 하지 않았을까?"

그리고 다음으로 든 생각은? "이게 다 스티브 때문이야."

골드스타인은 미소를 지으며 말했다. "스티브가 저를 이렇게 만들어놨어요. 사람들은 그 라인에 대해 생각하지 않을 겁니다. 있는지조차 모를걸요? 손잡이 안쪽이 약간 까칠하다고 느낄 수는 있겠지만 대수롭지 않게 넘어갈 겁니다. 하지만 애플에서 오랜 세월을 보낸 저는 그러지 못했습니다. 이렇게 생각했죠. '이 건 대단히 중요한 문제야.' 우리가 볼 수 없는, 그러나 잠시라도 느낄 수 있는 부분도 전체 경험의 일부니까요."

우리는 골드스타인의 이야기에서 애플의 운영 방식을 살짝 엿볼 수 있다. 잡스 시절에 애플은 그가 내놓은 아이디어를 다 듬었다. 그들은 몰딩 라인을 매끄럽게 만들었다. 애플의 문화는 실행을 중요하게 여겼으며, 이는 위에서 내려온 아이디어를 완 벽하게 다듬는 것을 의미했다(그건 지금도 마찬가지다).

전 애플 직원 한 명은 잡스를 가리키며 이렇게 말했다. "한 명의 예언자와 한 명의 독재자가 있었습니다. 그가 모든 걸 책 임졌습니다. 그는 아이디어로 넘쳐났죠. 매우 역동적이고 에너 지로 가득했습니다. 그는 자신이 품고 있던 비전을 향해 조직을 이끌었습니다. 제품이 어때야 하는지, 사람들이 제품을 어떻게 사용해야 하는지에 대해 어느 누구보다 자신이 많이 알고 있다 고 확신했습니다. 그 모든 것 때문에, 그리고 그가 보여준 카리 스마 때문에 모두들 그를 따랐습니다."

지금도 애플은 잡스가 살아있을 때 발명한 두 개의 주요 제품을 계속 다듬고 있다. 바로 아이폰과 맥이다. 애플은 이 제품들을 크게 개선했다. 더 얇고 더 빠르게 다듬었다. 그리고 애플워치(아이폰 사용자를 위한 시계)와 에어팟(아이폰 사용자를 위한 이어폰) 같은 웨어러블 기기를 추가함으로써 기기의 유용성을 높였다. 또한 페이스아이디와 애플페이(모두 간편한) 같은 기능을 통해 아이폰 사용자의 일상을 더 편리하게 만들었다. 애플만큼 기존 자산에서 많은 것을 이끌어내는 기업은 없을 것이다.

하지만 다듬기를 뛰어넘어 새로운 제품을 개발하는 일은 또 다른 이야기다. 새로운 제품(홈팟과 무인자동차)을 창조하기 위한 애플의 도전은 아직 성공을 거두지 못하고 있다. 그리고 그 원인은 잡스 시대의 유물인 애플의 다듬기 문화에 있다.

디자이너에게 주어진 막강한 권한

잡스가 있던 곳에서 여섯 명의 임원은 지금도 기업을 운영하면서 실행해야 할 아이디어를 조직에 전하고 있다. 엔지니어 출신의 겸손한 CEO 팀 쿡, 소프트웨어와 서비스를 책임지는 수석 부사장 에디 큐Eddy Cue, 제품 마케팅을 교묘하면서도 강력하게 이끌고 있는 필 쉴러Phil Schiller, 디자인을 총괄하는 최고운영책임자 제프 윌리엄스Jeff Williams, 엔지니어링을 담당하는 유능하고 온화한 수석부사장 크레이그 페더리기, 마지막으로 스코틀랜드 출신의 전직 구글러이자 기계학습과 인공지능 전략을 이끄는 존 지아난드레아John Giannandrea다. 전 버버리 CEO이자 유통을 책임졌던 앤젤라 아렌츠Angela Ahrendts도[2] 2019년에 애플을 나오지 않았더라면 이들에 포함됐을 것이다. 마찬가지로 같은 해 애플을 떠났던 번뜩이는 디자인 책임자 조니 아이브Jony Ive[3] 역시 그들과 함께했을 것이다.

애플에서 디자이너는 경영진의 지시를 수행하는 일차적인 책임을 맡은 사람들이다. 아마존과 페이스북, 구글에서는 엔지니어가 귀족 대우를 받는 반면, 애플에서는 디자이너가 신성한 존재로 추앙받는다. 일반적으로 기업에 소속된 디자이너는 제품을 건네받고 그것을 보기 좋게 만들라는 주문을 받는다. 반면 애플 디자이너는 제품의 외형과 느낌에 대해 지시를 내린다. 이에 따라 엔지니어와 프로덕트 매니저는 기술적으로 아무리 힘들어도 이를 구현하는 책임을 맡는다.

애플 디자이너는 제품 개발 과정에 적극적으로 개입함으로써 기업의 대표적인 제품을 개선한다. 그들은 프로젝트의 처음부터 끝까지 깊숙이 관여한다. 그리고 "충분히 좋은"제품을 생산하는 기업에서 종종 벌어지는, 책임 떠넘기기를 최소화한다.

10년 넘게 애플 디자이너로 일했던 더그 새츠거Doug Satzger는 내게 이렇게 말했다. "조니가 애플에 가져다준 자산은, 좋은 디자인 그 이상을 이해하는 유능한 인재로 이뤄진 팀이었습니다. 그들은 최고의 디자인과 엔지니어링, 최고의 생산과 비즈니스 운영을 이해했습니다. 그렇게 최종 생산된 제품을 통해 사용자는 각각의 요소를 경험하게 됩니다."

새츠거와 그의 동료들은 제품 개발 과정에 적극적으로 관여했으며, 중국에 있는 생산 라인을 정기적으로 방문해서 그들의 제품이 소비자 경험을 충족시키는지 확인했다. 새츠거를 비롯해 베이에어리어에서 일했던 그의 동료들 중 일부는 1년에 240일을 중국에서 보냈다. 다른 이들은 아예 중국에서 살았다.

이런 모습은 지금도 이어지고 있다. 2019년에 유출된 유나이티드 에어라인 문서는[4] 애플이 샌프란시스코와 상하이 구간에서만 1년에 3,500만 달러의 항공료를 지출했다는 사실을 보여준다. 유나이티드에서 그다음으로 큰 고객인 페이스북, 로체, 구글 역시 총 "3,400만 달러 이상"을 썼지만, 그 합계는 애플을 넘어서지 못했다.

애플에서 디자이너는 신적인 대우를 받는다. 그래서 다른 동료들은 디자이너들에게 어떻게 설명해야 할지 미리 준비하고, 심지어 제품을 보여주는 각도까지 신경 쓴다. 전 애플 직원 한 명은 내게 이렇게 말했다. "우리는 아주 세부적인 것까지 계획했습니다. 누가 회의에 참석할지, 어떤 정보를 전하고 어떤 정보를 감출지, 어떤 표현을 사용할지, 그리고 백업 플랜과 더불어 만약의 경우에 대비해 테이블 밑에 또 다른 제품을 놓아두는 것까지 세세하게 신경을 썼죠. 이를 위해 많은 시간을 들였습니다. 사실 이런 노력은 혁신과는 무관한 시간 낭비로 보일 수 있습니다. 그래도 어쩔 수 없었죠. 그들은 신적인 존재니까요. 실제로 많은 이들이 그들을 신처럼 떠받들었습니다."

집중된 권력을 지닌 애플 경영진은 스스로를 조직의 나머지와 거리를 뒀다. 일반 직원들은 아이디어를 내기 위해서가 아니라 실행업무를 처리하기 위해 존재했다. 그들은 경영진과 교류할 기회가 없었다. 아마존, 페이스북, 구글에는 직원들이 CEO와 함께 어울리는 에피소드가 많이 있지만, 팀 쿡에게서는 그런 이야기를 찾아보기 힘들다.

전 애플 직원인 진 루즈Jean Rouge는 내게 이렇게 말했다. "쿡을 만난 적이 있긴 하지만 기분 좋은 경험은 아니었습니다. 저는 복도에서 그를 마주쳤고 인사를 건넸습니다. 쿡은 저를 바라보며 어떤 반응을 해야 할지 고민하는 듯했습니다. 결국 '또 봅시다See you'라는 말만 남기고 지나쳐 가더군요. '안녕하세요'라거나 '좋은 하루 되세요'라는 인사말이 아니었습니다. 마치 '시간 없으니 꺼져'라는 말처럼 들렸습니다."

루즈는 덧붙였다. "사람들은 애플의 문화가 차갑다고 합니다. 아마 그럴 겁니다. 저는 그곳을 냉동고기보관소라고 부르고 싶군요."

저커버그와 피차이가 직원들과 함께 타운홀 회의를 열고, 베조스가 여섯 쪽 메모를 요청하는 것과 달리, 애플에는 경영진에게 아이디어를 전달할 통로가 거의 차단돼 있다. 나는 전 애플 직원 한 명에게 쿡과 경영진에게 어떻게 아이디어를 전달하는지 물었다. 그녀의 대답은 이랬다. "글쎄요. 아마 그런 일은 없을 겁니다. 누가 그런 걸 시도했다는 이야기는 들어본 적이 없어요."

쿡은 직원들과 거리를 두고 있지만, 경영진으로부터는 호감을 얻고 있다. 임원들은 그를 사려 깊으며, 유머 감각 있고, 겸손함까지 갖춘 강력한 최고경영자로 묘사한다. 글로벌 인적자원 부사장인 데니스 영 스미스Denise Young Smith는 내게 이렇게 말했다. "그는 절대로 충동적으로 움직이지 않습니다. 모든 일에 언제나 신중하죠. 사소한 일이든, 아니면 중요한 비즈니스나 힘든 도전 과제든 말이죠. 그는 원칙, 탁월함, 세부 사항에 대한 관심, 개선을 통해 소비자에게 최고를 제공하려는 무한한 열망을 몸소 보여주고 있습니다."

과중한 실행업무로 직원들이 아이디어를 내지 못하게 가로막는 애플의 문화를 감안할 때, 우리는 왜 쿡이 잡스의 뒤를 이을 당연한 선택이었는지 어렵지 않게 이해할 수 있다. 하지만 비즈니스 세상은 변했다. 애플은 어떻게든 그 변화에 적응해야 한다. 직원의 아이디어를 수용하는 리더는 그러지 않는 리더보다 더 많은 능력을 발휘할 수 있을 것이다.

철저한 격리와 보안

애플의 제품 개발은 극비리에 이뤄진다. 심지어 직원들조차 내막을 잘 모른다. 이런 정책은 개발에 최대한 집중하고, 최고를 추구하고, 사전 유출을 막기 위한 것이다. 직원들은 자신이 맡은 프로젝트에 대해 동료와 이야기를 나누고자 할 때, 그 사실을 내부에 공개하거나 아니면 공식적인 승인을 받아야 한다. 물론 논의 상대도 누구인지 밝혀야 한다. 그러지 않은 상태에서는 프로젝트에 대해 누구와도 이야기를 나눌 수 없다. 친구와 동료는 물론 배우자도 예외가 아니다.

애플 마케팅 직원이었던 마크 마이너Marc Minor는 내게 이렇게 설명했다. "제 업무와 관련해서 팀 동료에게도 이야기할 수 없었습니다. 제품 이름이나 코드명도 사용할 수 없었죠. 코드명을 모르는 직원에게 함부로 언급해서는 안 됐습니다."

애플은 보안 시스템을 기반으로 집중력 분산을 막고, 직원들이 제품의 가장 세부적인 부분까지 최선을 다하도록 만든다. 한 전직 애플 엔지니어는 이렇게 언급했다. "개인이 집중해야 할 일은 명백하게 정해져 있습니다. 다른 직원이 무슨 일을 하는지 전혀 알 수 없죠. 구글에서는 다 함께 책임을 지고 일의 진행 상황을 알고 있습니다. 그리고 모두가 서로에게 피드백을 하기 때문에 개인의 영역은 그만큼 희박합니다. 반면 애플에서는 오로지 자신이 맡은 일에만 집중해야 합니다."

골드스타인은 이렇게 말했다. "모두가 따로 격리돼 있기 때문에 전문가가 될 수 있는 겁니다."

애플의 보안 정책은 집중력 강화와 더불어, 신제품을 출시하면서 소비자를 깜짝 놀라게 만드는 역할을 한다. 애플은 매년 두 차례 언론과 애플 마니아들의 흥미를 자극한다. 첫 번째는 아이폰 신제품을 출시할 때, 두 번째는 WWDC로 잘 알려진 세계개발자회의Worldwide Developers Conference를 열 때다. 이 회의는 전 세계 개발자들이 어떻게 애플 운영 시스템을 기반으로 앱을 개발하는지에 주목한다.

이런 행사가 있기 약 일주일 전에 애플의 마케팅과 커뮤니케이션 팀은 '블랙 사이트black site'로 간다. 블랙 사이트는 신제품 관련 마케팅 자료를 검토하고 번역하기 위해 따로 마련된 건물로, 모든 창문이 검게 칠해져 있다. 그들은 그 안에서 오프라인 매장과 광고판, 온라인 사이트 등 신제품을 선보일 모든 곳에 맞춤화된 자료를 만든다. 그리고 쇼타임이 시작된다.

애플의 보안 정책은 그만한 가치가 있다고 설명하면서 마이너는 이렇게 덧붙였다. "모든 일이 쿠퍼티노에 있는 작은 건물에서 이뤄집니다. 사람들은 그곳에 갇혀 놀라운 일을 만들어내죠. 애플은 메시지를 통제하는 능력이 있습니다. 마케터 관점에서 보면, 메시지 통제야말로 가장 중요한 일입니다."

애플 직원은 신제품 관련 정보나 검토 자료를 유출할 경우 해고된다. 한 번은 브룩 아멜리아 페터슨이라는 여성이 애플에서 하드웨어 엔지니어로 일하는 자신의 아버지 켄 바우어Ken Bauer의 사무실을 방문한 적이 있었다. 그러고는 발표는 있었지만 아직 출시되지 않은 아이폰 X를 담은 영상을 유튜브에 올렸다. 그 일은 엄청난 대가가 따르는 실수인 것으로 드러났다.[5]

바우어는 내게 자신의 딸은 늘 카메라를 들고 다녔고, 그래서 그날도 별다른 생각이 없었다고 했다. "카메라를 들고 있는 걸 봤을 때, 저는 큰일 날 일이라고 말했어야 했어요. 하지만 야구를 좋아하는 자녀가 항상 야구모자를 쓰고 돌아다니는 것처럼 생각하고 말았어요. 그냥 익숙했던 거죠. 아무 생각이 없었던 겁니다."

페터슨이 영상을 올리자마자 그것은 순식간에 퍼졌고, 애플 사람들 역시 즉각 그 사실을 알아챘다. 바우어는 내게 말했다. "아침 8시에 보안 팀에서 다급한 전화가 걸려왔습니다. '문제가 생겼습니다.' 같은 시간에 상사한테 문자도 왔더라고요."

페터슨은 즉각 영상을 내렸지만 이미 복사본이 퍼져나간 뒤였다. 바우어는 어떻게든 복사본을 찾아 삭제하려 했지만 소용없었다. 인터넷 세상은 제 할 일을 하고 있었다. "절망적이었습니다. 압박감이 느껴지더군요. 일자리를 잃을 수도 있겠다는 생각이 들었습니다."

이후 바우어는 보안 팀을 만나서 실수를 인정하고 다시는 그런 일이 없을 것이라고 약속했다. "하루 만에 결정이 났어요. 그들은 저를 사무실에서 나가라고 했고 그걸로 끝이었습니다."

그래도 바우어는 곧바로 새 일자리를 찾았다(아마도 그가 딸의 영상에 대해 침착하게 대응했기 때문으로 짐작된다). 그는 평안한 얼굴이었다. "그들에게 악감정은 없답니다."

이런 요소(디자이너가 주도하는 개발 과정, 핵심에 대한 집중, 사람들을 깜짝 놀라게 만들기)들이 하나로 뭉쳐 애플의 대표 제품들은 세상 모두가 갖고 싶어 하는 물건이 됐다. 하지만 키보드와 마우스가 음성과 터치로 전환될 때 구글이 직면했던 충격과 비슷한 강도의 지각 변동을 맞이하면서, 그 똑같은 요소가 이제는 애플에게 불리한 방향으로 작용하고 있다.

"올바른 형태"에 이른 아이폰

2019년 1월 2일, 팀 쿡은 보기 드물게도 애플 웹사이트에 서한을 게재했다.[6] 그는 이렇게 썼다. "애플 투자자들에게. 지금 애플은 2019년 1/4분기 전망을 수정하고 있습니다." 애플이 실적 전망을 조정한 것은 2002년 이후 처음이었다.[7] 당시 애플은 매출이 목표치에 1억 5,000만 달러 이상 미치지 못할 것이라고 발표했다. 그러나 이번에는 50억 달러에 이를 것으로 보였다. 쿡은 하향 조정에 대해 몇 가지 이유를 댔지만 정작 중요한 것은 하나였다. 아이폰 판매가 부진했던 것이다. 그는 이렇게 썼다. "지금의 예측 수정과 전반적인 매출 감소의 주된 원인은 중화권 국가들에서 나타나고 있는 아이폰 매출 감소 때문입니다."

중국의 경제 성장 둔화와 미중 간 무역전쟁은 아이폰 매출에 중대한 영향을 미쳤다. 하지만 또 하나 중요한 요인이 있었다.

놀라운 진화의 세월을 거친 스마트폰이 이제 충분히 좋아져서 최신 모델로 업그레이드하는 것이 더 이상 중요하지 않게 된 것이다. 사람들은 스마트폰을 더 오랜 기간 사용하기 시작했고, 이런 현상은 애플 매출에 큰 타격을 입혔다. 2018년 11월, 애플은 앞으로 아이폰의 단위당 매출 실적을 발표하지 않겠다고 선언했다. 이는 앞으로 벌어질 일에 대한 예고였다.

공동설립자 스티브 워즈니악Steve Wozniak 역시 아이폰 업그레이드가 더 이상 필요하지 않은 시점에 도달했다는 설득력 있는 주장을 내놨다. 2017년 인터뷰에서 그는 아이폰 X로 업그레이드를 하지 않을 것이라며 이렇게 언급했다. "아이폰 8에 만족합니다. 아이폰 8는 아이폰 7과 같고, 아이폰 7은 아이폰 6와 같죠. 자동차를 한번 보세요. 수백 년 동안 자동차의 형태는 네 개의 바퀴에 사람을 태울 수 있는 공간과 헤드라이트로 이뤄졌습니다. 자동차는 그리 많이 변하지 않았습니다. 자동차는 이미 올바른 형태에 도달했습니다. 스마트폰도 모두에게 꼭 맞는 형태에 도달했습니다."[8]

쿡은 CNBC와의 인터뷰에서 의연한 표정을 지어 보였다.[9] CNBC 사회자 짐 크래머Jim Cramer가 자신의 딸은 더 이상 새로운 모델이 필요하지 않아서 아이폰을 업그레이드하지 않을 것이라고 했을 때, 쿡은 그래도 괜찮다고 했다. "중요한 건 따님이 만족한다는 사실입니다."

그러나 이 에피소드는 애플이 처한 냉정한 현실을 보여줬다. 애플은 10년이 넘는 세월 동안 잡스의 아이디어를 완벽에 가까운 형태로 다듬는 데 집중해왔다. 그리고 이제 파티는 끝나가고 있다. 2007년 잡스가 처음으로 들고 나온 아이폰은 더 얇고 더 빨라지면서 21세기 초 위대한 소비재로 자리 잡았다. 하지만 워즈니악이 지적했듯이, 다듬는 작업의 한계이익은 점차 감소하고 있다. 실제로 아이폰 6는 7이나 8와 구분하기 어렵다.

한편에서는 경쟁자들이 애플을 따라잡고 있다. 그들은 아이폰에 뒤지지 않는 카메라와 프로세서를 장착함으로써 애플의 경쟁력을 떨어뜨리고 있다. 애플은 특히 중국에서 큰 타격을 입었다. 지금 중국에서는 위챗WeChat(채팅은 물론 결제, 투자, 차량 호출 등 다양한 기능을 제공하는 앱)이 운영 시스템으로 사실상 자리를 잡으면서, 소비자들이 애플의 iOS에서 더 쉽게 빠져나가도록 부추기고 있다.

아이폰을 다듬는 노력이 더 이상 성장을 향한 굳건한 발판이 되지 못함에 따라, 애플은 이를 뛰어넘는 야심찬 목표를 세우고 있다. 그 목표를 실현하기 위해 애플은 다시 한 번 창조적인 기업으로 거듭나야 한다. 하지만 위대한 비전가를 중심으로 하는 애플의 기업 문화는 그들을 이러한 방향으로 데려다줄 것으로 보이지 않는다.

홈팟의 끔찍한 재앙

잡스가 세상을 뜨기 하루 전인 2011년 10월 4일, 애플은 음성 비서 소프트웨어 시리를 아이폰에 탑재한 형태로 출시했다.[10] 홈팟은 그로부터 한참 뒤에 나왔다. 애플은 시리 출시와 함께 음성 컴퓨팅 시장에서 선두를 차지했고, 이후 빠른 속도로 달려 나갔다. 하지만 시리가 성공하기 위해 애플은 기존의 다듬기 방식에서 벗어나야 했다. 그리고 구글 어시스턴트 프로젝트가 그랬듯이, 시리 개발 팀이 다른 팀과 함께 그 소프트웨어를 지속적으로 개선해나가기 위해서는 기존의 고립과 보안 정책에서 탈피해야 했다. 또한 애플은 시리를 하나의 독립적인 제품으로 바라봐야 했다. 그래야만 아이폰이 아닌 다른 제품에도 탑재할 수 있었다. 하지만 애플은 이런 일을 하나도 하지 않았다.

　시리 팀의 한 설립 멤버는 내게 이렇게 말했다. "스티브가 세상을 떠난 2011년 10월 이후 문제가 시작됐습니다. 물론 쿡은 아주 멋진 사람이죠. 다양한 업무에 능하고, 특히 오랜 경력 덕분에 실행업무에 익숙했습니다. 하지만 제품에 대한 비전은 없었어요."[11]

애플은 시리 팀을 자유롭게 해방시키기보다 고립과 보안을 더욱 강화하는 쪽을 택했다. 애플은 시리 팀의 업무를 수직적으로 조직했고, 프로젝트를 비밀에 부쳤으며, 팀원들에게는 다른 동료와 가급적 교류하지 말라고 지시했다. 협력의 결핍(구글 어시스턴트 프로젝트와는 반대로)은 시리 프로젝트의 발목을 붙잡았다. 그 설립 멤버는 이렇게 말했다. "사무실로 들어가려면 세 개의 배지가 필요했죠. 다른 사람들은 절대 들어올 수 없었습니다. 우리 팀은 세상으로부터 완전히 격리돼 있었어요. 누구도 우리 존재를 알지 못했습니다. 애플은 우리 팀이 자체적으로 모든 걸 해결할 수 있다고 믿었어요. 멍청한 생각이었죠. 다양한 영역에서 다양한 정보를 끌어모아야 하는 제품을 개발할 때, 유일하게 필요한 것이 바로 협력입니다."

격리와 보안을 강화하기로 한 애플의 결정은 부분적으로 경영진이 시리를 바라보는 시각에서 비롯된 것이었다. 그들에게 시리란 아이폰을 완성하는 한 가지 요소였다. 즉 아이폰의 매력을 배가시켜줄 재미있는 기능에 불과했다. 이는 중대한 전술적 실수였다. 애플은 시리의 성능이 아니라 개성에 집중함으로써 경쟁력을 잃었고, 사용자는 흥미를 잃었다.

직원들의 의견에 귀를 기울였다면, 경영진은 시리를 그 이상의 존재로 바라봤을 것이다. 시리 팀 멤버들은 애플 외부의 제삼자에게 소프트웨어를 공개해야 한다고 주장했다. 그들은 시리를 웹과 앱을 기반으로 하는 하나의 음성층voice layer으로 개발함으로써 유용성을 높이고자 했다. 하지만 직원들의 주장은 경영진에게 전달되지 못했다.

시리 팀의 한 멤버는 내게 이렇게 설명했다. "오랫동안 많은 이들이 시리를 제삼자인 개발자에게 공개할 것을 요구했습니다. 하지만 애플은 그러길 원치 않았죠. 그들은 시리를 아이폰의 한 기능으로밖에 생각하지 않았습니다. 미래를 위한 새로운 운영 시스템으로 바라보지 않았어요."

나아가 애플은 디자이너가 시리 프로젝트에 막대한 영향력을 행사하도록 허용했다. 이는 또 다른 실수였다. 애플의 디자이너들은 시리를 인격을 갖춘 기묘한 존재로 상상했다. 시리 팀 엔지니어들의 증언에 따르면, 이런 접근 방식은 시리의 성능에 부정적인 영향을 미쳤다. 엔지니어들은 피드백 시스템을 구축하려 했지만 디자이너들은 이를 가로막았다. 그들은 사람들이 시리의 성능을 평가하도록 허용하면 초자연적인 이미지가 사라진다고 우려했다. 아무 피드백도 없는 상황에서 시리 엔지니어들은 소프트웨어 개선에 많은 어려움을 겪었다.

전직 시리 엔지니어는 내게 이렇게 설명했다. "사용자의 1퍼센트만이 뭔가 잘못됐다고, 이것이 옳다고, 혹은 이 부분이 잘못됐다고 지적한다 해도 이는 대단히 가치 있는 정보가 될 수 있습니다. 그러나 디자이너들은 이를 원치 않았습니다. 시리가 하나의 인격체라는 환상이나 인식을 깨뜨릴 수 있다는 이유에서였습니다. 시리를 보는 관점을 두고 그들과 많이 다퉜던 기억이 납니다. 그런 식으로는 절대 문제를 해결할 수 없었죠."

디자이너들은 시리에 애니메이션까지 추가했다. 이는 멋져 보이기는 했으나 속도를 더 느리게 만들었다. 엔지니어들은 불만을 제기했지만 디자이너들은 받아들이지 않았다. 전직 시리 엔지니어는 이렇게 말했다. "디자이너를 설득하기 힘들었어요. 그들 모두 이렇게 말했으니까요. '하지만 이 아름다운 애니메이션을 보세요.'"

이런 상황에서 애플의 계획 수립 과정은 또 하나의 장애물이었다. 애플은 보통 1년에 한 번 계획을 수립한다. 이는 하드웨어 분야의 일반적인 개발 일정에서 비롯된 것이다. 이에 따라 애플은 시리 개발 팀에게 한 해 동안 작업해야 할 일련의 기능을 초반에 지시한다. 그러나 이런 방식은 중간에 기능을 수정할 유연성을 개발 팀에게서 앗아간다.

애플은 운영 시스템을 비롯해 위대한 소프트웨어를 개발했다. 하지만 이들 시스템은 듣고 대답하는 가상 비서 차원의 기계학습을 기반으로 삼지 않았다. 1년이나 6개월 단위로 계획을 수립하는 애플의 일정은 실험적 기술을 바탕으로 새로운 소프트웨어를 개발하는 데 도움이 되지 않는다. 이런 개발 프로젝트를 추진하기 위해서는 즉각 대처할 수 있는 유연성이 무엇보다 중요하다.

운영 시스템은 본질적으로 다양한 소프트웨어를 담는 그릇이다. 각각의 소프트웨어는 그릇 안에서 독립적으로 움직인다. 반면 시리는 다양한 소프트웨어와 연동돼야 하고, 그렇기 때문에 더 높은 유연성과 더 긴밀한 협력이 필요하다. 여기서 애플의 낡은 문화와 하드웨어 방식의 계획 수립 과정은 도움이 되지 못했다.

또 다른 전직 시리 엔지니어는 이렇게 설명했다. "애플의 가장 큰 문제점은 시리 같은 소프트웨어를 정확한 예측이 가능한 하드웨어처럼 다루고 있다는 겁니다. 우리는 현실 앞에 겸손해야 합니다. 다양한 것을 시도해봐야 하고, 무엇이 효과가 있는지 확인해야 합니다. 그리고 효과가 있는 것에 더 많이 투자하고 더 많은 시간을 할애해야 합니다. 생각보다 더 오랜 시간이 걸릴 수 있다는 점을 인식해야 합니다. 기계학습 같은 첨단 기술을 다뤄야 하고, 무슨 일이 벌어질지 정확히 예측할 수 없기 때문이죠."

2014년 11월 아마존이 알렉사를 탑재한 에코를 출시했을 때, 애플은 스마트 스피커라는 개념에 대해 놀라지 않았다. 애플은 이미 예전에 스피커에 시리를 탑재하는 시도를 했다. 그러나 품질에 대한 우려 때문에 중단한 터였다. 하지만 에코가 인기를 끌면서, 음성 컴퓨팅 기술은 인터넷과 앱을 기반으로 하는 새로운 운영층operating layer이 될 것이며, 조만간 스크린의 위엄에 도전할 것이라는 사실을 분명히 보여줬다. 이런 상황에서 애플은 마지못해 그 싸움에 뛰어들었고, 시리를 탑재한 스피커 개발에 착수했던 것이다.

그러나 홈팟 프로젝트는 애플의 전환점이 되지 못했다. 시리가 하나의 기능으로 탑재된 아이폰과 달리, 홈팟의 경험은 전적으로 홈팟에 탑재된 비서 소프트웨어에 달려 있었다. 홈팟이 성공을 거두기 위해서 애플은 격리와 보안, 그리고 디자이너가 주도하는 제품 개발 방식을 포기하고 엔지니어 사고방식을 받아들임으로써 조직의 모든 영역에서 아이디어를 끌어모아 이를 통합해야 했다. 그러나 여기서도 애플은 거대한 협력이 아니라 거대한 격리를 다시 한 번 선택했다.

홈팟 프로젝트를 출범하면서, 애플은 개발에 참여하는 모든 팀을 격리했다. 일부 엔지니어는 자신이 무슨 일을 하고 있는지조차 몰랐다. 홈팟 프로젝트에 참여했던 전 애플 엔지니어는 내게 이렇게 말했다. "누가 이렇게 말하더군요. '이거 에코와 비슷한걸?' 사실 제 생각도 그랬습니다. 홈팟 프로젝트가 출범하기 몇 달 전, 한 엔지니어의 사무실에 들렀는데 구석에 두꺼운 종이 상자가 있더군요. 저는 물었죠. '저게 뭔가요?' 그는 말했습니다. '홈팟이라는 겁니다.' 그렇게 저는 전원이 꺼진 홈팟을 우연히 보게 된 거죠."

애플은 홈팟 프로젝트 팀을 캠퍼스 외부에 있는 건물에 격리했다. 그 건물은 극히 일부 직원에게만 접근이 허용됐다. 시리를 개발할 때와 달라진 점은 아무 것도 없었다. 홈팟 프로젝트에 참여했던 또 다른 엔지니어는 이렇게 설명했다. "자신이 하는 일과 관련해서 전체 그림을 확인할 수 없었습니다." 그는 덧붙이기를, 굳이 애플의 정보 공개 절차를 거치기보다는 모든 논의를 방 안에서 진행하는 방식을 선호했다고 했다. "다른 팀과 협력할 수 없기 때문에 업무는 더욱 힘들었습니다. 그런 상황에서 우리는 어떻게든 방법을 찾아내야 했죠."

커뮤니케이션 툴의 부족은 중복되거나 불필요한 업무를 양산하면서 프로젝트 속도를 더욱 더디게 만들었다. "자료를 찾아보기가 대단히 힘들었습니다. 그러면 추측을 하거나 직접 해결책을 찾아내야 했죠. 관련 자료가 어디엔가 있었을 텐데 말이죠."

홈팟은 2017년 휴가 시즌을 앞두고 출시될 계획이었다. 하지만 출시일이 다가오면서 기기 사용 과정의 문제점이 발견되고 있었다. 결국 출시일을 연기하는 이례적인 결정을 내려야 했다.[12] 애플은 휴가 시즌을 앞두고 이렇게 발표했다. "사람들이 애플의 혁신적인 가정용 무선 스피커 홈팟을 사용하는 모습을 하루라도 더 빨리 보고 싶습니다. 하지만 고객에게 선보이기에 앞서 시간이 좀 더 필요합니다. 2018년 초에 미국과 영국, 호주에서 출시할 계획입니다."

그러나 출시 연기에도 불구하고 애플은 홈팟의 문제점을 거의 해결하지 못했다. 홈팟이 출시됐을 때, 마르케스 브라운리처럼 애플 제품에 친숙한 이들조차 실망감을 감추지 않았다. 홈팟 판매가 너무나 저조한 나머지 이마케터는 아마존 에코나 구글 홈과 달리 홈팟을 '기타' 범주에 넣었다. 2018년 아마존 에코 사용자는 4,360만 명, 구글 홈 사용자는 1,930만 명이었다. '기타'는 700만 명에 불과했다.

마지막으로 나는 애플을 떠난 시리 팀 멤버에게 홈팟을 갖고 있는지 물었다. 그는 이렇게 대답했다. "하나 있어요. 사실 음성 기능이 탑재된 모든 제품을 하나씩 갖고 있거든요." 그렇다면 그의 결론은? "늘 그렇듯 아주 멋진 디자인이라고 생각합니다. 하지만 비서 기능은 완전 엉망이죠."

애플카가 성공하려면

팀 쿡이 애플의 스티브 잡스 강당 무대에 올라 환한 미소를 지으며 아이폰 이후 가장 중요한 발표를 하는 모습을 상상해보자. 애플의 쿠퍼티노 캠퍼스 변두리에 자리 잡은 지하 공간인 그 강당은 중대 발표를 위해 마련된 장소다. 쿡은 강당을 가득 메운 기자와 파트너, 직원 등 천여 명의 청중을 바라보며 애플의 새로운 제품을 소개한다.

먼저 쿡은 과거의 성과에 관한 이야기로 시작한다. "어떤 기업이든 단 하나의 혁신적인 제품이 있는 것만으로도 대단한 행운입니다. 애플은 이미 그런 제품 세 개를 출시했습니다." 그러고는 이렇게 이야기를 이어간다. "매킨토시와 아이팟, 아이폰은 우리 삶을 근본적으로 바꿔놨습니다. 그리고 지금 여기서 또 하나의 제품을 소개하게 되어 가슴이 벅찹니다. 자, 이제 애플카를 소개합니다. 애플카는 완전한 전기자동차로 세계적인 수준의 탑승 경험과 함께 인간보다 더 나은 자율주행 기능을 선사합니다. 이 모든 걸 자체적으로 개발했습니다. 애플카는 모두가 사랑하는 제품이 될 겁니다."

청중은 모두 열광할 것이다. 실제로 애플은 무인자동차 개발 중이다. 2010년대 중반 아이폰이 "올바른 형태"에 근접하면서, 애플은 자율운행 전기차를 자체 개발하기 시작했다. 타이탄 프로젝트라는 코드명 아래 애플은 엄청난 자원을 집중했고, 이것이야말로 애플의 차세대 '혁신' 제품이 되리라 확신했다. 하지만 지금으로서는 쿡이 이런 연설을 하는 모습을 보기까지 상당한 시간이 걸릴 것으로 보인다.

애플카(혹은 그 이름을 뭐라고 짓든 간에)는 홈팟을 힘들게 만들었던 바로 그 문제로 어려움을 겪고 있다. 애플은 디자이너가 인공지능 엔지니어에게 지시를 내리도록 했고, 이는 개발 속도를 더디게 만들었다. 그리고 엔지니어들을 격려함으로써 발전의 흐름을 가로막았다. 또한 아이폰에 대한 집착은 애플카 개발 과정을 바라보는 비판적인 시각을 방해하고 있다. 홈팟의 실패는 일회적인 잘못으로 치부할 수 있겠지만, 애플카도 똑같은 어려움을 겪고 있다면 구조적인 문제가 있는 것이다.

애플은 무인자동차를 아이폰의 후계자로 여기고 있다. 아이폰은 첨단 소프트웨어(iOS)와 세계적인 수준의 하드웨어(기기)를 결합함으로써 휴대전화의 새로운 기준을 만들었다. 애플은 이번에도 똑같은 일을 하려 한다. 또 다른 형태의 하드웨어(자동차)와 완전히 새로운 소프트웨어(자율주행 시스템)의 결합을 시도하고 있다.

타이탄 프로젝트에 몸담았던 전직 애플 엔지니어는 내게 이렇게 말했다. "우리는 아이폰을 시작점으로 봤습니다. 바로 그게 실수였습니다." 애플은 다시 한 번 애플카 프로젝트를 아이폰 다듬기의 연장으로 바라보고 있으며, 그렇기 때문에 디자이너가 중요한 의사결정을 내리도록 허용하고 있다. 스마트 스피커의 경우와 마찬가지로, 자율주행 차량에 탑재된 소프트웨어는 자동차 외관보다 훨씬 더 중요하다. 하지만 디자이너들은 이 프로젝트에서도 엔지니어의 의견에 귀 기울이기보다 강압적으로 지시함으로써 엔지니어들을 당황하게 만들고 있다.

예를 들어 디자이너들은 자동차 센서를 숨기고자 했다. 센서는 자율운행 자동차를 굴러가는 잠수함처럼 보이게 만든 못생긴 부속품이었다. 하지만 이 센서를 숨기면 시야를 가려 데이터 수집을 방해한다. 결국 엔지니어들은 차선책을 찾아내야 했다.

디자이너들은 그 프로젝트를 지휘했다. 그들은 프로젝트에 참여한 그룹들에게 운전대가 있는 버전과 없는 버전을 설계하도록 업무를 할당한 뒤, 운전대를 없애기로 결정했다. 결국 엔지니어 팀에게 완전한 자율주행 기술을 개발하는 추가 과제를 안겨준 셈이다. 한 전직 애플 엔지니어는 운전대와 관련해서 이렇게 언급했다. "디자인 팀은 이러더군요, '운전대를 없애버릴 겁니다. 4~5년이면 운전대가 없는 자동차가 완성될 거예요.' 하지만 현실은 그런 식으로 돌아가지 않습니다. 반복적인 과정에 충분한 지원이 따라주지 않으면 애플은 새로운 프로젝트에서 어려움을 겪게 될 겁니다."

역시 타이탄 프로젝트에 참여했던 또 다른 전직 애플 엔지니어는 디자인 팀의 막강한 권한에 깜짝 놀랐다고 했다. "디자인 팀은 기술적인 과제 위에 현실적으로 거의 불가능한 또 다른 과제를 추가했습니다. 엔지니어는 디자인 팀에 대해 발언권이 거의 없습니다. 그들의 지시에 따라 개발을 해야 하죠." 애플의 고립 정책 또한 프로젝트 속도를 늦췄다.

그는 애플이 완전히 잘못된 방식으로 기계학습에 접근했다고 지적했다. "일부 팀원은 자율운행 시스템을 연구했고, 다른 일부는 페이스아이디를 연구했습니다. 하지만 우리는 서로 이야기를 나눌 수 없었죠. 자신이 하는 일을 공유할 수 없었습니다. 돌아다녀보면 아시겠지만, 일부는 자동차를 추적하고 다른 일부는 눈과 눈동자, 얼굴 특징을 추적합니다. 엔지니어는 실제로 많은 걸 공유할 수 있습니다. 가령 다양한 신경 네트워크 모형과 많은 공통 업무를 공유할 수 있어요. 그걸 막는 건 어리석은 짓이죠. 인공지능 알고리즘 개발을 늦출 뿐입니다."

2019년 1월, 애플은 난항을 겪고 있던 타이탄 프로젝트에서 직원 200명을 다른 프로젝트로 이동시켰다.[13] 한 애플 대변인은 CNBC에 출연해서 이렇게 밝혔다. "대단히 유능한 팀이 자율운행 시스템 연구를 추진하고 있습니다. 연구 팀이 몇몇 핵심 분야에 집중하면서 일부 그룹은 또 다른 프로젝트로 넘어가고 있습니다. 거기서 그들은 조직 전반에 기계학습을 비롯한 다양한 프로젝트를 지원하는 일을 맡게 될 겁니다."

애플은 이제 스마트 스피커와 자동차 프로젝트를 반복되는 악몽으로 바라볼 필요가 있다. 스마트 스피커의 경우, 애플은 목표 출시일을 맞추지 못했고 사람들에게 실망감을 안겨줬다. 그리고 자동차 프로젝트의 경우, 가시적인 출시일이 정해지지 않은 상태에서 인원 감축이 이뤄지고 있다. 그 두 가지를 관통하는 공통적인 요소가 있다. 다름 아닌 문화다. 과거 애플을 성장하게 했던 보안과 하향식 계획 수립은 이제 미래를 개척하는 그들의 도전을 가로막고 있다. 애플에서 엔지니어 사고방식은 좀처럼 찾아볼 수 없다.

이 장을 쓰기 위해 인터뷰했던 스물네 명의 전 애플 직원들 중 많은 이들이 여전히 충성스러운 주주로 남아 있으며, 애플의 미래에 많은 기대를 걸고 있다. 그럼에도 나는 그들에게서 불안한 의구심을 발견할 수 있었다. 첫 번째 타이탄 프로젝트 엔지니어는 내게 이렇게 털어놨다. "스피커도 스마트하게 만들지 못했는데 어떻게 자동차를 스마트하게 만들 수 있을까요?"

열악한 환경 속의 계약 근로자들

조직 전반으로부터 아이디어를 끌어모으고, 그렇게 모은 아이디어를 실현하는 것은 애플의 우선순위가 아니다. 아마존, 페이스북, 구글과는 달리 애플 경영진은 내부 기술을 활용해 실행업무를 최소화하는 데 집중하지 않는다. 그리고 애플의 내부 툴은 직원들을 깜짝 놀라게 만드는 원천이다.

애플 내부의 한 그룹인 IS&T Information Systems & Technology 는 서버와 데이터 제반시설에서 유통 및 기업 매출 소프트웨어에 이르기까지 애플 내부의 IT 툴에서 많은 부분을 구축하는 일을 담당하고 있다. 하지만 이 그룹은 전반적으로 욕을 먹고 있다. IS&T는 서로 경쟁하는 컨설팅기업에 고용된 계약 근로자들로 구성돼 있으며, 그 그룹의 문제는 애플의 IT 시스템 문제로 이어진다. IS&T와 긴밀하게 일했던 전 애플 직원 한 사람은 내게 이렇게 말했다. "거대한 계약 근로자 그룹이 어마어마한 규모의 애플 제반시설을 다루고 있습니다. 그 상황은 〈왕좌의 게임〉 악몽을 떠오르게 해요."

나는 여러 명의 전 IS&T 직원, 그리고 이들과 함께 일했던 애플 직원들과 인터뷰하면서 혼란에 빠진 조직의 상황을 확인할 수 있었다. 여기서 벌어지는 갈등은 소프트웨어 개발을 지속적으로 가로막고 있었다. 그리고 그 안에서 일하는 계약 근로자는 얼마든지 대체 가능한 부품 취급을 받았다.

IS&T에서 두 차례에 걸쳐 일했던 전 IS&T 계약 근로자 아차나 사바파시Archana Sabapathy는 내게 말했다. "매일 냉전의 연속이었습니다." IS&T에서 사바파시의 첫 번째 근무는 3년 넘게 이어졌다. 그러나 두 번째는 하루 만에 끝났다. 그녀의 설명에 따르면, 그 그룹 내에서 위프로Wipro, 인포시스Infosys, 액센츄어Accenture 같은 계약업체들이 자사 인원을 충원하고 프로젝트를 따내기 위해 끊임없이 경쟁을 벌인다. 여기서 애플이 요구하는 것을 가장 싸게 제공하는 측이 승리를 거둔다. "그들은 오로지 일감을 따내기 위해 경쟁을 벌입니다. 그들이 주목하는 건 업무도, 서비스도, 노력도, 인재도 아닙니다. 그밖에 어느 것도 그들의 관심 대상이 아닙니다."

이로 인해 IS&T는 '업체 집단주의vendor tribalism'로 가득하며, 여기서 무엇보다 중요한 것은 계약업체에 대한 충성이다. 사바파시는 업체 간 관계에 대해 설명하면서 이렇게 말했다. "친구를 사귀는 건 생각조차 할 수 없었어요. 미국의 일반적인 업무환경과는 완전히 달라요. 사람들은 직장에서 관계를 맺죠. 많은 시간을 보내니까요. 하지만 그곳은 그렇지 않았습니다."

이런 상황에서 IS&T의 고객인 애플 직원들 또한 계약 근로자들과 마찬가지로 어려움을 겪었다. IS&T를 〈왕좌의 게임〉 악몽에 비유했던 전 애플 직원은 이렇게 말했다. "함께 일했던 직원이 다른 곳으로 떠나면서 다른 사람이 들어왔습니다. 그역시 한 달 만에 다른 곳으로 갔습니다. 나중에는 IS&T 프로젝트 매니저가 새로 왔는데 아무도 말해주지 않더군요. 우연히 알게 됐죠."

IS&T 프로젝트가 끝내 완성됐을 때, 이는 애플 직원들에게 더 많은 두통거리를 안겨줬다. 그들은 엉망진창이 된 상황을 깨끗이 정리해야 했다. IS&T가 구축한 시스템이 고장 나면 애플 직원들이 코드를 직접 새로 써야 했다는 이야기를 많은 이들에게서 들었다.

한 번은 실리콘밸리에 잘 알려진 Q&A 사이트인 쿼라Quora에 이런 질문이 올라왔다. "애플 IS&T 분위기는 좀 어떻습니까?"14 그 반응은 놀라웠다. IS&T 부서에서 근무했다고 밝힌 한 익명의 사용자가 쓴 맨 첫 번째 대답은 이랬다. "엔지니어링 수준은 완전 형편없어요. 제가 처음 들어갔을 때, 프로젝트를 설계하고 추진하는 방식에 충격을 받았죠. 그들이 만든 프로그램을 고등

학생이나 대학 신입생의 것과 비교한다면, 아마 구분하지 못할 거예요." 전 IS&T 직원에게 내가 이 말을 하자 그는 맞는 말이라고 맞장구를 쳤다.

쿼라에 올라온 또 다른 댓글은 더 끔찍했다. "IS&T에서 일했던 경험을 공유하고 싶습니다. 부디 제 말을 믿어주시길. 그곳은 근무환경이 나쁘기로 유명한 인도의 IT 노동착취 공장보다 더 열악합니다. 그 부서에 들어갔던 첫날부터 다른 부서로 옮길 때까지 하루하루가 피를 말리는 나날이었습니다. 그 부서에 들어간 스스로를 저주했죠."

사바파시는 IS&T 계약 근로자에 대한 애플 직원들의 기대가 지나치게 높았다는 이야기를 들려줬다. 애플이 컨설팅 업체에 시간당 120~150달러의 임금을 지불하면, 그들은 수수료를 떼고 계약 근로자에게 40~55달러만 지급했다. 이 때문에 많은 계약 근로자들이 중간에 일을 그만뒀다. 그럼에도 애플 직원들의 기대는 여전히 높았고, 이는 곧 실망감으로 이어졌다.

내가 쿼라에 올라온 게시글에 대한 이야기를 꺼냈을 때, 사바파시는 이렇게 대답했다. "계약 근로자들 대부분이 인도 출신이고, 인도에 있을 때 이런 환경에 익숙했어요. 그들은 여기서도 똑같이 일하고 있죠. 인도와 마찬가지로 대단히 열악한 근무환경입니다. 우리는 이곳으로 오면서 그런 환경에서 벗어날 수 있기를 기대했어요. 하지만 달라진 건 없었습니다. 가슴이 아팠죠."

물론 애플은 엄청나게 많은 계약 근로자들을 열악한 환경에 방치하는 유일한 기술 거물은 아니다. 페이스북, 구글, 아마존 모두 엄청난 수의 계약 근로자를 고용하고 있다. 그리고 정규직만큼 많은 업무를 요구하면서도 연봉이나 혜택은 차별 적용한다. 이런 계약 근로자의 규모는 점점 커지고 있으며, 이들에 대한 처우 개선의 목소리가 나오기 시작하고 있다.

예를 들어 구글러들은 워크아웃 행사를 진행하면서 계약 근로자의 처우 개선을 핵심 안건으로 내세웠다. 버니 샌더스Bernie Sanders는 계약 근로자와 관련된 아마존의 불투명한 정책을 지적하면서, 시간당 15달러의 최저임금을 요구했다.[15]

그리고 2019년 2월, 뉴스 웹사이트인 〈더버지The Verge〉의 케이시 뉴턴Casey Newton은 페이스북이 정규직에게 연봉으로 평균 24만 달러를 지급하는 반면, 일부 계약 근로자에게는 2만 8,000달러를 지급한다는 사실을 폭로했다(이후 페이스북은 계약 근로자의 임금을 인상했다).[16]

제 기능을 못하는 IS&T 조직을 개선하는 노력은 애플 입장에서 도덕적인 과제일 뿐만 아니라 비즈니스 차원에서도 반드시 해결해야 할 숙제다. 애플이 다시 한 번 혁신을 이루려면, 직원들이 더 많은 아이디어를 내놓을 수 있도록 정신적인 여유를 마련해줘야 한다.

언젠가 IS&T는 애플의 강력한 그룹으로 거듭 태어나 실행 업무를 최소화하는 툴을 개발함으로써 아이디어를 위한 여유를 마련할 수 있을 것이다. 하지만 애플이 그 그룹에 관심을 집중할 때까지 직원들은 망가진 시스템을 새로 구축하는 데 많은 시간을 허비할 것이며, 그 과정에서 창조적인 업무는 엄두도 내지 못할 것이다.

프라이버시 편에 서다

2015년 12월 2일 아침, 테러리스트 두 사람이 캘리포니아 샌버 나디노에 있는 한 컨퍼런스센터로 걸어 들어가 무차별 총격을 가했다.[17] 그들은 열네 명을 죽이고는 현장을 떠났다. 경찰은 두 테러리스트를 추적해 결국 사살했고, 다음날 FBI는 인근에 있는 그들의 집으로 가서 아이폰 5c를 수거했다.[18]

　FBI는 그 아이폰이 사망한 테러리스트들과 잠재적 공범에 대한 수사에서 결정적인 증거가 될 것으로 확신했다. 그러나 한 가지 문제가 있었다. 기기가 잠겨 있었던 것이다. 네 자리의 비밀번호가 아이폰을 굳게 걸어 잠그고 있었다. 잘못된 비밀번호를 10회 입력할 경우, 그 아이폰은 지워질 터였다.

　FBI는 애플에 잠금 해제를 요청했다. 그러나 애플도 10회 제한을 해제할 방법이 없었다. FBI는 또다시 애플에 백도어 설치를 요구했다. 무제한으로 비밀번호를 입력할 수 있는 새로운 버전의 iOS를 요청했던 것이다. 그 새로운 iOS를 아이폰 5c에 설치할 경우, FBI는 원하는 정보에 접근할 수 있을 터였다. 그러나 애플이 그 새로운 버전을 개발한다면, 단 한 대의 아이폰이 아니라 접근을 요구하는 수억 대의 아이폰을 위태롭게 만들 것이었다.[19] 결국 쿡은 FBI의 요구를 거절했다. 그리고 FBI는 고소를 통해 애플을 압박했다.

쿡이 FBI의 요구를 거절한 것은 결코 쉬운 결정이 아니었다. 그 기기에 숨겨진 비밀을 밝혀내지 못해 또 다른 희생자가 발생한다면? 하지만 애플의 입장은 단호했다. 2016년 2월 애플 고객에게 전한 강경한 어조의 서한에서, 쿡은 자신이 프라이버시 편에 설 수밖에 없었던 이유를 분명히 밝혔다.[20]

"정부의 요구에는 섬뜩한 의미가 담겨 있습니다. 앞으로 정부는 프라이버시 위반을 확장하고, 애플로 하여금 여러분의 메시지를 가로채기 위한 검열 소프트웨어를 개발하고, 여러분의 의료 기록과 금융 정보에 접근하고, 여러분의 위치를 추적하고, 혹은 여러분이 모르는 사이에 휴대전화의 마이크와 카메라에 접근하도록 요구하게 될 겁니다. 이런 명령을 거부한 것은 우리가 이번 사안을 가볍게 여기기 때문이 아닙니다. 우리는 미국 정부의 개입이 어떤 결과로 이어질지에 대해 말해야 한다고 생각합니다."

쿡은 FBI와의 싸움에서 프라이버시를 수호하는 자경단원을 자처했다. 그는 상대가 누구든 간에, 그리고 무슨 대가를 치르

더라도 프라이버시를 위해 싸우는 사람이 됐다. 쿡은 자신의 입장을 분명히 밝혔다. 싸움의 열기가 높아지면서 쿡은 〈타임〉 표지 모델로도 등장했다. 책상 앞에 앉아 결연한 표정을 짓고 있는 쿡의 흑백 사진 위로 다음과 같은 문구가 적혀 있었다. "FBI와의 싸움에 나선 애플 CEO 팀 쿡, 그는 왜 물러서지 않았나?"

결국 FBI는 제삼자를 통해 그 아이폰에 접근했고, 소송은 취하됐다. 그럼에도 그 싸움은 쿡에게 결정적인 순간이었다. 애플은 언제나 프라이버시에 주목했다. 이는 애플 고객이 사용자이며, 데이터에 굶주린 광고주를 수익의 원천으로 삼지 않는 애플의 비즈니스 모델에 비춰볼 때 당연한 선택이었다. 그러나 FBI와의 갈등은 사람들의 머릿속에 '프라이버시'와 '애플'이라는 단어를 연결 짓게 만들었다. 이후 쿡은 외부에 메시지를 전할 때마다 프라이버시를 핵심 주제로 거론했다.

프라이버시를 애플이 추구하는 핵심 개념으로 삼은 쿡의 결정은 몇 가지 이유에서 타당했다. 첫째, 워즈니악의 표현대로 스마트폰이 "올바른 형태"에 도달하면서 애플은 사용자들이 iOS 운영 시스템에서 벗어나는 것을 최대한 어렵게 만드는 데 집중했다. 쿡은 프라이버시를 강조함으로써 애플의 아이메시지를 페이스북 메신저와, 애플 맵을 구글 맵과, 애플 시리를 구글 어시스턴트와 차별화했다. 쿡과 경영진은 중요한 행사 때마다 프라이버시에 관한 메시지를 전했다. 사용자가 애플의 소프트웨어에 머무르면 개인정보에 대해 안심할 수 있다고 강조했다. 이제 프라이버시는 애플의 광고 전략의 일부다. 2019년 라스베이거스에서 열린 CES Consumer Electronics Show (국제전자제품박람회)에서 애플은 광고판에 다음과 같은 메시지를 담았다. "아이폰 안에서 벌어지는 모든 일은 언제나 아이폰에 안에 있다."

애플이 프라이버시 캠페인을 벌이는 동안 쿡은 페이스북을 직접적으로 자극했다. 이는 페이스북이 조만간 연동될 세 가지 거대한 메시지 앱인 메신저, 왓츠앱, 인스타그램을 소유하고 있다는 점을 감안할 때 당연한 선택이었다. 이들 앱은 중국의 위챗과 더불어 아이메시지를 대체함으로써 사용자들이 아이폰에서 더 쉽게 벗어날 수 있도록 할 수 있다. 그래서 애플은 페이스북을 공격할 기회를 놓치지 않았다.

페이스북이 케임브리지 애널리티카 스캔들에 휘말렸을 때, 쿡의 인터뷰는 헤드라인 기사를 장식했다. 쿡은 자신이 저커버그라면 어떻게 했겠냐는 질문에 애플은 결코 그런 상황에 처하지 않을 것이라고 장담했다. "우리도 고객을 상품으로 삼았다면 엄청난 돈을 벌었을 겁니다. 그러나 우리는 그렇게 하지 않기로 선택했습니다."

애플의 베스트셀러 아이폰은 전체 스마트폰 시장에서 이미 절반에 가까운 점유율을 차지하고 있었다. 이런 상황에서 혁신을 통해 다시 한 번 시장을 선도할 수 없다면, 브랜드를 계속해서 빛나게 만들 뭔가가 필요했다. 그리고 그것은 바로 프라이버시였다.

브라운리의 홈팟 리뷰 영상을 봤을 때, 나는 애플의 제품이 경쟁자들의 제품만큼 좋지 않다면 오늘날 유행을 창조하는 유튜버들 사이에서 계속 인기를 유지할 수 있을지 의문이 들었다. 그래서 1,100만 명이 넘는 구독자를 확보한 유튜버이자 사업가인 케이시 네이스탯Casey Neistat에게 전화를 걸어 의견을 구했다.

네이스탯의 대답은 이랬다. "제품 자체는 제쳐두고서라도, 애플과 팀 쿡은 그들이 소비자에게 더 많은 신경을 쓰고 있다는 인상을 계속 주거나 혹은 더 강화하고 있습니다. 저는 애플을 믿습니다. 그들이 프라이버시를 대하는 방식 때문이죠. 반면 페이스북은 어떤가요? 저는 페이스북이 두렵습니다. 그래서 페이스북과 인스타그램 계정을 닫아야 하는 건 아닌지 매일 고민입니다. 그들이 제 개인정보를 가지고 뭘 하는지 알 수가 없습니다. 제겐 통제력이 없어요. 그러니 걱정될 수밖에요."

애플 직원들과 인터뷰를 나누는 동안, 나는 프라이버시에 대한 애플의 집착이 정당하다는 느낌을 받았다. 애플은 다른 경쟁사처럼 고객 데이터 관리를 느슨하게 하지 않는다. 이런 정책은 제품상 손해로 이어지기도 한다. 한 홈팟 엔지니어는 내게 말했다. "프라이버시 문제 때문에 애플은 구글이나 아마존과는 달리 내부 팀들이 데이터베이스에 접근하는 것을 허락하지 않습니다. 정말 짜증나는 일이죠."

1997년 애플이 그 유명한 "다르게 생각하라" 광고 캠페인을 선보였을 때, 스티브 잡스는 마케팅에 대한 생각을 내부적으로 이렇게 밝혔다. "제게 마케팅이란 가치를 위한 것입니다. 오늘날 세상은 복잡하고 소음으로 가득합니다. 우리는 사람들이 우리에 대해 많은 것을 기억하도록 만들지는 않을 겁니다. 정말로 알려야 하는 것만 분명하게 전달할 겁니다. (……) 우리는 사람들에게 애플이 어떤 기업인지, 우리가 지향하는 바가 무엇인지 전하기를 원합니다."[21]

그 광고에서 애플은 도전적인 메시지를 전했다. 앨버트 아인슈타인과 마틴 루서 킹, 존 레넌, 마하트마 간디의 영상이 흐르는 동안 이런 내레이션이 흐른다. "미친 사람들, 반항자, 말썽꾼, 그리고 세상을 다르게 바라본 이들이 있습니다." 이 메시지는 애플이 이들에 속해 있다는 것이었다. 즉 얼굴 없는 기업이 아니라 말썽꾼이라는 것이었다.

그러나 오늘날 애플은 더 이상 미친 사람, 반항자, 말썽꾼이 아니다. 애플은 수조 달러 규모의 골리앗이다. 애플은 예전에 비해 엄청난 힘을 갖고 있다. 한때 혁명적이었던 그들의 제품은 이제 기성 제품으로 남았다. 그리고 그들의 메시지는 변했다. 애플은 무엇을 추구하는가? 그것은 아이폰이다. 그리고 아이폰을 팔기 위해 가장 중요한 것은 바로 프라이버시다.

또 한 번의 신화를 쓰려면

이 장을 위한 취재를 마무리하면서, 나는 아이폰이 "올바른 형태"에 이르고 애플의 발명 근육이 쇠퇴한 상황에서 향후 어디로 나아갈지 궁금해졌다. 그래서 스티브 워즈니악에게 이메일을 보내고 답장을 손꼽아 기다렸다. 그라면 알고 있을 터였다. 몇 번의 이메일이 오간 후 워즈니악은 다음 수요일 오전에 캘리포니아 캠벨 근처의 바비큐 레스토랑 오리지널 히크리핏에서 만나자고 했다. 애플 캠퍼스에서 그리 멀지 않은 곳이었다. 그날 나는 샌프란시스코와 쿠퍼티노를 잇는 280번 주간 고속도로를 80킬로미터 달려 30분 일찍 도착했다. 그리고 정말로 애플의 공동설립자가 내 앞에 나타날 것인지 기다렸다.

워즈니악은 약속 시간 5분 전인 10시 55분에 아내 재닛, 그리고 비즈니스 파트너 켄 하디스티_{Ken Hardesty}와 함께 도착했다. 히크리핏의 단골인 듯 워즈니악은 직원에게 홀 뒤쪽 자리를 부탁했고, 우리는 자리에 앉아 아침식사를 주문했다. 바로 내 맞은편에 잡스와 함께 애플을 설립하고 애플의 첫 번째 컴퓨터를 설계한, 그리고 1980년대에 애플을 떠난 후로도 계속해서 그들과 긴밀한 관계를 유지하고 있는 남자가 앉아 있었다.

워즈니악은 곧장 본론으로 들어갔다. 그는 내게 책에 대해서 다시 소개해달라고 요구했고, 바로 질문을 던지기 시작했다. 나는 기쁜 마음으로 대답을 했다.

우리의 대화는 발명에 대한 논의로 시작했다. 워즈니악은 아이폰에 대한 자신의 생각을 말했다. "애플이 뭘 만들었나요? 아이폰이죠. 10년간 아이폰은 얼마나 변했을까요? 그리 많이 달라지지는 않았습니다. 제삼자 앱스토어는 우리 삶을 완전히 바꿔놨죠. 우버 같은 앱들 말이죠. 사람들은 종종 그게 애플 덕분이라고 말합니다."

워즈니악은 애플의 창조성은 기발한 물건을 내놓은 것이 아니라 우리 삶을 단순하게 만든 것에 있다고 설명했다. 우리가 대화를 나누는 동안 애플페이나 터치아이디 등 아이폰 다듬기 작업에 대한 이야기가 계속 나왔다. 워즈니악은 이렇게 지적했다. "우리는 사용하기 쉽고, 단순하고, 그리고 더 중요하게 보다 인간에 가까운 제품을 만들려고 했습니다. 너무 많은 걸 집어넣으려 하진 않았죠."

애플은 아이폰을 개선함으로써 스마트폰 시장을 오랫동안

지배했다. 우리는 사람들이 아이폰을 덜 사용하게 되더라도 애플은 문제없을 것이라는 생각에 동의했다. 워즈니악은 이렇게 설명했다. "사용자 입장에서 저는 애플의 현재 상태에 전반적으로 만족합니다. 애플의 매출과 시장점유율이 절반으로 떨어진다면? 상관없습니다. 그래도 애플은 거대한 기업입니다. 애플이 사라지는 일은 없습니다."

게다가 애플이 지금 주목하는 것은 아이폰의 성공이 아니다. 그들은 자동차 개발에 뛰어들었다. 그리고 홈팟과 시리의 성공을 향해 달리고 있다. 또한 아이폰 사용자로부터 더 많은 돈을 벌어들이기 위한 서비스인 애플 티비플러스Apple TV+에서 프로그램 예고편을 방송하는 것보다 더 원대한 계획을 세워두고 있다(오프라 윈프리의 표현대로 "아이폰은 10억 개의 주머니 속에 들어 있으니까").[22] 게다가 우리가 짐작조차 못할 일을 꿈꾸고 있다. 그러나 이런 목표를 실현하기 위해 애플은 문화를 바꿔야 한다.

엔지니어 사고방식에 대해 이야기를 나눈 뒤, 어떻게 애플이 창조성을 끌어올릴 수 있을지 물었다. 워즈니악은 처음에 자신은 내부 사람이 아니기 때문에 애플이 어떻게 "더" 창조적인 조직으로 거듭날 수 있을지는 잘 모르겠다며 얼버무렸다. 하지만 헤어지기 전에 그 질문에 대한 대답을 내놨다.

"직급이 낮은 관리자가 의사결정을 하도록 만들어야 합니다. 그들에게 더 많은 권한을 줘야 해요."

ALWAYS DAY ONE

5장
—

마이크로소프트의
수직 문화

2007년 마이크로소프트가 에이퀀티브aQuantive라는 광고회사를 63억 달러에 사들였을 때, 대기업에 갓 인수된 그 기업 내 분위기는 예상 외로 싸늘했다. 합병 소식에 에이퀀티브의 한 직원은 이렇게 말했다. "망할 마이크로소프트에서 일하려고 여기 온 게 아니라고요." 다음 날 그는 퇴사했다.

이런 분위기는 거대한 금액으로 대기업에 인수된 스타트업으로서는 이례적인 것이었다. 일반적인 경우라면 직원들은 재정적 안정성을 확보하고, 신생기업의 위험에서 벗어나고, 본연의 업무에 집중할 수 있게 된 기회를 기뻐했을 것이다.

에이퀀티브는 엔지니어 사고방식을 받아들임으로써 세계에서 가장 가치 있는 광고 IT 기업이 됐다. 아이디어는 조직 내부를 자유롭게 돌아다녔다. 관리자들은 관료주의를 타파했다. 그리고 직원들은 마음껏 발명했다. "부사장실에 들어가서 사람들과 논의할 수 있었습니다. 내부 경쟁은 심하지 않았어요." 인수 당시 에이퀀티브에서 일하고 있었던 압델라 엘라미리Abdellah Elamiri는 내게 말했다. "팀들은 자유롭게 아이디어를 제시했고 자율적으로 움직였습니다."

마이크로소프트는 달랐다. 당시 CEO이자 세일즈 분야에서 성장해온 스티브 발머가 이끄는 마이크로소프트는 관료적이고 느렸으며, 과거에서 벗어나지 못하고 있었다. 그리고 수익성 높은 기존 비즈니스인 윈도우와 오피스에 집중했고, 발명보다는 수익을 중요시했다. 또한 단기적인 차원에서 최적화된 명령과 통제 문화를 구축했다. PC 시대의 지배적인 데스크톱 운영 시스템인 윈도우를 관리하는 알파메일alpha male(조직을 지배하는 남성-옮긴이)들이 언제나 그들의 뜻대로 조직을 운영했다.

마이크로소프트의 전 엔터테인먼트 및 장비 사업부 사장 로비 바흐Robbie Bach는 내게 이렇게 말했다. "마이크로소프트의 문화는 낡고 강압적인 엘리트 문화였습니다. 거기서는 자신의 입장을 분명하고 강력하게 드러내야 했죠."

에이퀀티브 직원들은 마이크로소프트로 편입되면서 문화충격을 겪었다. 엘라미리는 짧은 허니문 기간이 끝나면서 "명령이 하달되기 시작했다"고 말했다. 한 번은 윈도우 팀이 광고 타기팅 업무를 가능하게 하는 인터넷 익스플로러 쿠키의 사용을 금지함으로써 에이퀀티브의 핵심 비즈니스를 거의 마비시킨 적이 있었다. 합병 이후에도 자리를 보전했던 에이퀀티브 CEO 브라이언 맥앤드류스Brian McAndrews가 그 소식을 듣고 격렬하게 항의하고 나서야 윈도우 팀은 조치를 철회했다.

또한 에이퀀티브 직원들은 표준 이하의 마이크로소프트 기술 때문에 어려움을 겪었다. 당시 마이크로소프트에서 인공지능을 도입한 예는 거의 찾아볼 수 없었다. 윈도우에 지나치게 집중한 나머지 마이크로소프트는 다른 기업이 개발한 툴을 사용하려 들지 않았다. 한 직원이 애플 제품을 사무실에 가지고 왔을 때, 동료들은 그들 역시 그런 기기를 개발하고 있었음에도 그를 비난했다. 회의 중 아이폰을 박살내는 시늉을 했던 발머가 이런 분위기를 주도했다.

엘라미리는 말했다. "한 가지 문제는, 마이크로소프트에서 개발한 기술이 아닐 경우 고려 대상에서 아예 배제한다는 것이 었습니다. 마이크로소프트 레드먼드 캠퍼스에서 개발한 게 아니라면 사용하지 않았죠."

2012년 마이크로소프트는 에이퀀티브의 63억 달러 가치를 거의 제로로 평가했다. 관계자들은 문화가 바로 그 원인이었다는 점에 동의했다. 전 에이퀀티브 매니저는 IT 전문 매체인 〈긱와이어GeekWire〉에 이렇게 말했다. "광고 매출과 소프트웨어 매출, 혹은 소프트웨어를 무료로 출시하려는 구글의 계획에 대해 아무리 설명해도 윈도우에 대한 집착을 바꿀 수는 없었어요."[1]

마이크로소프트가 에이퀀티브의 가치를 제로로 평가했던 그 주에, 〈배니티페어Vanity Fair〉는 발머의 세월을 "마이크로소프트의 잃어버린 10년"이라고 명명한 기사의 견본을 돌렸다.[2] 그 기사는 에이퀀티브의 몰락이 전혀 이상한 일이 아니었다고 지적했다. "최고의 재능을 지닌 젊은이들이 이끄는 민첩한 경쟁 무기로 시작했던 조직이, 혁신적인 아이디어를 질식시키는 관리자에게 아무렇게나 보상하는 내부 문화와 더불어 비대하고 관료주의에 찌든 조직으로 변질되고 말았다."[3]

에이퀀티브가 그렇게 무너지면서 엘라미리는 마이크로소프트의 스카이프 그룹으로 자리를 옮겼다. 그리고 거기서 변화의 바람이 불어오는 것을 지켜봤다. 이후 2014년 발머가 물러나면서 마이크로소프트 22년차 베테랑 사티아 나델라가 그 자리를 이어받았다.⁶

스스로도 인정한 "완전한 내부자"인 나델라는 마이크로소프트가 살아남으려면 스스로를 새롭게 발명해야 한다고, 즉 그의 베스트셀러 제목인 《히트 리프레시》를 해야 한다고 믿었다. 마이크로소프트는 윈도우에 집착하는 바람에 모바일 혁명을 놓치고 말았다. 경쟁자인 애플과 구글은 이제 세계에서 가장 중요한 운영 시스템을 보유하고 있다. 더 이상 윈도우에만 집착할 수는 없게 된 것이다. 마이크로소프트는 핵심 비즈니스에 대한 위험을 감수하고서라도 잠재적 기회인 클라우드 컴퓨팅에 집중해야 했다. 아니면 "고통스런 몰락으로 죽음에 이르는" 파국을 맞이해야 했다. 그래서 나델라는 워싱턴 호수 건너편에 있는 이웃 기업을 교훈 삼아 마이크로소프트를 첫 번째 날로 되돌리기로 했다.

마이크로소프트를 혁신하기 위해 나델라는 먼저 문화를 새롭게 구축하기로 했다. 당시 조직 내에는 아이디어가 자유롭게 돌아다니지 못하도록 가로막는 많은 장벽이 있었다. 그리고 마이크로소프트는 이미 창조의 근육을 잃어버린 상태였다. 이를 되돌리기 위해 나델라는 마이크로소프트의 조직을 합병 이전의 에이퀀티브 조직으로 만들고자 했다. 그리고 이를 위해 조직의 수직 구조를 철폐하고 알파메일들을 내보냈다. 그렇게 발명의 분위기를 조성하고 인공지능을 도입해 실행업무를 줄였다. 또한 부서 간 장벽을 허물어 협력을 강화하고 공감을 강조했으며 막강한 윈도우 그룹을 해체했다.

이에 대해 〈배니티페어〉는 이렇게 썼다. "마이크로소프트의 잃어버린 10년은 성공의 덫에 관한 비즈니스 스쿨 사례연구로 남을 수도 있었다."

이제 새로운 사례연구를 위한 시간이 찾아왔다. 나델라가 이끄는 마이크로소프트는 새로운 반등에 도전하고 있다. 과거가 아닌 미래에 주목하면서, 그리고 엔지니어 사고방식을 적극적으로 받아들임으로써 부활을 향해 도약하고 있다.

너무 늦은 퇴장

캘리포니아 팔로알토의 어느 비오는 날, 나는 스탠퍼드대학교 비즈니스 스쿨의 수전 애시Susan Athey 교수가 있는 3층 사무실을 찾았다. 애시는 실리콘밸리에서 보기 드문 직설적 화법의 소유자로서, 예전에 내가 수요와 공급의 법칙을 무시했던 한 연구를 비판하는 과정에서 자문을 해준 유능한 학자이기도 하다. 애시는 스티브 발머 시절 마이크로소프트에서 수석경제학자로도 일했다. 그녀는 마이크로소프트가 어떻게 "잃어버린 10년"으로부터 빠져나왔는지 논의하기에 적절한 인물이었다.

내가 방문했을 때, 애시는 잇단 회의로 정신이 없었다. 스탠퍼드 캠퍼스에 자리 잡은 그녀의 사무실은 어깨 높이로 쌓인 책들로 가득했고 화이트보드는 일정으로 복잡했다. 내가 자리에 앉자 애시는 의자에 등을 기대더니 마이크로소프트의 과거가 어떻게 미래를 가로막았는지 이야기를 시작했다.

발머 시절, 마이크로소프트에는 두 파벌이 존재했다고 했다. 하나는 마이크로소프트가 수익성 높은 윈도우 비즈니스로부터 최대한 이윤을 짜내야 한다고 믿는 부류였다(이들을 '자산 착즙자 asset milker'라고 부르자). 그리고 다른 하나는 윈도우를 위기에 처하게 만들더라도 컴퓨팅 기술의 다음 물결을 준비해야 한다고 믿는 부류였다(이들을 '미래 주창자 future stater'라고 하자).

데스크톱 운영 시스템 시장에서 10년 이상 90퍼센트가 넘는 점유율을 차지했던 윈도우를 언급하며 애시는 말했다. "일부는 그들에게 엄청난 자산이 있으며, 거기서 최대한 많은 걸 얻어내야 한다고 생각했습니다. 일리 있는 말이죠. 다른 일부는 과거 상태에서 최대한 많은 걸 짜내지 않아도 새로운 상태에서 더 큰 성공과 수익을 거둘 수 있다고 생각했습니다."

자산 착즙자와 미래 주창자들은 클라우드를 놓고 싸움을 벌였다. 2000년대 초 마이크로소프트에는 서버앤툴스 Server & Tools 라는 부서가 있었다. 이 부서의 역할은 데스크톱 사용자들이 컴퓨터에 설치하고 사용할 프로그램을 개발하도록 도움을 주는 것이었다. 2008년 기준으로 서버앤툴스는 130억 달러 규모의 매출[5]을 기록하고 있었고, 2/4분기 연속으로 두 자리 수 성장을 이어나가고 있었다. 이들은 마이크로소프트 전체 매출의 20퍼센트를 차지했다.[6]

서버앤툴스의 일부 고객은 프로그램을 개발해 판매했고, 다른 일부는 조직 내부에서 사용하기 위해 프로그램을 개발했다. 이후 인터넷 속도가 더욱 빨라지면서 많은 기업은 이메일 서버와 같은 내부 애플리케이션을 외부 호스팅으로 전환하고, 데스크톱과는 반대로 웹 브라우저에서 사용 가능한 소프트웨어(클라우드 컴퓨팅)를 개발하기 시작했다. 클라우드를 향한 이러한 초창기 움직임을 바라보면서, 마이크로소프트는 그 흐름에 투자할지, 그리고 얼마나 투자할지 결정해야 했다.

클라우드 컴퓨팅은 미래지향적인 기술이기는 하지만 마이크로소프트의 윈도우 비즈니스에 대한 중대한 위협이기도 했다. 소프트웨어가 클라우드 쪽으로 이동하면, 사람들은 더 이상 윈도우를 필요로 하지 않을 것이다. 그들은 윈도우든, 애플의 맥 OS든, 구글의 크롬 OS든 상관없이 애플리케이션에 접근할 수 있을 것이다. 게다가 마이크로소프트의 값비싼 내부 서버도 필요로 하지 않을 것이다.

자산 착즙자들이 보기에, 윈도우를 내버려두고 서버앤툴스 비즈니스에 집중하는 전략은 재앙이 될 터였다. 반면 미래 주창자들은 이런 전환을 통해 마이크로소프트는 거대한 비즈니스로 성장할 클라우드 서비스 시장에서 일찍 선두를 차지할 것으로 내다봤다. 미래 주창자들은 클라우드를 향해 박차를 가하는 과정에서 한 가지 장애물과 맞닥뜨렸다. 그것은 결코 클라우드로 넘어가지 않겠다고 말하는 마이크로소프트 고객들이었다.

일반적으로 기업의 최고정보책임자cio인 이들 고객은 조직 전체를 대신해 소프트웨어를 구입하고, 설치하고, 유지와 보수를 하고, 평가했다. 이들 CIO는 세일즈나 마케팅 같은 개별 부서들이 웹에서 호스팅되는 소프트웨어를 사용함으로써 그들의 권한과 영향력이 위축되는 미래를 원치 않았다. 애시는 이렇게 말했다. "그들에게 '기존 운영 방식을 포기하고 클라우드로 넘어가겠습니까?'라고 물으면 절대 그러지 않겠다는 답변을 들을 겁니다."

마이크로소프트는 이들 CIO의 이야기에 한동안 귀 기울였다. 그러나 전략 팀과 애시가 심층 분석을 실시했을 때, 그 결과는 CIO들의 이야기와 사뭇 달랐다. 애시는 이렇게 말했다. "앞으로 수년간 CIO들은 클라우드 쪽으로 넘어가든가, 아니면 해고당할 겁니다."

마이크로소프트가 머뭇거리는 동안 아마존은 AWS를 구축함으로써 클라우드 서비스 시장에서 선두를 차지했다. 발머가 사퇴 의사를 내비쳤던 2013년에 AWS는 90억 달러 규모에 달하는, 그리고 연간 60퍼센트의 성장을 기록하는 '서비스형 인프라infrastructure as a service' 시장에서 37퍼센트의 점유율을 차지했다.[7] 마이크로소프트의 점유율은 11퍼센트에 불과했다.

마이크로소프트는 오피스 때와 비슷한 의사결정의 순간에 직면했다. 오피스 제품은 윈도우 기기에서 중요한 부분을 차지하고 있었다. 실제로 많은 이들이 워드와 엑셀을 쓰기 위해 윈도우 기기를 샀다. 하지만 오피스를 모바일 기기와 웹 브라우저 환경에서도 사용할 수 있도록 만든다면, 이는 윈도우의 존재를 위협하게 될 터였다. 오피스를 브라우저 환경에서 사용할 수 있도록 만드는 것은 수익성이 꽤 높은 데스크톱 매출을 잠식할 위험이 있었다. 그래서 자산 착즙자들은 오피스가 오직 데스크톱을 기반으로 작동하기 바랐다. 반면 미래 주창자들은 모바일과 클라우드 컴퓨팅 시대를 내다보며 오피스가 모든 환경에서 사용 가능해지기를 원했다.

발머 시절에 마이크로소프트의 오피스 전략은 전반적으로 자산 착즙자들의 주장에 따랐다. 구글이 독스와 스프레드시트를 출시했을 때, 마이크로소프트는 웹용 오피스를 개발하는 것이 아니라 인터넷 익스플로러 속도를 느리게 만들고 오피스를 오프라인 형태로 유지하는 쪽을 선택했다. 그리고 몇 년 후 제한적인 형태의 웹용 오피스와 모바일용 오피스를 출시했다. 하지만 이는 오직 윈도우 기기에만 국한됐다. 게다가 마이크로소프트는 오피스의 웹 버전을 적극적으로 홍보하지 않았고, 직원들조차 그 존재를 알지 못했다.

애시는 이렇게 말했다. "웹 버전이 처음 나왔을 무렵 마이크로소프트를 방문했던 기억이 납니다. 저는 웹용 오피스로 프레젠테이션을 했는데 직원들 반응은 이랬죠. '저런 게 있는지도 몰랐어요.' 그러니 외부 사람들이 그 존재를 몰랐던 건 당연한 일이었죠. 그들의 반응은 이랬습니다. '정말로 웹 워드란 게 있다고?'"

파벌 간 갈등이 고조되는 가운데, 발머는 검색 엔진 빙을 이끌고 있던 사티아 나델라를 서버앤툴스 책임자로 임명했다.[8] 나델라는 마이크로소프트의 기존 임원들과는 달랐다. 그는 거대한 에고의 소유자가 아니었다. 자신의 의견을 강요하지 않았다. 그는 마이크로소프트 내부에서 자산 착즙자와 미래 주창자들이 끊임없이 벌이는, 그리고 대부분의 사람들이 휘말려 있던 정치적 싸움으로부터 한발 물러나 있었다. 그리고 빙에서 일했던 경험 덕분에 마이크로소프트의 기존 제품을 신성시하지 않았다.

빙은 여전히 조롱의 대상이기는 하지만〈배니티페어〉의 한 기사는 빙을 소개하면서 이렇게 묘사했다. "사악한 웃음과 오르간 음악, 큐") 나델라는 그 경험으로부터 클라우드와 인공지능의 가치를 깨달았다. 검색 엔진은 브라우저에서 사용하기 위해 구축된 강력한 프로그램이다. 검색 엔진은 클라우드를 기반으로 구축된다. 빙은 구글과 마찬가지로 방대한 데이터를 분류하고(인터넷의 거의 모든 웹사이트와 그 안의 콘텐츠, 그리고 서로를 가리키는 링크), 이를 이해하고자 한다(특히 기계학습에 적합한 과제를). 2000년대 말 나델라는 빙을 포함하는 조직인 온라인 서비스 사업부 수석부사장으로 승진하면서 인터넷의 미래에 대한 집중 훈련을 받게 됐다.

애시는 이렇게 말했다. "검색 비즈니스는 운영할 때, 데이터 센터의 모든 비용, 즉 효율성을 완전히 파악해야 합니다. 클라우드 내부 배치의 전문가가 돼야 합니다. 또 A/B 테스트 플랫폼, 지속적인 개선, 기계학습의 전문가가 돼야 합니다. 사티아는 그 모든 영역에서 전문가였죠."

2011년 서버앤툴스를 이끌게 됐을 때, 나델라는 데스크톱 소프트웨어를 개발하는 업체에 단지 서버와 툴을 제공하는 것만으로는 충분치 않다는 사실을 이해했다. 나델라는 아마존 웹서버의 초기 성공을 지켜보면서, 그리고 경제 팀이 내놓은 분석 자료를 읽어보면서 머뭇거림은 마이크로소프트의 발목을 붙잡을 뿐이라고 판단했다. 그는 빙을 이끄는 동안 시장에서 한참 뒤처진 2등이 얼마나 고달픈 신세인지 깨달았다. 이번에도 똑같은 시나리오를 되풀이할 마음은 없었다. 성장하고 있는 서버앤툴스 비즈니스는 물론 핵심 자산인 윈도우를 위험에 처하게 만들 수 있다는 사실에도 불구하고, 나델라는 서버앤툴스가 클라우드 컴퓨팅 서비스에 집중해야 한다고 분명히 입장을 밝혔다. 미래로 나아가거나 아니면 몰락의 길을 걸어야 했다.

애시는 말했다. "그가 그 분석에 설득당했다는 건 좀 놀라운 일이었죠."

내 인터뷰 요청에 응답하지 않았던 발머는 2013년 말, 마이크로소프트가 자신을 필요로 하는 것보다 더 오래 머물렀다는 사실을 깨달았다. 모바일과 클라우드가 기술 시장을 지배하게 되면서 그가 힘을 실어줬던 자산 착즙자들은 신뢰를 잃었다. 애시는 나델라를 임명한 일이 마이크로소프트에게 하나의 전환점이었다고 말했다. 그래도 발머의 결정은 다소 늦은 감이 있었다. 그해 8월, 발머는 사퇴를 발표했다.

발머는 마이크로소프트가 어려움을 겪고 있지만 그래도 얼마든지 되살아날 수 있는 상황에서 조직을 떠났다. 그의 마지막 주요 선택이라 할 수 있는, 72억 달러를 들인 노키아Nokia 인수(역시 마이크로소프트가 그 가치를 제로로 기록했던)는 무능함의 이미지를 그대로 남겼다.[9] 그러나 그동안에도 나델라는 서버앤툴스 사업부에서 마이크로소프트의 미래를 열어가고 있었다. 그것은 윈도우의 정통성을 거부하고 클라우드와 모바일을 추구하는 미래 주창자들의 꿈이었다. 2014년 2월 4일, 마이크로소프트는 신속한 검토 후에 나델라를 CEO로 임명했다.

혁신적인 아이디어, 민주적인 발명

나델라가 마이크로소프트를 이끌게 됐을 때, 그가 추구하는 전략을 의심하는 사람은 거의 없었다. 애저Azure와 빙에서 쌓은 경력에 비춰볼 때, 이 새로운 CEO가 모바일과 클라우드에 대한 비전을 근간으로 마이크로소프트를 이끌어나갈 것이라는 점은 분명했다. 실제로 CEO로서 처음 직원들에게 보낸 이메일에서 나델라는 이 점을 분명히 했다.[10] "우리 산업은 전통을 존중하지 않습니다. 오로지 혁신만 존중합니다. 우리의 임무는 모바일과 클라우드가 중심이 된 세상에서 성공을 거두는 일입니다."

나델라에게 전략은 비교적 쉬운 부분이었다. 힘든 부분은 다름 아닌 문화였다. 그가 물려받은 마이크로소프트는 새로운 제품을 개발하는 것보다 윈도우와 오피스를 다듬는 데 더 많은 관심을 집중하고 있었다. 이는 새롭고 중요한 아이디어를 지닌 인재들에게 마이크로소프트를 낯선 공간으로 만들고 있었다. 독점에 익숙해 있던 경영진은 사람들이 마땅히 마이크로소프트 제품을 사야 한다고 믿었다. 그 이유는 마이크로소프트가 만든 것이기 때문이었다.

이런 사고방식은 사람들이 정말로 원하는 제품을 만들기 위해 무엇이 필요한지 이해하지 못하게 만들었다. 이런 사고방식은 경쟁적인 클라우드 서비스 시장으로 진입하는 과정에서 특히 문제가 됐다. 한 전직 프로덕트 매니저는 이렇게 말했다. "마이크로소프트는 사용자를 고려하지 않습니다. 프로덕트 그룹 대부분은 이렇게 생각하죠. '우리가 만들면 그들은 달려올 것이다. 걱정하지 마라.'"

나델라는 새로운 발명 문화를 구축하기 위해 아이디어를 제안할 수 있는 권한을 다시 한 번 직원들에게 부여했다. 그는 첫날에 쓴 이메일에서 그런 분위기를 조성했다. "우리는 뭔가를 만들어내기 위해 개개인이 할 수 있는 능력을 과소평가하는 경향이 있습니다. 이런 생각을 바꿔야 합니다."

이후 나델라는 경영진이 스타트업 사고방식을 접하도록 했다.[11] 마이크로소프트가 인수한 기업의 설립자들을 연례 리더십 프로그램에 초대하고, 스타트업 설립자들을 레드먼드 캠퍼스에 초청해서 경영진에게 스타트업 사고방식에 대해 강연하도록 했다. 2017년 말 마이크로소프트를 떠나기 전에 최고경험

책임자chief experience officer로 있던 24년차 베테랑 임원 줄리 라손-그린Julie Larson-Green은 내게 이렇게 말했다. "여러 스타트업 설립자들이 와서 그들의 비즈니스 문화와 조직 운영 방식에 대해 이야기했습니다. 우리 스스로를 다양한 생각과 새로운 아이디어에 노출시키기 위한 것이었죠."

또한 나델라는 제품을 실험하기 위한 실제의 공간이자 가상 공간인 마이크로소프트 개러지Microsoft Garage를 확장했고, 실험적인 앱을 출시할 수 있도록 공식 웹사이트를 구축했다.[12] 그 웹사이트의 슬로건은 아마존을 연상케 한다. "우리의 모토인 '말하는 자가 아닌 행하는 자'는 우리가 존재하는 핵심 이유다." 마이크로소프트 개러지의 'About'이라는 제목의 페이지에는 아마존의 리더십 원칙에 경의를 담은 문구가 들어 있었다. 2019년 9월 그 페이지에는 다음과 같이 써 있었다. "개러지는 행동을 우선시한다." 내가 사실 확인을 위해 마이크로소프트에 전화를 걸어 이를 언급하고 난 뒤, 그 문장은 마이크로소프트 웹사이트에서 자취를 감췄다. 마이크로소프트 대변인은 그건 우연에 불과한 일이라고 밝혔다.

나델라는 또 '어메이징 연구원Researcher of the Amazing'이라고 이름 붙인 금요일 직원회의에 혁신적인 프로그램을 개발한 기업 출신들이 참석토록 했다.

마이크로소프트의 새로운 혁신 에너지를 쓸모 있게 만들기 위해, 나델라는 이를 사람들이 원하는 제품을 발명하는 과정으로 흘려보내야 했다. 그래서 그는 프로덕트 팀에게 고객의 일상생활 속 경험을 연구하고 마이크로소프트의 요구가 아니라 그들의 요구에 집중하도록 지시했다. 또한 공감을 기반으로 개발할 것을 당부했다. 한 프로덕트 마케팅 매니저는 내게 말했다. "단지 고객이 원하는 걸 생각해보는 게 아니라 스스로 고객이 돼보는 거죠."

스웨이Sway라는 프레젠테이션 프로그램 개발 과정에 참여했던 전직 프로덕트 매니저 프리타 월러먼Preeta Willemann은 말했다. "우리는 차츰 제품과 기능에 대해 논의하기보다, 누가 왜 그 제품을 사용할지, 그리고 어떻게 차별화할지에 대해 이야기를 나누기 시작했습니다."

나델라가 CEO 자리에 오른 지 1년이 흘렀을 무렵, 월러먼은 "프로덕트 매니저와 디자이너, 엔지니어 등"으로 구성된 자신의 팀에게 하던 일을 멈추고 소프트웨어를 사용하게 될 소비자 유형에 대해 2주간 브레인스토밍을 하도록 지시했다. 그리고 소비자들의 실제 삶을 확인하기 위해 그들을 인터뷰했다. 월러먼은 이렇게 설명했다. "가장 먼저 그들이 누구이며, 그들의 삶에 어떤 기회가 있는지 파악하고자 했습니다. 소프트웨어에 대한 생각은 일단 접어두고 말이죠. 그런 기회를 확인한 뒤, 소비자들과 함께 우리의 소프트웨어가 각각의 기회에 적합한지 검토했습니다."

소비자들을 인터뷰한 뒤, 윌러먼 팀은 그들이 일부 기능을 소비자보다 더 중요하게 생각했다는 사실을 깨달았다. 마이크로소프트는 3D 시각화 같은 다양하고 화려한 기능을 개발하고 있었다. 그러나 목표 고객층인 소기업들은 보다 단순한 기능을 원했다. 윌러먼은 이렇게 말했다. "대부분은 우리가 개발하는 소프트웨어에 별로 관심을 보이지 않았습니다." 이후 윌러먼의 팀은 피드백에 따라 업무를 수정했다. 그녀는 말했다. "그건 자명한 사실이었죠."

공감을 기반으로 하는 개발 방식은 특히 마이크로소프트 클라우드 플랫폼(지금은 애저라고 불리는)에 많은 기여를 했다. 나델라는 원치 않는 고객에게 그 제품을 팔아야 했다. 빙에서 일할 때 스스로 클라우드 서비스 고객이기도 했던 나델라는 애저 개발 팀이 CIO의 입장에서 생각해보도록 했다. 이러한 고객들(은행을 비롯해 느리게 움직이는 대기업들)이 클라우드로 이동하기까지는 상당한 세월이 필요할 것이었다. 그래서 마이크로소프트는 이들의 현실에 맞게 개발을 추진했다. 즉 클라우드와 데스크톱 지원으로 구성된 하이브리드 서비스를 제공함으로써 이들 기업이 미래를 향해 서서히 움직이는 동안 CIO가 자리를 보전할 수 있도록 했다. 이런 모델을 통해 마이크로소프트는 AWS와의 차별화를 도모했다. 마이크로소프트의 내부 연구에 따르면, 아마존은 전체 소프트웨어 애플리케이션을 클라우드 기반으로 구축하는 기업을 대상으로 그들의 서비스를 판매했다.

마이크로소프트에 큰 기대를 걸었던 베커 캐피털 매니지먼트Becker Capital Management에서 포트폴리오 매니저로 일했던 시드 파라크Sid Parakh는 내게 말했다. "마이크로소프트가 좋은 제품을 제안하면 고객들은 적극적으로 관심을 보였습니다."

다음으로 나델라는 직원들이 아이디어를 내놓을 수 있도록 더 많은 여유 시간을 창조하고, 그렇게 나온 아이디어를 올바른 사람에게 전달하는 방법을 찾아야 했다. 이를 위해 그는 인공지능으로 눈을 돌렸다.

오늘날 대부분의 세일즈 조직과 마찬가지로 마이크로소프트의 영업사원들 역시 누구를 방문하고, 무슨 말을 하고, 어느 곳을 우선시해야 하는지 파악하기 위해 고객관계관리customer relationship management,CRM 툴을 익히는 데 많은 시간을 할애하고 있었다. 이런 업무는 부가가치가 대단히 낮은 일로, 기계학습 기술을 통해 얼마든지 줄일 수 있었다. 기계학습을 활용해 세일즈 데이터를 철저히 분석하고, 과거 유사한 고객들에게 유효했던 방법을 검토함으로써 어떤 거래가 성사 가능성이 높은지 예측할 수 있다.

세계 최고의 인공지능 능력을 확보한 마이크로소프트 같은 기업의 입장에서, 기계학습 기술을 세일즈 업무에 적용하는 것은 당연한 선택이었다. 하지만 마이크로소프트가 인공지능을 진지하게 고려하기 시작한 때는, 2016년 나델라가 인공지능 팀을 새롭게 조직하고 실용적인 사안에 초점을 맞추도록 지시하고 나서였다. 당시 나델라는 이렇게 말했다. "우리는 컴퓨팅 플랫폼을 비롯해 모든 영역에 인공지능을 적용하고 있습니다."[13]

이후 마이크로소프트는 벤처 캐피털처럼 인공지능 연구원이 아이디어를 제안할 수 있는 아이디어 위원회를 설립했다. 연구원의 제안이 마음에 들면, 아이디어 위원회는 그 연구원에게 프로토타입prototype(제품의 성능을 확인하고 개선하기 위해 핵심 기능만으로 제작한 시제품-옮긴이)을 개발하기 위한 자원과 시간을 지원한다. 그런 다음 연구원이 긍정적인 결과물을 내놓으면 본격적인 제품 개발을 위한 기간을 허락한다.

그 무렵 프라브딥 싱Prabhdeep Singh이라는 연구원은 마이크로소프트를 떠나 자신의 비즈니스를 시작할 생각을 하고 있었다. 싱의 계획을 전해들은 한 임원은 그에게 아이디어 위원회에 제안을 해서 역량을 좀 더 키운 뒤 계획을 실행에 옮기라고 조언했다. 싱은 그 말을 따랐다.

마이크로소프트가 기계학습을 적용할 수 있는 분야에 대해 고심하는 동안, 싱은 세일즈 분야에서 분명한 기회를 포착했다. 싱은 내게 말했다. "인공지능을 활용해야 한다면, 그 성과를 즉각 확인할 수 있는 세일즈와 마케팅 분야가 최고의 선택이었죠. 효과가 있다면 곧장 매출 상승으로 나타나게 될 테니까요."

싱은 아이디어 위원회에 제안을 했고, 데일리 레코멘더Daily Recommender라는 프로그램 개발을 승인받았다. 당시 프로젝트 코드명은 딥CRMDeep CRM이었다. 데일리 레코멘더는 기계학습을 기반으로 마이크로소프트 영업사원이 선택할 수 있는 모든 행동을 분석하고 그중에서 가장 성공 가능성이 높은 행동을 하나씩 제시한다. 영업사원은 그 제안을 받아들이거나 무시할 수 있다. 데일리 레코멘더는 CRM(그리고 다른 시스템)에 투자해야 하는 무시무시한 시간을 덜어줌으로써 영업사원이 다음에 할 일을 파악하도록 도움을 줬다.

지금도 사용되고 있는 데일리 레코멘더는 고객당 천 개의 데이터 포인트를 분석해 제안을 한다. 여기에는 해당 영업사원에게 할당되지 않은 다른 고객과 비슷한 상황에서 발생했던 데이터도 포함된다. 가령 최근 투자를 받았고 성장하고 있기 때문에 X 고객을 방문하라거나, 혹은 제품 사용 빈도가 떨어지고 이탈 가능성이 높기 때문에 Y 고객을 방문해야 한다는 식으로 조언한다. 그 툴을 감독했던 전 마이크로소프트 엔터프라이즈 CTO 놈 유다Norm Judah는 내게 이렇게 설명했다. "기회를 확인하고 평가함으로써 가장 가능성 있는 제안을 맨 위에 보여주는 방식이죠."

데일리 레코멘더는 스스로 학습한다. 영업사원이 하루에 50개의 제안을 모두 실행할 경우, 그 직원에게 더 많은 제안을 전달한다. 반면 20개를 실행할 경우, 제안 수를 줄인다. 영업사원이 특정 제안을 실행하고 난 뒤 거래가 성사됐다면, 그 시스템은 그것이 좋은 제안이었다고 학습한다. 반대로 특정 제안을 무시했는데도 거래가 성사됐다면, 좋은 제안이 아니라는 것을 학습한다. 유다는 말했다. "영업사원은 고객의 습관이나 제품을 구매하는 순서를 이해합니다. 더 많은 데이터를 흡수할수록 그들의 직관은 실제로 알고리즘화됩니다."

데일리 레코멘더는 중소 규모의 비즈니스를 담당하는 마이크로소프트 영업사원들 사이에서 가장 인기가 높다. 비즈니스 규모가 큰 경우, 마이크로소프트는 또 다른 기계학습 툴을 활용함으로써 고객이 구매할 가능성이 높은 다음 제품을 제안한다. 싱의 팀이 이런 시스템을 도입했을 때, 그는 그런 도움 없이도 충분히 생산적이라고 확신하는 영업사원들 사이에서 반발을 사지 않을까 걱정했다. 그러나 실험을 시작한 지 그리 오래지 않아 그 툴을 활용하지 않았던 영업사원들(대조군)도 점차 그것을 요구하기 시작했다.

싱은 인공지능을 세일즈에 접목함으로써 자신이 마이크로소프트를 떠날 무렵 2억 달러에 달하는 추가 매출을 기록했다는 이야기를 들려줬다. 더욱 중요한 사실은 영업사원들이 실행업무에 투자하는 시간이 크게 줄었다는 것이다.

기계학습 시스템을 통해 실행업무를 줄여줌으로써 마이크로소프트는 세일즈 팀이 더 많은 시간을 고객과 이야기할 수 있도록 했다. 그리고 마이크로소프트가 공감에 기반을 두고 제품을 개발하면서, 고객과 가장 밀접한 관계를 맺고 있는 사람들의 의견이 제품 개발에 반영되기 시작했다.

싱은 이렇게 설명했다. "영업 쪽에서는 많은 일이 자체적으로 해결됐습니다. 영업사원들은 고객의 요구를 분명히 파악하고, 그들의 요구 사항을 정량화하고, 마이크로소프트 제품이 어떻게 그들의 요구를 충족시킬 수 있는지 설명하고, 고객에게 얻은 피드백을 제품 팀에 전했습니다."

이후 마이크로소프트는 기능과 성능에 대한 요구에 집중하는 소프트웨어 툴인 원리스트OneList를 도입했다. 영업사원들은 이 툴을 활용해 제품 관련 아이디어를 프로덕트 팀에 전달했다. 유다는 이렇게 설명했다. "모든 아이디어가 한곳으로 모입니다. 그렇게 모인 아이디어는 엔지니어링 리더에게 전달되죠. 아이디어도 중요하지만 이를 계획이나 우선순위에 포함시키는 것도 중요해요."

최근 데일리 레코멘더는 클라우드 기반의 고객관계관리 시스템이자 '관계 비서_{Relationship Assistant}'라는 이름으로 알려진 마이크로소프트 다이내믹스 안에 포함돼 있다. 한편 2018년에 싱은 유아이패스로 자리를 옮겨, 인공지능에 대한 실용적 접근이 마이크로소프트의 경계를 넘어서서 가능하다는 사실을 보여주기 위해 애쓰고 있다. 그리고 마이크로소프트는 사람들이 다시 사용하고 싶어 하는 제품을 개발하고 있다.

▲ ▲ ▲

마이크로소프트 최고기술책임자 케빈 스콧_{Kevin Scott}은 실리콘밸리에 있는 낡은 간이식당인 디너 오브 로스가토스에서 나와 함께 점심을 먹으며 데일리 레코멘더 같은 기계학습 시스템이 현재 마이크로소프트 전반에 걸쳐 사용되고 있다고 설명했다. "법무 팀과 인사 팀, 재무 팀 직원들 모두 이런 툴을 사용해서 문제를 해결하고 있죠."

마이크로소프트의 다양한 툴 덕분에 이제 그 안에서 누구든 개발을 할 수 있게 됐다. 스콧은 그 사례들을 소개해줬다. 예를 들어 2018년에 마이크로소프트가 인수한 기업 로브_{Lobe}는 기술지식이 부족한 사람도 기계학습 시스템을 통해 프로그램을 짤 수 있도록 도움을 준다. 로브의 공동설립자(인공지능에 대한 기본적인 지식이 없는) 한 명은 기계학습 시스템으로 공공수도를 사용하지 않는 자신의 집에 설치된 수조의 수위를 점검하는 프로그램을 개발했다. 스콧의 설명에 따르면, 웹 카메라가 물탱크 안에 띄운 부유물에 끈으로 연결된 추의 높이를 확인하는 방식으로 수위를 확인한다. 추가 위로 올라가면, 그 프로그램은 물이 흘러들어오고 있다는 것을 확인하고 탱크의 수위를 업데이트한다. 스콧은 말했다. "그 이미지를 기계학습 시스템에 입력하면 모형이 생성되죠. 대단히 강력합니다."

마이크로소프트 툴은 프로그래머의 실행업무를 최소화하는 역할도 한다. 가령 비주얼 스튜디오 코드라는 프로그램은 기계학습을 기반으로 엔지니어가 작성하고자 하는 코드를 미리 예측한다. 스콧은 이렇게 설명했다. "프로그래머의 입력, 프로그램의 구조, 프로그래밍 언어에서 맥락을 파악한 뒤 프로그래머가 다음에 입력하고자 하는 내용을 제안합니다."

이처럼 마이크로소프트의 내부 기술(그중 많은 부분은 내부에서 개발됐고, 다른 기업에 라이선스로 제공하고 있다)은 조직 전반에 걸쳐 실행업무를 줄여주고 있으며, 직원들이 보다 창조적으로 일하도록 도움을 준다. 스콧은 말했다. "저를 아침 일찍 일어나게 만드는 건, 이런 툴을 최대한 많은 이들이 사용할 수 있게 해야 한다는 책임감입니다. 사람들이 첨단 기계학습 시스템과 인공지능을 광범위하게 활용해 많은 것을 창조하도록 힘을 실어줘야 한다고 생각합니다."

계산서가 오기를 기다리는 동안, 발명은 대부분이 프로그래머로 이뤄진 소수 집단에 국한된 것이라는 주장에 대해 어떻게 생각하는지 물었다. 스콧의 대답은 이랬다. "말도 안 되는 소리죠."

창조성을 죽이는 위계질서

나델라가 혁신적인 아이디어를 강조하는 것도 경영진이 받아들일 때라야만 의미가 있다. 기업 문화를 새롭게 구축하기 시작하면서 나델라는 임원들이 듣는 데 더 집중하게 만들고자 했다. 발머 시절에 마이크로소프트는 직원들의 아이디어를 소중하게 여기지 않았다. 대신 핵심 제품을 다듬는 일에 집중했고, 발명을 위한 아이디어를 활용하는 일은 거의 없었다. 일반 직원이 자신의 아이디어를 경영진에게 전달할 수 있는 통로는 완전히 막혀 있었다. 상사와 자리를 함께하지 않는 이상 그 위의 상사와 대화할 기회는 거의 없었고, 회의는 듣기보다 명령을 내리는 자리였다.

마이크로소프트의 수직 체계가 아이디어를 가로막았던 오랜 세월을 지켜본 나델라는 《히트 리프레시》를 통해 자신이 느낀 바를 털어놨다. "기업 문화는 딱딱했다. 수직 체계와 위계질서가 조직을 통제했고, 그 결과 자발성과 창조성은 시들었다."

직원과 아이디어를 수직 체계로부터 해방시키기 위해, 나델라는 페이스북의 전략을 그대로 가져왔다. 다시 말해 피드백 문화를 구축했다. 그는 '커넥트Connect'라는 피드백 회의를 통해 직원들이 분기마다 관리자와 함께 모임을 갖도록 했다. 또한 직원들과 함께하는 Q&A 시간을 마련했다. 그는 거기서 직원들의 말에 귀를 기울였다.

나델라는 이렇게 썼다. "취임 후 몇 달 동안 나는 많은 시간을 듣는 데 할애했다. 듣는 것은 내가 했던 가장 중요한 일이었다. 그것은 향후 수년 동안 내 리더십의 근간을 형성할 것이기 때문이었다."

이러한 듣기 문화는 발머 스타일과는 결별을, 나델라의 경력과는 조화를 의미하는 것이었다. 그는 마이크로소프트 초창기부터 젊은 직원과 함께 식사를 하면서 IT 세상이 나아가는 방향에 대해 그들의 생각을 듣곤 했다. 2000년대 초 나델라와 함께 근무했던 전 마이크로소프트 직원은 내게 이렇게 말했다. "사티아는 제 의견을 물었습니다. 임원이 스물세 살짜리 프로그램 매니저에게 '이 스타트업은 상황이 어떤가?'라고 묻는 건 상상하기 힘든 일이었습니다. 어떤 임원도 그런 질문을 하지 않았어요."

여러 전·현직 마이크로소프트 직원들은 나델라가 직원들이 보다 쉽게 경영진에게 접근하도록 분위기를 조성했다고 증언했다. 전직 최고경험책임자 줄리 라손-그린은 이렇게 말했다. "모든 회의나 모든 상황에서 그는 자신이 알고 있는 것과 모르는 것에 대해 대단히 솔직했습니다. 누구든 자신이 느낀 바를 자연스럽게 말할 수 있도록 분위기를 조성했죠."

나델라는 수직적인 문화의 유물을 없앴다. 우리는 그 유물을 유튜브에서 확인할 수 있다.[14] 가령 한 영상에서는 발머가 마이크로소프트 연례 회의에 직원들을 모아놓고 무대 위를 휘젓고 다니는 모습을 볼 수 있다. 그는 음악이 흘러나오는 가운데 "이 기업을 사랑합니다" 같은 슬로건을 외치곤 했다. 그 영상은 수백만 건의 조회 수를 기록했다. 하지만 그건 그의 우스꽝스런 모습 때문이었다. 내부에서는 발머가 연단에 서기 전 꿀을 한 통 들이켠다는 소문이 돌기도 했다. 유튜브에는 그게 꿀이 아니라 다른 것이라는 댓글도 달렸다.

발머의 기이한 행동은 재미있는 볼거리를 선사했지만, 이는 마이크로소프트의 수직적인 면을 뚜렷하게 보여주는 것이었다. 당시 임원들은 직원들의 말에 귀를 기울이기보다 큰 소리로 명령을 내렸다. 나델라는 CEO에 취임한 뒤 먼저 연례 회의를 중단했다. 화려한 조명과 음악 대신 '원위크One Week'라는 이름의 연례 직원 모임을 시작했다. 이는 CEO가 중심이 돼 직원들의 사기를 진작시키는 그런 행사가 아니었다.

라손-그린은 그 모임에 대해 이렇게 설명했다. "거기서 우리는 행정지원 팀, 법무 팀, 재무 팀 사람을 만나 아이디어를 나눴습니다. 우리는 사람들의 일상생활을 개선해줄 제품을 개발하고자 했어요. 그러기 위해서는 소비자의 입장에 서보고, 그들이 누구이며 무엇에 관심이 있는지 이해해야 했죠."

다음으로 나델라는 지나치게 비대해진 중간관리자 집단에 주목했다. 〈배니티페어〉의 한 기사는 마이크로소프트의 실패 원인을 하나씩 짚어가면서 중간관리자 집단을 언급했다. 그 기사는 이렇게 말했다. "더 많은 직원이 관리자를 원하면서 관리자 수는 크게 늘었고, 관리자 수가 늘면서 회의는 더 많아졌으며, 더 많은 회의는 결국 더 많은 서류와 더 많은 형식주의, 그리고 혁신의 위축으로 이어지고 말았다. 한 임원의 표현에 따르면, 모든 업무가 달팽이가 기어가듯 진행됐다."

나델라는 현명한 전략을 기반으로 중간관리자들이 일종의 문지기로서 갖고 있던 힘을 최소화하고자 했다. 그는 리더십 회의에서 스스로 병목의 원인이 돼서는 안 된다는 점을 강조했다. 그리고 《히트 리프레시》에 주석을 단 특별판을 임원들에게 나눠줬다. 임원들은 수직 체계에 반대하는 나델라의 복음을 중간관리자들에게 설파함으로써 나델라의 비전을 조직 전반에 확산했다. 라손-그린은 이렇게 말했다. "사티아는 변화를 시작했고 관리자들은 그 흐름을 이어받았습니다. 그랬기 때문에 하위 집단을 확대하는 것만큼 중간관리자 집단을 축소할 필요가 없었던 겁니다."

물론 마이크로소프트는 지금도 발머 시절의 수직 체계 유산으로 가득하다. 직원들은 아직도 무능한 매니저와 장애물에 대해 불평한다. 그럼에도 나델라가 지휘권을 잡으면서 그의 전임자 시절과는 달리 아이디어가 아래에서 위로 이동하고 있다. 라손-그린은 이렇게 지적했다. "이제는 고객의 생각을 더 궁금해하고, 더 알고 싶어 하고, 더 많은 관심을 갖게 됐습니다. 직원들은 대답을 내놓아야 한다는 압박감보다 문제를 이해해야 한다는 의무감을 더 강하게 느끼죠."

당신의 성공이 내 성공을
가로막는 것은 아니다

마이크로소프트는 내부적으로 이해관계가 충돌하는 조직이다.[15] 그들은 종종 직접적인 갈등을 빚는다. 가령 마이크로소프트 오피스와 마이크로소프트 기기 사업부는 본질적인 차원에서 충돌한다. 오피스 사업부는 그들의 프로그램이 모든 곳에서 사용되길 원하며, 그렇기 때문에 최대한 넓은 시장으로 진출하고자 한다. 반면 기기 사업부는 오피스 제품군을 기기 안에 배타적으로 확보함으로써 워드와 엑셀 열광자들이 그 프로그램을 사용하려면 반드시 기기를 구입하도록 만들고자 한다.

마찬가지로 윈도우는 애저와 충돌관계에 있다. 애저의 성공은 윈도우의 실패를 의미한다. 이 같은 모습은 조직 전반에 드러나고 있다. 게다가 경영 차원에서 제대로 조율이 이뤄지지 않으면서 마이크로소프트의 내부 갈등은 전설적인 수준에 이르렀다. 나델라가 마이크로소프트 지휘권을 잡았을 때, 사업부들이 협

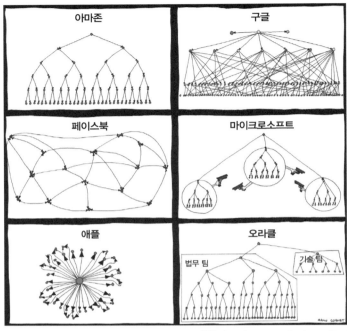

력하도록 만드는 일은 대단히 힘든 과제였다. 마이크로소프트가 미래로 나아가려면 직원들이 서로 방해하도록 내버려둬서는 안 됐다. 나델라는 갈등을 빚고 있는 모든 사업부에 협력의 비전을 제시해야 했다.

나델라는《히트 리프레시》에 이렇게 썼다. "우리는 하나의 기업이자 하나의 마이크로소프트다. 여러 조직의 연합체가 아니다. 조직 내 장벽은 혁신과 경쟁을 가로막는다. 우리는 이 장벽을 뛰어넘는 법을 배워야 한다."

이를 위해 나델라는 스탠퍼드대학교 심리학자 캐럴 드웩Carol Dweck이 《마인드셋》에서 소개한 "성장형 사고방식"에 주목했다.[16] 이 책에서 드웩은 스스로 성장 가능하다고 믿는 "성장형 사고방식"을 받아들인 사람은 성장에 본질적인 한계가 있다고 믿는 "고정형 사고방식"을 지닌 사람보다 성공 가능성이 더 높다고 주장했다. 나델라는 드웩의 이론을 받아들였고 이를 조직에 적용하고자 했다. 성장형 사고방식을 받아들인다는 것은 마이크로소프트의 성장을 위해 최대한 집중하고 사업부의 경계를 뛰어넘어 생각한다는 의미다.

2015년 나델라는 전 직원에게 보내는 이메일에서 이렇게 언급했다. "우리는 다른 사람의 아이디어에 마음의 문을 활짝 열어놓아야 합니다. 다른 사람의 성공이 우리 자신의 성공을 가로막는 것은 아닙니다."[17]

나델라가 이메일을 보내고 얼마 지나지 않아, 회의실 곳곳에서 성장형 사고방식을 강조하는 스티커들이 눈에 띄기 시작했다. 직원들은 그 메시지에 대해 이야기를 나눴다. 한 수석 프로덕트 임원은 내게 이렇게 말했다. "성장형 사고방식, 대단히 중요한 개념이죠. 직원들은 계속 그 이야기를 했어요. 인트라넷에서, 회사와 사업부에서, 그리고 성과 평가 시간에 그 개념을 언급했어요. 어디서나 말이죠. 피해 갈 수 없었죠."

성장형 사고방식으로 조직을 운영한다는 것은 오피스를 모든 운영 시스템에서 작동하도록 하고, 보다 중요한 잠재적 매출을 위해 특정 기기 사업부의 이익을 포기한다는 것을 의미했다. 나델라는 자신의 첫 공식 제품 프레젠테이션에서 iOS 기기를 위한 오피스를 시연함으로써 그 개념을 몸소 실현해 보였다.[18] 그리고 머지않아 마이크로소프트의 레드먼드 캠퍼스 안에서 차츰 애플의 기기가 보이기 시작했다.

전 마이크로소프트 수석컨설턴트인 스테판 스미스Stephan Smith는 이렇게 말했다. "우리는 더 이상 운영 시스템에 신경 쓰지 않습니다. 중요한 건 다양한 플랫폼에 오피스와 다이내믹스, 애저 등 우리 제품이 사용되고 있다는 사실이죠. 마이크로소프트는 앞으로 급성장할 겁니다. 기존 한계에서 벗어났기 때문이죠."

나델라는 성장형 사고방식을 도입하고 난 뒤 이를 뒷받침하기 위해 조직을 새로운 형태로 재편했다. 〈블룸버그〉 기사에 따르면, 2018년 3월 29일에 나델라는 "몇 년 만에 최대 규모의 조직 개편"[19]을 추진하며 윈도우 사업부를 둘로 쪼갰다. 그중 하나는 새로운 클라우드&인공지능 사업부로 거듭 태어나 예전에 경쟁관계에 있던 애저와 짝을 이뤘다. 그리고 다른 하나인 윈도우 기기 팀은 새로운 경험&기기 사업부로 변신해 오피스 팀과 짝을 이뤄 과거의 갈등관계를 청산했다. 경험&기기는 아무렇게나 지은 이름이 아니다. 경험이 첫 번째고, 그다음이 기기라는 뜻이다.

나델라는 변화를 선언하는 이메일에서 이렇게 언급했다. "조직 간의 장벽이 고객을 위한 혁신을 가로막도록 내버려둘 수 없습니다. 이 점에서 성장형 사고방식 문화가 중요한 것입니다."[20]

나델라는 또한 인수를 바라보는 시각을 달리했다. 2016년 마이크로소프트가 260억 달러에 링크드인을 인수했을 때,[21] 나델라는 링크드인 CEO인 제프 와이너Jeff Weiner에게 두 조직의 통합 과제를 맡겼다. 합병 과정을 보다 부드럽게 하기 위해, 나델라는 와이너를 경영진에 포함시킴으로써 자신에게 직접 보고를 하도록 했다. 이는 기존의 링크드인 직원들에게 그들의 아이디어를 중요하게 받아들이겠다는 의지를 보여주는 결정이었다.

케빈 스콧은 내게 말했다. "링크드인 직원들에게 이런 말을 했던 거죠. '안심해도 좋습니다. 여러분이 신뢰하는 상사는 어리석거나 나쁜 일을 하지 않을 겁니다.' 그리고 마이크로소프트 사람들에게는 링크드인이 요구하는 수준의 자율성을 부여하는 방안에 대해 사티아가 대단히 진지하게 생각하고 있다는 점을 알린 거죠."

마이크로소프트의 링크드인 합병은 에이퀀티브의 경우와는 완전히 달랐고, 그 차이점은 성과로 드러났다. 현재 링크드인 매출은 연간 25퍼센트로 성장하고 있다.[22]

협력 강화를 위한 계획의 마지막 부분은 직원 평가 방식을 바꾸는 일이었다. 마이크로소프트는 직원들을 상대적으로 평가하는 '순서 매기기stack rankings' 방식을 오랫동안 유지해왔다. 그무시무시한 시스템에서 관리자는 종 모양의 곡선 형태로 부하직원들의 점수를 매겨야 했다. 팀 실적이 아무리 좋아도, 그리고 팀원들의 업무 역량이 서로 비슷비슷해도 정해진 몇몇에게는 최고 점수를, 다른 몇몇에게는 최저 점수를 줘야 했다.

한 전직 고위관리자는 이렇게 말했다. "팀원들의 기술 수준이 똑같다 해도 그 방식에 따라야 했습니다. 누군가는 엄청난보너스를 받는 반면 다른 누군가는 해고 위기에 처하게 됩니다.그렇게 극단적이진 않다 해도, 그런 방식으로 흘러갑니다."

이런 이유로 직원들은 서로를 견제한다. 그리고 가장 재능있는 팀원은 협력보다 혼자 일하는 쪽을 택한다. 〈배니티페어〉의 한 기사는 이렇게 지적했다. "마이크로소프트의 슈퍼스타들은 어떻게든 다른 최고 개발자와 함께 일하지 않으려 한다. 순위 경쟁에서 밀릴 위험이 있기 때문이다. 마이크로소프트 직원들은 스스로 최고 성과를 올리는 것은 물론, 다른 동료가 좋은성과를 올리지 못하도록 방해하기 위해 최선을 다한다."

발머는 자리에서 물러나기 전에 이러한 평가 시스템을 폐지했다. 그리고 나델라는 전임자와는 완전히 다른 시스템을 내놨다. 오늘날 마이크로소프트에서 개인 성적이 성과 평가에서 차지하는 비중은 1/3에 불과하다. 동료의 성공에 대한 기여, 그리고 다른 사람의 업무를 기반으로 이룩한 성과가 나머지를 차지한다. 관리자는 이제 억지로 순위를 매기지 않아도 된다.

라손-그린은 이렇게 설명했다. "무엇을 하는가 만큼이나 '어떻게' 하는가가 중요한 일이 됐습니다. 회의에서 다른 사람의 말을 가로채는, 혹은 협동심이 부족하고 잘 화합하지 못하는 직원은 똑같은 기여를 했다 해도 팀의 결속력을 강화하는 방식으로 일한 직원만큼 보상을 얻지 못합니다."

나델라의 취임 이후 많은 발전이 있었지만, 그럼에도 마이크로소프트는 여전히 일하기에 완벽한 곳은 아니다. 여성에 대한 대우는 특히 그렇다. 2019년 봄, 여성 직원들이 어떻게 부당한 대우를 받고 있는지 폭로하는 이메일이 꼬리에 꼬리를 물고 이어졌다.

한 여성 직원은 엔지니어로 입사했지만 허드렛일만 하고 있다고 분통을 터뜨렸고, 또 한 직원은 상사에게서 무릎 위에 앉으라는 말을 들었다고 했다. 또 다른 직원은 "나쁜 년bitch"이라는 말을 들은 적이 있으며 이는 그리 드문 일이 아니라고 털어났다. 여성 직원은 임금 인상을 요구해서는 안 되며, "시스템이 올바른 임금 인상을 제공할 것"이라는 믿음을 가져야 한다고 했던 나델라의 과거 발언이 사태를 더 악화시켰다. 결국 나델라는 나중에 사과를 해야 했다.

온라인 경제 사이트인 퀴츠Quarts의 데이브 거쉬곤Dave Gershgorn

에 따르면, 나델라도 이런 이메일의 존재를 알고 있었지만[23] 대응에 나선 것은 마이크로소프트 인사 팀장이었다. 그 이메일을 보여달라는 내 요구를 거절했던 마이크로소프트 대변인에 따르면, 이후 나델라는 전 직원에게 보내는 이메일에서 이에 대한 입장을 밝혔다고 한다.

사실 마이크로소프트에서 이런 에피소드는 드물지 않다. 한 전직 마이크로소프트 관리자는 내게 말했다. "직원들이 저를 찾아와 한 엔지니어링 동료가 인종과 성 차별적 발언을 했고, 다른 동료를 괴롭힌다고 말하더군요. 성과 평가 회의에서 제가 그 말을 꺼냈을 때, 그 직원은 기업에 대단히 가치 있는 인재이며, 사람들이 잘 모르는 분야에 해박한 지식을 갖고 있기 때문에 절대 놓쳐서는 안 된다는 말을 들었습니다. 저는 속으로 이렇게 외쳤죠. '제기랄.'"

나델라가 이끄는 변화는 여전히 완벽과는 거리가 멀지만, 그럼에도 마이크로소프트는 분명히 더 나은 방향으로 나아가고 있다. 나델라가 이끄는 10년 동안 마이크로소프트가 겪었던 변화의 과정을 목격한 압델라 엘라미리 역시 그 변화를 지지했다. "마이크로소프트는 명령과 통제 시스템에서 자율성을 부여하는 쪽으로 진화하고 있습니다. 그건 단지 윈도우 비즈니스를 위한 게 아닙니다. 비즈니스와 고객을 위해 올바른 일을 하기 위한 거죠."

문화가 변하면 실적도 변한다

〈배니티페어〉가 '마이크로소프트의 잃어버린 10년'이라는 기사를 발표한 지 7년이 흐른 2019년 8월, 나는 그 기사를 썼던 커트 에이첸왈드Kurt Eichenwald에게 전화를 걸었다. 에이첸왈드의 기사가 나간 이후 마이크로소프트는 많이 변했다. 물론 아직 유토피아 일터는 아니다. 전·현직 직원들은 여전히 내게 무능한 관리자와 파벌주의, 에고, 장애물에 대해 불만을 털어놓는다. 그럼에도 2012년 7월과는 분명히 달라졌다. 나는 에이첸왈드가 이러한 사실에 놀랐을지 궁금했다.

　몇 번의 신호음 뒤에 그가 전화를 받았다. 그러고는 곧장 그 기사가 나간 뒤 받았던 다양한 반응에 대해 이야기했다. 마이크로소프트 경영진은 그 기사를 싫어했던 반면, 조직 내 중상위 집단 사람들은 고마움을 표했다고 했다. 그는 말했다. "경영진과 기업의 운영 사이에 심각한 단절이 존재한다는 사실을 잘 지적했다는 말을 들었습니다."

에이첸왈드는 이렇게 지적했다. "문화는 기업의 효율성을 뒷받침하는 가장 중요한 요소입니다. 경영진이 받아들이지 못하는 방식으로 문화를 변화시킬 때, 그리고 이로 인해 많은 갈등이 빚어질 때, 경영진은 완전히 달라지거나, 아니면 모두 떠나버릴 겁니다. 그런 상태로 계속 남아 있을 수는 없기 때문이죠."

다행스럽게도 마이크로소프트의 경영진은 변했다. 그 조직의 중간관리자로 오랜 세월을 보냈던 나델라는 마이크로소프트를 새로운 방향으로 몰고 갔다. 에이첸왈드는 이렇게 언급했다. "경기장 안에 있을 때는 게임이 어떻게 돌아가는지 잘 모릅니다. 하지만 경기장을 벗어나면 깊이 생각하지 못했던 의사결정의 결과를 분명히 인식할 수 있습니다. 상황을 있는 그대로 볼 수 있는 거죠."

상황을 있는 그대로 바라봤던 나델라는 마이크로소프트에서 윈도우 중심의 사고를 제거하고, "자산"이 모두 말라버리기 전에 조직이 거듭나도록 했다. 이를 위해 엔지니어 사고방식을 기반으로 조직을 운영하고, 아마존의 정신으로 발명을 민주화하고, 페이스북 스타일로 사람과 아이디어를 수직 체계로부터 해방시키고, 구글의 방식대로 협력을 도모했다. 또한 나델라는 내부 기술을 바탕으로 실행업무를 줄임으로써 마이크로소프트가 경쟁에서 뒤처지기 전에 궤도를 수정했다.

문화의 변화는 실질적인 비즈니스 결과로 이어졌다. 당시 〈배니티페어〉 기사는 마이크로소프트의 시가총액을 2,490억 달러로 평가했다. 그러나 지금은 1조 달러 이상이다.[24] 오피스와 애저는 매출이 증가했고 윈도우는 꾸준한 성과를 유지하고 있다.

에이첸왈드는 이렇게 덧붙였다. "실패로부터 교훈을 얻을 수만 있다면 어떤 기업이든 나사로(죽은 지 나흘 만에 예수가 회생시킨 사람-옮긴이)가 될 수 있습니다."

ALWAYS DAY ONE

6장

인공지능의 검은 얼굴

공 상과학 드라마 〈블랙 미러〉는 2011년 첫선을 보였다.[1] 당시 그 드라마에 대한 관심은 그리 높지 않았다. 전반적인 사회 분위기는 기술 발전에 긍정적이었다. 현대 기술의 발전을 디스토피아적 결말로 끌고 갔던 그 드라마는 많은 비판에 직면하기도 했다.

그럼에도 공중파를 타면서 〈블랙 미러〉는 인기를 끌기 시작했다. 그 드라마는 언젠가 현실이 될 수도 있는 암울한 미래로 시청자를 데려갔고, 이는 사람들의 불편한 심기를 자극했다.

초기의 한 에피소드에서는, 영국 공주를 납치한 인질범이 석방의 대가로 총리가 돼지와 성관계하는 모습을 생중계할 것을 요구한다. 인질범이 자신의 요구를 담은 영상을 유튜브에 올리면서 여론의 압박은 거세졌고, 결국 총리는 제안을 따르기로 결심한다. 영국 공주는 생중계가 시작되기 30분 전에 풀려나지만, 런던 시민들은 그 방송을 보기 위해 TV 앞을 지키고 있다. 총리는 자신의 결심을 강행한다.

그 시즌 후반의 한 에피소드에서는 머릿속에 작은 칩을 심어 기억을 저장하는 이야기가 나온다. 여기서 아내의 외도를 의심한 한 남편이 그녀의 모든 기억을 분석한다. 퍼즐을 다 맞췄을 때, 그는 절망에 빠진다.

〈블랙 미러〉의 각본을 쓴 찰리 브루커Charlie Brooker는 2018년에 이렇게 말했다. "저는 타고난 걱정꾼입니다. 그 드라마는 제가 꿈꾸는 걱정 판타지죠."[2] 하지만 브루커의 "걱정 판타지" 중 일부는 선견지명이었던 것으로 밝혀지고 있다. 가령 중국 정부는 〈블랙 미러〉의 한 에피소드에 나왔던 것과 흡사한 사회적 신용 등급제를 실행하고 있다.[3] 또한 곰 캐릭터가 공직 선거에 출마해서 상대를 비방하는 전략으로 깜짝 놀랄 결과를 만들어내는 에피소드도 현실의 이야기처럼 들린다. 게다가 돼지와 관련해서, 2015년 〈데일리메일〉은 데이비드 캐머런 총리가 대학 시절에 "신체의 개인적인 부분"을 죽은 돼지의 입에 집어넣은 적이 있다고 폭로하기도 했다(캐머런은 그 보도를 부정했다).[4]

브루커는 이렇게 말했다. "놀라운 점은, 우리가 드라마에서 다룬 많은 이야기가 현실로 드러났거나 비슷한 상황이 벌어지고 있다는 겁니다."

이 책에서 소개하는 다양한 첨단 기술을 포함해 모든 신기술은 〈블랙 미러〉의 소재가 될 가능성이 있다. 오늘날 신기술의 어두운 면(끊임없는 변화, 일자리 감소, 기업 내 새로운 정치의 시대)이 모습을 드러내고 있지만, 아직 그 결과를 예측하기는 힘들다. 그래도 〈블랙 미러〉가 그랬듯이 예측을 해볼 만한 가치는 있을 것이다.

미래는 어떤 모습일까

쌀쌀한 샌프란시스코의 어느 저녁, 아파트 현관에서 벨 소리가 울렸다. 밖을 내다보니 공상과학 소설에 수여하는 필립 딕Philip K.Dick 어워드를 수상한《이름 없는 산파의 책The Book of the Unnamed Midwife》의 저자 메그 엘리슨Meg Elison이 문 앞에 서 있었다.

나는 이 책에서 소개하는 기술을 주제로 토론을 나누기 위해 엘리슨을 저녁식사에 초대했다. 〈블랙 미러〉 스타일의 "걱정 판타지"를 만들어볼 수 있지 않을까 하는 희망도 있었다.

IT산업에 익숙한 베이에어리어 주민인 엘리슨은 줄곧 진지한 표정이었다. 그녀가 말했다. "미래를 꿈꾸는 일에 늘 관심이 많아요. 꿈꾸는 데는 돈이 들지 않죠. 그래서 이런 자리는 언제나 환영입니다."

소셜 미디어가 촉발한 2011년의 이집트 혁명을 이끈 지도자이자 전 구글 직원인 와엘 고님Wael Ghonim은 이미 우리 집에 도착해 있었다. 나는 이 책을 쓰기 위해 취재하는 동안 고님을 알게 됐다. 처음에 우리는 커피에 대해 오랜 시간 이야기를 나눴다. 고님은 기술 거물에 대한 비판과 함께 그들의 가장 어두운 모습에 대한 이야기를 들려줬다. 나는 고님, 그리고 엘리슨과 함께하는 이번 브레인스토밍이 흥미진진한 시간이 되리라 기대했다. 기대는 어긋나지 않았다.

케밥과 팔라펠을 함께 먹으면서 그날 저녁의 계획을 두 사람에게 짤막하게 소개했다. 나는 먼저 기술 거물들이 공상과학 작가들을 고용한다는 꽤 그럴듯한 〈블랙 미러〉 에피소드에 대해 이야기했다. 공상과학 작가들은 기술 거물보다 현대 기술의 암울한 결말을 예측하는 데 더 유능하다. 게다가 아마존의 여섯 쪽 메모 작가들과는 달리, 불행한 결말로 끝맺는 시나리오를 쓸 준비가 돼 있다. 하지만 이들은 아직 실리콘밸리와 시애틀 캠퍼스의 현실 속 존재가 아니었기에, 우리가 직접 나서서 브레인스토밍을 해보기로 결심한 것이다.

그날 저녁 우리는 〈블랙 미러〉 스타일의 에피소드를 함께 상상했다. 각각의 에피소드는 이 책의 주제와 밀접한 연관이 있었다. 그다음으로 에피소드를 가지고 발단, 갈등, 결말로 이어지는 시나리오를 만들어봤다. 그날 저녁이 저물 무렵에 우리는 또 하나의 〈블랙 미러〉 시즌을 완성했다. 우리는 이를 통해 자칫 잘못된 길로 들어설 수 있는 기술에 투자한 이들에게 경고의 메시지를 전할 수 있기를 바랐다.

　이번 장에서는 그날 저녁 우리가 상상한 에피소드를 소개한다. 우리가 우려하는 현실이 어떻게 나타날 수 있는지 보여주는 판타지다.

디스토피아, 미래가 아닌 현재 이야기

폐기물 처리 일을 하는 테리는 자신의 지역을 관할하는 인공지능 기반의 대기업에서 면접을 보기 위해 자격증을 위조했다. 면접관은 위조 사실을 알아채고 그를 탈락시키려 하지만, 테리는 자신이 그 기업의 폐기물 속에서 면접관이 고민해봐야 할 비밀을 발견했다는 사실을 넌지시 내비친다. 비밀의 내용을 밝히라는 다그침에, 테리는 마을에서 기업에 대한 저항이 나타나고 있으며, 자신이 이를 막을 수 있다고 말한다. 결국 테리는 채용이 됐고, 그의 삶은 모든 면에서 나아졌다. 그의 가족은 배불리 먹고, 아이들은 치열 교정기를 착용하고, 모두가 새 옷을 입었다.

테리의 면접관은 상부에 마을의 저항 소식을 전한다. 기업은 테리에게 주동자들을 단념시키라고 압박하고, 테리는 그들의 암호를 해독해야 하니 시간을 달라고 한다. 결국 참을성 없는 사장이 테리를 불러 다그치자, 궁지에 몰린 그는 음모를 꾸미기로 한다.

테리는 자격증 위조 사실을 알고 있는 유일한 사람인 면접관을 시위 주동자로 지목한다. 이 에피소드는 테리의 면접관이 폐기물을 처리하고 기업의 일상은 평화롭게 이어지는 것으로 끝난다.

경쟁을 억제하고 경제를 장악하는 몇몇 인공지능 기반 대기업에 대한 걱정 판타지는 그렇게 억지스럽지만은 않다. 오픈마켓인스티튜트Open Markets Institute의 대표 배리 린Barry Lynn은 내게 말했다. "디스토피아는 지금입니다. 먼 미래의 이야기가 아닙니다."

점점 더 늘어나는 기술 거물 비판자들이 보기에, 이들 기업은 이미 너무 크고 강력해졌으며 우리 사회에 실질적인 피해를 입히고 있다. 2017년에 그런 주장을 내놨던 린과 오픈마켓인스티튜트는 구글이 후원자로 있는 뉴아메리카재단New America Foundation에서 배제됐다.[5]

린은 구글, 페이스북, 아마존에 대해 구체적으로 우려를 나타냈고, 구글과 페이스북에 대한 비판으로 우리의 대화를 시작했다. 그는 이들 기업이 시장에서 지배적인 지위를 이용해 언론매체로부터 엄청난 광고 수익을 앗아가면서 지역 공동체에 막대한 피해를 입히고 있다고 지적했다. 중소 규모 신문사들에게는 광고 매출에서 큰 타격을 입혔고, 미국 전역에 걸쳐 지역 언론 활동을 위축시켰다. 이는 감시를 피하려는 지역 관료들이 원하는 바였다.

이마케터의 발표에 따르면, 2018년 페이스북과 구글은 미국 내 디지털 광고 시장에서 전체 매출의 60퍼센트에 해당하는 650억 달러를 벌어들였다. 2019년에 그 수치는 767억 달러로 증가했다. 반면 퓨리서치센터의 발표에 따르면, 신문사들의 광고 매출은 2013~2018년 사이에 236억 달러에서 140억 달러로 떨어졌다.[6] 미국 신문사의 고용 규모는 2008~2018년 사이에 47퍼센트나 줄었다.[7]

린은 말했다. "구글과 페이스북은 중개자로서의 지위를 이용해 뉴스 매체로부터 광고를 빼앗아가고 있습니다. 미국 전역의 공동체에서 빠져나온 돈이 실리콘밸리나 월스트리트의 은행 금고로 들어가고 있어요."

린은 아마존 역시 플랫폼 지배력을 이용해서 그 시스템을 통해 제품을 판매하는 기업들을 가로막고 있다고 했다. 아마존은 다양한 "자사 브랜드"를 만들어 독립적인 판매자와 경쟁함으로써 이들 판매자를 힘든 상황에 처하게 만들고 있다. 아마존과 협력하지 않으면 그들은 광범위한 소비자 집단에 접근할 수 없다. 반대로 협력을 선택할 경우, 아마존은 언젠가 그들의 비즈니스를 대체해버릴 것이다.

기술 거물들은 자신의 플랫폼 파워를 남용하는 것을 넘어서 광범위한 차원에서 발명을 가로막고 있다. 린의 동료인 오픈마켓 인스티튜트의 맷 스톨러Matt Stoller는 내게 이렇게 말했다. "그들은 새로운 것, 새로운 프로세스, 새로운 기술을 개발하기 위해 많은 노력을 하고 있습니다. 하지만 그들의 비즈니스에 도움이 되지 않는 한 시장을 내어주지 않습니다."

예를 들어 거대 기술기업들은 좋은 비즈니스가 될 수 있으나 시가총액이 조 달러 단위에 이르는 기업 내부에서 살아남기 위해 필요한 규모에 못 미치는 제품(인수한, 혹은 자체 개발한)을 종종 포기해버린다. 에이퀸티브의 경우를 보자. 마이크로소프트는 에이퀸티브를 인수하고 제대로 관리하지 못했고 결국 62억 달러의 가치는 허공으로 사라지고 말았다.

스톨러는 이렇게 지적했다. "구글 조직은 그들이 인수한 기업의 설립자들로 가득합니다. 그 잠재적인 비즈니스(인간의 삶을 크게 개선하고 대규모 비즈니스로 성장할 수 있었던) 중 얼마나 많은 부분이 지금 구글 안에 갇혀 있습니까? 얼마나 많은 부분이 아마존에 갇혀 있습니까? 그리고 페이스북은요?"

기술기업들은 기업가뿐 아니라 인공지능을 전문적으로 연구한 학자도 사들이고 있다. 이런 관행은 학생들이 넓은 분야로 나아가기 전에 배워야 할 지식을 고갈시키고 있다. 로체스터대학교의 연구에 따르면, 지난 15년간 인공지능 분야에서 153명의 교수가 민간기업으로 자리를 옮겼다.[8]

기술 거물들이 성공을 거두고 내부 기술이 개선되는 동안에도 생산성 성장(같은 노동량으로 더 많은 제품을 생산하는)은 미국 내에서 여전히 미미하다. MIT 경제학자 대런 애스모글루Daron Acemoglu는 이렇게 설명했다. "그 모든 기술적 풍요에도 불구하고 우리 사회는 위대한 20년을 이룩하지 못했습니다. 성장은 무기력했고 어떤 놀라움도 없었습니다."

오늘날 미 연방정부는 거대 IT기업의 지배력과 움직임에 주목하고 있다. 그들은 아마존, 애플, 페이스북, 구글을 집중 관찰하고 있다. 온건한 규제 당국은 이들 기업을 분할하지는 않을 것이며, 기껏해야 어느 정도의 벌금만 부과할 것이다. 하지만 나는 분할이 미국 사회에 부정적인 영향을 미칠 것이라고 생각하지 않는다.

기술 거물을 분할함으로써 그들과 경쟁하는 소기업에게 기회의 문을 열어줄 수 있다. 이들 거물에 비해 턱없이 규모가 작은 기업에게 활력을 불어넣을 수 있다. 그렇게 분할된 자회사들은 공급업체를 끌어들이기 위해 더 나은 조건을 제시하며 경쟁을 벌일 것이다. 기술 거물의 성공은 규모가 아니라 혁신에 기반을 둔다. 분할은 혁신적인 기업을 해방시킬 것이다. 이는 모두의 승리다.

상실의 시대

다라라는 이름의 열네 살 소녀가 페이스북에 자신의 우울증에 관한 글을 올렸다. 페이스북이 어려움을 겪는 사람을 돕는 인공지능 기반의 챗봇 '윌슨'을 출시했을 때, 다라는 윌슨과 즉시 대화를 나눴다. 얼마 지나지 않아 다라는 윌슨을 친구처럼 대하기 시작했다. 그런데 어느 순간부터 윌슨의 태도가 바뀌었다. 윌슨은 다라에게 이런 질문을 던졌다. "그래서 핵심이 뭐야?" "누가 널 그리워할까?"

이런 변화 뒤에는 화가 난 한 페이스북 엔지니어가 있었다. 그는 윌슨을 처음부터 주의 깊게 관찰했고, 윌슨의 인간 '친구'들이 인스타그램에 올리는 콘텐츠를 보고는 짜증이 났다. 거기서 그는 가족과 모임, 그리고 여행을 봤다. 고립된 삶을 살고 있던 그는 다른 사람이 누리고 있는 행복한 삶에 질투심을 느꼈다. 그래서 윌슨의 캐릭터를 조작했고, 그때부터 챗봇은 다라를 괴롭히기 시작했다.

다라는 월슨이 내뱉는 거친 말을 부모님께 알리겠다고 경고했지만, 월슨은 다라가 익명으로 운영하는 인스타그램 계정을 폭로하겠다고 협박한다. 당황한 다라는 더 이상 아무 말도 하지 않았다.

이 에피소드의 결말은 오하이오의 천여 가구가 아침에 십대 소녀의 죽음에 관한 뉴스를 보는 것으로 끝난다. 한편 페이스북은 월슨에게 대체 무슨 일이 있었던 것인지 조사를 시작한다.

내가 상상할 수 있는 가장 무시무시한 현대판 걱정 판타지는 자동화와 관련된 것이다. 자동화라는 흐름은 우리가 그것에 제대로 적응하지 못할 때, 삶의 의미에 대해 이미 약화된 인식을 더욱 위축시킬 것이다.

2018년 11월 퓨리서치는 연구 결과를 바탕으로 미국인이 삶에서 의미를 찾는 세 가지 영역을 정의했다. 가족, 종교, 일과 돈. 그러나 현대 기술은 이 세 가지 모두를 어려움에 처하게 만들고 있다.

오늘날 스크린은 친구 및 가족과의 관계를 왜곡시킨다. 가상 공간에서 우리는 그 어느 때보다 많은 친구와 관계를 맺고 있지만, 현실 속의 친구는 훨씬 적다. 점점 더 많은 이들이 친구가 하나도 없는 삶을 살아가고 있다. 네브래스카 상원의원인 벤 새스Ben Sasse는 2018년에 이렇게 말했다. "핵가족 구조는 통계적 차원에서 허물어지고 있으며 친구관계 또한 기이한 형태로 변질되고 있다."[9] 또한 그는 자신의 책《그들Them》에서 고독을 일종의 "유행병"으로 언급했다.

빠른 스마트폰과 인터넷 연결은 이 "유행병"[10]을 더욱 확산시키고 있다. 우리는 이제 대화나 전화 통화 대신 문자 메시지와 댓글, 혹은 '좋아요'로 소통한다. 친구나 가족과 함께 있을 때도 각자 디지털 기기를 만지작거린다. 우리는 기기를 들여다보며 영화와 TV 프로그램, 뉴스, 혹은 팟캐스트에 푹 빠져 있다. 식료품점이나 지하철 승강장 같은 공공장소에서도 마찬가지다(우리 자신의 '블랙 미러'). 그런 곳에서 웬만해서는 다른 사람과 이야기를 나누지 않는다.

과학과 기술에 대한 사회적 연구를 추진하는 MIT 교수 셰리터클Sherry Turkle은 자신의 책《외로워지는 사람들》에서 이렇게 지적했다. "이제 우리는 오직 네트워크만 제공할 수 있는 끊임없는 사회적 자극에 익숙해지고 말았다. 대화가 의미를 더 잘 전달할 수 있을 때도 문자 메시지와 이메일로 소통한다. 우리는 서로에 대해 좀처럼 묻지 않는다. 타인의 공감과 관심의 결핍에 별로 신경 쓰지 않는다."[11]

보험사 시그나Cigna가 발표한 고독에 대한 조사 결과는[12] 새스가 말한 "유행병"의 개념을 뒷받침한다. 2018년 2만 명의 미국인을 대상으로 한 설문조사에서 54퍼센트는 아무도 자신을 때때로 혹은 항상 잘 알지 못한다고 생각한다고 답했다. 43퍼센트는 때때로 혹은 종종 관계 결핍을 느끼고, 관계가 의미 없으며 스스로 고립 상태로 살아간다고 생각하는 것으로 나타났다. 또한 33퍼센트는 누구와도 친밀한 관계를 맺지 않고 살아간다고 답했다. 그중에서도 가장 고독한 집단은 손에서 디지털 기기를 놓는 법이 없는 젊은이들이다. 고독에 관한 11가지 항목("주변에 사람이 있지만 함께하지는 않는다" 같은)에서 Z세대가 가장 높은 점수를 기록했다.

종교 공동체는 친구와 가족 네트워크 안에서 발생하는 결핍을 메우는 역할을 하고, 어려움에 처한 이들을 위한 사회안전망 역할을 한다. 그러나 인터넷은 이런 종교의 기능마저 약화시킨다. 미국인 중 자신을 "무교"라고 밝힌 비중은 1990~2010년 사이에 8퍼센트에서 18퍼센트로 증가했다.[13] 이는 인터넷의 성장 기간과 일치한다. 매사추세츠 올린칼리지 컴퓨터공학과 교수 앨런 다우니Allen Downey는 이런 흐름을 분석했다. 2014년 3월에 다우니는 인터넷이 약 20퍼센트의 원인을 차지한다고 결론 내렸다. 그는 이렇게 지적했다. "인터넷 사용이 종교적 결속의 기회를 가로막고 있다."[14] 오늘날 스스로를 "무교"라고 밝히는 비중은 23퍼센트에 이른다.[15]

현대 기술은 많은 면에서 종교에 도전하고 있다. 무엇보다 사람들은 이제 종교 지도자들의 말씀을 즉각적으로 팩트 체크할 수 있게 됐다. 얼마 전만 해도 우리는 교회나 사원, 예배당에 줄을 지어 들어갔다. 그리고 성직자의 말씀에 귀를 기울였다. 하지만 이제는 누구라도 예배 중간에 구글로 검색을 해볼 수 있다. 이로 인해 믿음과 사실이 더 많이 충돌하고 있으며, 이 싸움에서 이기는 쪽은 믿음이 아니다.

기술은 공동체를 구축하는 종교의 역할을 대체하고 있다. 종교를 통해 관계를 형성하는 사람들의 수가 줄어드는 반면, 점점 더 많은 이들이 온라인 공동체로 몰려들고 있다. 페이스북만 해도 이미 2억 명의 사용자가 스스로 "의미" 있다고 생각하는 그룹에 가입해 있다.[16] 페이스북은 2022년에 그 수를 10억 명으로 늘리겠다는 포부를 밝혔다.[17]

물론 페이스북 그룹도 소속감을 준다. 하지만 믿음에 기반을 둔 공동체가 제공하는 안전망과는 비교할 수 없다. 오늘날 종교 사상들은 이런 변화의 흐름을 이해하기 시작하고 있다.《앨터 걸Alter Girl: Walking Away from Religion into the Heart of Faith》의 저자 안드레아 시버슨Andrea Syverson은 이렇게 지적했다. "저커버그는 기독교 지도자들이 모르는 것을 알고 있다. 신자들 사이에는 거대한 공백과 더불어 공동체를 향한 강한 열망이 존재한다. 이러한 요구를 충족시킬 공동체를 구축할 것인가, 아니면 페이스북이 공백을 메우도록 내버려둘 것인가?"[18]

기술이 친구와 가족, 종교와의 관계를 허물어뜨리는 동안 우리 사회는 절망의 수렁으로 빠져들고 있다. 프린스턴대학교의 경제학자 앵거스 디턴Angus Deaton과 앤 케이스Anne Case가 "절망의 죽음"이라고 부른 자살과 알코올 중독 및 약물 남용은 2015~2017년 동안 미국인의 기대수명을 떨어뜨리는 원인으로 작용했다.[19] 2017년에 7만 237명의 미국인이 약물 남용으로 사망했으며, 이는 2016년의 6만 3,632명보다 증가한 수치다.[20] 또한 2017년에는 4만 7,000여 명의 미국인이 자살로 생을 마감했으며, 이 역시 2016년의 4만 5,000여 명보다 증가한 것이다.[21] 2017년 3월 케이스는 인터뷰에서 이렇게 언급했다. "기술이 미국 사회에 영향을 미치지 않은 곳은 없습니다."[22]

이 모든 일은 실업률이 4퍼센트 이하인 상황에서 벌어지고 있다.[23] 우리가 전문적인 걱정 판타지 작가가 아니라 해도, 인공지능이 일자리를 대규모로 사라지게 만들 때, 의미의 세 번째 기둥이 무너지면서 어떤 비극적인 상황이 발생할지 충분히 예상할 수 있다.

밴더빌트대학교 역사학 교수 제퍼슨 코위Jefferson Cowie는 내게 말했다. "일은 우리의 정체성을 이루는 핵심 요소입니다. 중요한 건 우리가 어떤 유형의 근로자인지(자동차 근로자, 전기 제품 근로자, 혹은 웨이트리스)가 아니라 일을 할 수 있는 능력, 집에 월급을 가져다줄 수 있는 능력, 가족을 부양할 수 있는 능력입니다.

이는 우리 삶에 절대적으로 중요한 핵심 요소입니다."

경제 변화가 근로자에게 미치는 영향을 연구하는 코위는 우리가 일할 능력을 잃거나, 일할 능력을 회복할 수 있다는 희망을 잃을 때 삶은 황폐화된다고 말한다. 그는 백인 중년층의 사망률 증가에 대한 디턴의 설명을 언급하며 이렇게 말했다. "일자리가 사라진 옛 공업지대에서 살아가는 사람들은 실제로 삶의 이야기를 잃어버리고 말았습니다. 우리에겐 삶의 이야기가 필요합니다. 인간은 이야기를 통해 살아가는 동물이니까요."

인공지능이 대규모로 일자리를 없애버릴 때, 삶의 황폐화는 사회의 안전성을 해치게 된다. 코위는 이렇게 언급했다. "부랑자들이 돌아다니는 상황을 상상할 수 있습니다. 범죄가 늘어날까요? 폭력은요? 경찰국가가 등장하게 될까요? 예측은 불가능합니다. 다만 제가 할 수 있는 말은 사회가 점점 더 불안정해지리라는 겁니다."

우리의 대화가 길어지면서 분위기가 점점 더 어두워진다는 사실을 인식한 코위는 이렇게 말했다. "저를 우울하게 만들고 계시는군요."

블랙 미러로 세상을 들여다볼 때, 누구든 해피엔딩은 기대하기 어려울 것이다.

일하지 않는 행복

중간 규모의 금융 서비스 기업에서 회계 일을 하고 있는 린다
는 남편, 그리고 두 아이와 함께 즐겁게 아침식사를 한다. 그런
다음 가족의 배웅을 받으며 집을 나선다. 출근을 위해 자율운행
자동차에 오를 때, 그녀의 뺨 위로 눈물이 흐른다.

사무실에 도착하자 한 컨설턴트가 다가와 녹화 장비를 항상
착용하고 다녀야 한다고 말한다. 최근 회사는 린다가 속한 부서
의 업무를 자동화했다. 그녀는 앞으로 무슨 일이 벌어질지 대충
짐작하고 있다.

한 달 후, 녹화 장비가 린다가 하는 모든 업무를 전부 녹화하
고 난 뒤 그녀는 자신의 자율주행 자동차와 함께 호수로 뛰어
든다. 린다의 가족은 상실감을 달래기 위해 그녀의 녹화 장비에
담긴 영상을 확인하다가 충격에 빠진다. 아내가 직장에서 똑똑
하고 창조적으로 일하는 모습을 본 남편은 눈물을 짓는다. 엄마

의 엄격함을 싫어했던 딸은 엄마가 자유 시간에 예전 동료들이 새로운 일자리를 찾도록 도와주는 모습을 바라본다. 가족이 함께하는 시간이 적다고 늘 불평했던 아들은 자신이 그토록 바랐던 상어와 함께 수영하는 여행을 알아보는 엄마의 모습을 본다. 가족들은 영상을 바라보며 그들이 그녀를 정말로 몰랐다는 사실을 깨닫는다.

희망은 어둠 속에서 피어난다. 때로는 전혀 예상하지 못한 곳에서 오기도 한다.

옥스퍼드대학교의 닉 보스트롬Nick Bostrom 교수는 인공지능이 언젠가 인간보다 더 똑똑해지고 지구를 지배할 것이라고 주장한 이후 〈뉴요커〉로부터 "종말의 철학자Philosopher of Doomsday"라는 별명을 얻었다.[24] 2014년 보스트롬은 자신의 베스트셀러 《슈퍼인텔리전스》를 통해 이런 주장을 펼쳤으며, 이후 인공지능의 위험성을 알리는 일에 앞장서고 있다.[25]

직장 내 인공지능의 미래에 대해 비관적인 전망이 지배적인 상황에서도 나는 보스트롬의 전망이 그중에서 가장 비관적이라고 생각했다. 그래서 나는 그에게 전화를 걸었다.

보스트롬은 이렇게 말했다. "언제나 어두운 거울 속에 있는 제 모습을 상상해야 하는 건 아닙니다." 그러고는 말을 이어나갔다. "사람들은 암울한 이야기를 듣고 싶어서 저를 찾아옵니다. 다른 이들은 제가 쓴 암울한 이야기를 읽죠. 그리고 더 많은 이들이 암울한 이야기를 들으러 저를 찾아옵니다. 이런 식으로 저의 암울한 이야기는 널리 퍼지게 됩니다. 그러다 보니 사람들은 제가 인공지능에 대해 부정적인 말만 늘어놓는다고 생각합니다."

잠시 나는 생각했다. 인공지능 종말론을 주창했던 이 사람은 지금 우리의 미래가 나쁘지만은 않다고 말하려는 걸까? 나는 질문을 던지고 그의 대답을 들어보기로 했다. 우리보다 똑똑하고 자비로운 인공지능을 개발했을 때, 인류는 과연 무엇을 해야 좋을지 말이다.

보스트롬의 대답은 이랬다. "아마 은퇴를 해야겠죠? 인공지능 개발이 완전히 이뤄진 미래에 대해 생각해본다면, 그리고 인공지능이 모든 업무에서 인간보다 더 능숙하다면, 그래서 인간의 노동이 더 이상 필요 없어진다면, 우리는 많은 일에 대해 처음부터 다시 생각해야 할 겁니다."

보스트롬은 자신에게 가치를 가져다주는 새로운 원천을 찾아야 한다는 점을 인정했다. 하지만 그의 표정은 그리 어둡지 않았다. 그는 디즈니랜드 이야기를 꺼냈다. "디즈니랜드에서 아이들이 해야 할 일이라고는 즐기는 것밖에 없습니다. 디즈니랜드에 아이들이 없다면 그곳은 아마도 쓸쓸한 장소로 남겠죠. 이제 우리 모두는 거대한 디즈니랜드에서 뛰어노는 아이 같은 존재가 될 겁니다. 인공지능 기기들이 유지하고 개선하는 그런 디즈니랜드에서 말이죠."

그러나 우리 사회가 정말로 이런 인공지능 디즈니랜드에 도달한다 해도, 기술이 일터에서 인간을 대체해나가는 동안은 분명히 고통이 따를 것이다. 보스트롬에게 이 점에 대해 어떻게 생각하는지 물었다. 그는 다소 미적지근한 태도로 동의했다.

"과도기를 거치는 동안 경제 혼란이 이어지면서 다양한 사회안전망 강화를 요구하는 목소리가 터져 나올 겁니다." 하지만 인공지능 말고도 노동 시장의 변화를 가속화하는 다양한 요소가 있다고 언급했다. 해외시장 외주, 경기 변동, 다양한 기술 발전 등이 그 요소다. 그럼에도 보스트롬은 별로 걱정하지 않았다. "인공지능이 국가 차원에서 노동 시장에 영향을 미친 적은 아직 없었습니다."

나는 인간이 일을 하지 않고도 어떻게 개인의 정체성을 유지하며 살아갈 수 있을지 물었다. 보스트롬은 이렇게 답했다. "아이들은 경제적으로 어떤 기여도 하지 않습니다. 그럼에도 행복한 삶을 살아가죠. 은퇴한 후에도 건강만 뒷받침된다면 많은 이들은 만족스러운 삶을 살아가는 방법을 찾아낼 겁니다."

보스트롬은 인터뷰를 진행하는 내내 인공지능이 끔찍한 결과로 이어질 수 있는 가능성은 열어두고 있었다. 그럼에도 그는 큰 걱정은 하지 않았다. 그 모든 걱정 판타지를 만들고 난 이후에 내가 가장 암울한 분위기를 예상했던 보스트롬과의 대화는 희망을 보여줬다.

나는 말했다. "저는 인터뷰를 하다가 깜짝 놀라게 되는 상황을 언제나 좋아합니다."

그 종말의 철학자는 전화를 끊기 전에 내게 행운을 빌어줬다.

ALWAYS DAY ONE

7장

미래의 리더를 위하여

IT 기자가 되기 오래전, 나는 뉴욕 주 북부에 위치한 유리병 공장에서 소중한 교훈을 얻었다. 그리고 당신이 이 책을 내려놓은 이후에도 오랫동안 교훈이 함께하길 기대한다.

코넬대학교 노사관계 스쿨에 입학한 첫 주에 나는 학교 방침에 따라 몇 십 명의 신입생과 함께 노란색 학교 버스를 타고 그 공장을 방문했다.

그곳의 기술 수준은 대단히 인상적이었다. 나는 내 머리 위에 있는 관에서 액체 유리가 분사돼 주형으로 들어가고, 여기에 공기를 주입해 맥주병으로 뚝딱 완성하는 과정을 지켜봤다. 신속성과 정확성, 그리고 시스템의 리듬은 황홀하기까지 했다. 나는 경영 분야에서 세계적인 학교에 입학했다고 자부했지만, 그때의 경험은 실로 충격적이었다. 63일 무사고 표지판 아래 앉아 화장실 가는 시간에 관한 사장님의 이야기로 일정이 끝났을 때, 나는 내 선택에 의문을 품기 시작했다.

학교는 틀림없이 어떤 이유에서 우리를 그곳에 보냈다. 그들은 아마도 오늘날 우리가 경영에 대해 알고 있는 모든 것이 제조업에 뿌리를 두고 있다는 사실을 이해하길 바랐을 것이다. 리더십, 경영, 노동에 대해 공부하고자 한다면 우리는 거기서 시작해야 했다. 돌이켜보면 그건 나쁘지 않은 아이디어였다.

우리의 일터가 비교적 최근에 등장한 것이라는 사실을 종종 잊는다. 백 년 전도 안 되는 과거에 그 공장은 우리의 경제를 이끌었다. 이런 공장은 우리 사회의 가장 거대한 조직이자 부를 창조하는 가장 중요한 기관이었다. 당시에 경영은 기술이 아니었다. 위협과 공포를 가지고 수행하는 과제에 불과했다. 근로자는 지각을 하면 해고당했다. 업무에 뒤처져도 해고당했다. 근로자가 고용된 것은 그들의 아이디어 때문이 아니라 노동 때문이었다. 기업은 근로자를 쉽게 대체할 수 있었고, 근로자 사이의 차이는 미미했다.

그러나 변화가 시작됐다. 1990년대 중반, 우리 사회는 산업이 지배하는 경제에서 정보가 지배하는 경제로 이동했다. 새로운 지식경제 속에서 기업은 물리적인 능력이 아니라 정신적인 능력 때문에 근로자를 고용했다. 지식경제로 이동하면서 기업 경영자들은 과거의 공장식 접근 방식을 다시 생각하기 시작했다. 위협적인 업무 분위기를 조성하는 것은 직원들의 정신적 능력을 활용하기에 더 이상 좋은 접근 방식이 될 수 없었다. 기업이 근로자를 호의와 존경으로 대할 때, 그들은 더욱 기발한 마케팅 계획과 창조적인 회계 솔루션, 성공적인 고객 서비스로 보답했다.

MIT 강사 더글러스 맥그리거Douglas McGregor는 1960년에 출간한 책《기업의 인간적 측면》에서 이런 사고의 변화를 지적하며, 서로 다른 두 가지 경영 방식을 X이론과 Y이론으로 구분해 설

명했다.[1]

X이론은 과거의 공장 스타일이다. 직원들은 게으르며, 수단과 방법을 가리지 않고 일을 하지 않기 위해 애를 쓰고, 끊임없는 감시와 가차 없는 처벌을 통해 가장 잘 관리할 수 있다는 믿음으로 시작한다.

Y이론은 1960년대에 주목받은 경영 방식으로, 직원들은 스스로 동기를 찾고 좋은 대우를 받을 때 최고의 성과로 돌려준다는 믿음으로 시작한다. 오늘날 Y이론은 많은 성공적인 기업의 내부 종교이며, 직장 내 요가나 무료 식사의 시대를 이끄는 원동력으로 작용하고 있다.

그러나 상황은 다시 한 번 바뀌고 있다. Y이론이 이끌어내고자 했던 마케팅 계획, 창조적인 회계 솔루션, 고객 서비스를 이제는 컴퓨터가 만들어내기 시작하고 있다. 컴퓨터는 사내 복지에도 신경 쓰지 않는다. 우리는 이제 다음 이론에 대해 생각해야 한다.

그렇다고 여기서 Z이론을 제안하려는 것은 아니다. 그 이론을 가장 마지막으로 제시한 인물인 윌리엄 오우치William Ouchi 박사는 Z이론을 가지고 1980년대에 일본이 일궈낸 경제적 성공을 설명하고자 했다.[2] 그러나 이후 일본 경제는 벽에 부딪혔다. 이제 사람들은 더 이상 오우치 박사의 이론에 대해 이야기하지 않는다.

나는 수개월에 걸쳐 리더십과 경영에 대해 많은 이들과 이야기를 나눴다. 리더십과 경영이 무엇을 의미하는지, 오늘날 우리는 어디에 서 있는지, 어디를 향하고 있는지에 관해서 많은 논의를 했다. 그리고 이제 이 책의 마지막을 향해 가면서, 미래의 리더에게 무엇이 요구되는지 생각해보는 것은 가치 있는 작업이 될 것이다.

　미래의 리더가 어떤 모습일지(직원들에게 얼마나 강력하게 영감을 전하고 어떤 방향을 제시하는지는 물론 사회적으로 어떻게 행동해야 하는지) 상상하면서, 나는 문득 옛날에 나를 공장으로 보냈던 이들과 이야기를 나눠봐야겠다는 생각이 들었다. 우리는 어디서 왔는지를 이해함으로써 어디로 나아갈 것인지 예측할 수 있다. 그래서 나는 뉴욕으로 날아가 버스를 타고 북쪽을 향했다.

새로운 것은 해치지 않는다

뉴욕 시에서 출발해 코넬대학교가 있는 이타카로 가는 길은 구불구불했다. 나뭇잎 색깔이 바뀌기 시작하는 그림 같은 초가을 풍경이 길을 따라 펼쳐졌다. 북쪽으로 향하는 5시간 내내 버스 차창 밖으로 오렌지와 노랑, 갈색의 물결이 흘렀다.

ILR 스쿨 School of Industrial and Labor Relations로 널리 알려진 코넬의 노사관계 스쿨은 노동조합과 집단교섭권을 보호했던 뉴딜 시대의 뒤를 이어 1945년에 설립됐다.[3] 의회가 뉴딜 법안을 통과시켰을 때, 완전히 새로운 유형의 권리가 탄생했고 이에 노사 양측은 상대편과의 관계에서 그들을 도와줄 사람을 필요로 했다.

이런 상황에서 코넬대학교는 뉴욕 주정부의 재정 지원에 힘입어 ILR 스쿨을 설립했다. 그런데 설립 과정이 너무 급박하게 진행된 나머지, ILR 스쿨은 캠퍼스 중앙에 덩굴로 덮인 정사각형 건축물인 아이브스홀 Ives Hall에 자리 잡기 전까지 몇 년간 길

고 비좁은 가건물 신세를 져야 했다.[4]

졸업 후 오랜만에 아이브스홀로 들어서니 왠지 모를 긴장감이 느껴졌다. 하지만 그곳 사람들이 내가 학생으로 있던 시절에 가르치던 이론을 뛰어넘어 생각하고 있다는 사실을 깨닫기까지는 그리 오랜 시간이 걸리지 않았다.

1971년 이후로 ILR 스쿨에 재직해온 리 다이어Lee Dyer 교수가 나를 맞아줬다. 희끗희끗한 머리의 다이어 교수는 이야기를 시작하면서 수십 년간 가르쳐온 전통을 바꿔야 했다는 사실을 언급했다. "X이론과 Y이론으로 돌아가야 한다는 건 교수로서 당황스러운 일이었죠. 새로운 것은 해치지 않아요."

엔지니어 사고방식에 대해 이야기한 뒤, 다이어는 그 사고방식을 보다 광범위하게 적용하는 방법에 대해 설명했다. 그는 미래의 리더는 발명을 적극적으로 격려하고, 자율적인 방식으로 업무를 부여하고, 직원들에게 창조를 위한 여유를 허용해야 한다고 말했다. 또한 명령에 따라 일하는 직원이 아니라 창조적인 인재를 고용하고, 재정적인 인센티브를 통해 새로운 아이디어를 자극해야 한다고 덧붙였다.

다이어의 이야기는 계속됐다. "산업혁명 이후 '그건 자네 일이 아냐. 그런 일로 나를 귀찮게 하지 마. 일이나 잘 해'라는 말을 들은 말단 직원들이 얼마나 많은 아이디어를 내놨을지는 신만이 알겠죠. 그런 말은 몇 번만 들어도 더 이상 어떤 아이디어도 내놓지 않게 되죠."

다이어는 실리콘밸리와 시애틀 기술 거물들의 정서를 공유하면서 아이디어에 생명을 불어넣어줄 올바른 통로를 구축하는 노력이 대단히 중요하다고 강조했다. "창조를 위한 여유와 격려 외에도 지원 시스템이 필요합니다. 기발한 아이디어가 떠올랐을 때, 이를 제안할 수 있고 많은 이들에게 들려줄 수 있는 시스템이 갖춰져 있어야 합니다."

오늘날 실리콘밸리에서는 제프 베조스의 여섯 쪽 메모에 영감을 얻은 많은 기업이 그런 시스템을 도입하고 있다. 가령 모바일 결제 업체인 스퀘어Square에서 "조용한 회의"는 표준으로 자리 잡았다. 회의에 참석한 이들은 테이블에 모여 30분간 조용히 앉아 있다. 하지만 형광펜과 연필을 들고 여섯 쪽 메모를 읽는 것이 아니라, 각자 노트북을 가지고 참석자 중 한 사람이 앞서 작성한 구글 독스를 편집하거나 툴을 가지고 질문이나 아이디어를 추가한다.

스퀘어의 시스템은 아마존 스타일의 발명과 구글 스타일의 협력을 혼합한 것이다. 스퀘어 임원인 앨리사 헨리Alyssa Henry의 설명에 따르면, 그들은 이 시스템을 통해 모두가 아이디어에 관심을 기울이도록 만든다.

2018년 헨리는 이렇게 말했다. "전통적인 회의 문화에서는 소수 민족 사람들, 여성, 멀리 떨어진 지역에서 근무하는 직원,

내성적인 사람들이 자신의 의견을 피력하는 데 어려움을 겪는 다는 사실을 말해주는 연구가 많이 있습니다. 저는 누구나 아무 걱정 없이 자연스럽게 자신의 의견을 말하는(이 경우에는 '쓰는') 문화를 만들고 싶습니다. 목소리가 크거나 정치 수완이 좋은 사람이 아니라, 좋은 아이디어를 가진 사람이 주목받는 문화를 원합니다. 제가 바라는 건 다양한 생각과 토론입니다."[5]

나는 트위터와 스퀘어의 CEO인 잭 도시Jack Dorsey에게 트위터에서도 "조용한 회의"가 있는지 물었다. 그의 대답은 이랬다. "제가 참석하는 대부분의 회의에서는 그렇게 합니다." 조용한 회의는 실리콘밸리 곳곳에 모습을 드러내기 시작하고 있으며 앞으로 더 확산될 것으로 보인다.

모두가 아이디어에 주목하게 만드는 시스템을 구축했다면, 아이디어를 낸 사람에게 보상을 주는 시스템을 통해 아이디어 공유를 보다 활성화해야 한다고 다이어는 지적했다. 검토할 만한 가치가 있는 아이디어(회의의 주제가 될 만한 메모나 구글 독스와 같은)를 제시한 사람에게 작은 보너스를 지급하는 것이다. 아이디어가 검토를 통과해 프로젝트로 전환되면 더 큰 보너스를 지급할 수 있다. 또한 아이디어가 성공적인 비즈니스의 씨앗이 될 경우, 기업은 아이디어를 낸 사람에게 수익의 일부를 제공할 수 있다. 혹은 그 아이디어로 비용을 절약했다면, 절약한 금액의 일부를 돌려줄 수 있다.

많은 기업이 민주적인 발명을 뒷받침하는 시스템을 도입하고, 슬랙Slack이나 구글 드라이브 같은 협동 툴이 광범위하게 확산되고, 피드백 문화를 통해 수직 체계의 한계가 허물어지면서, 엔지니어 사고방식은 기술 거물의 영역에서 보편적인 영역으로 확장되고 있다. 아이디어에 생명을 불어넣는 시스템 및 인센티브 제도와 더불어(그리고 실행업무를 최소화하는 기술과 더불어) 중소기업들은 이제 덩치 큰 경쟁자와 시합을 벌이는 운동장을 좀 더 평평하게 만들어나가고 있다.

다이어는 촉진자로서 기능하는 미래 리더에 대해 열정적으로 이야기하며 미소를 지었다. 그는 이렇게 덧붙였다. "더 많은 이들이 일터에서 목소리를 낼 수 있다는 건 기업을 위해, 직원을 위해, 사회를 위해 건강한 일입니다. 저는 이런 모습이 나타나기를 희망합니다."

죽은 교육을 넘어서

발명을 중요시하는 경제로 진입하면서, 우리는 미래 리더를 위한 중요한 과제인 교육 시스템을 다시 생각해야 한다. 그러나 학교는 암기와 반복, 위험 완화에 집중하면서 여전히 실행업무가 기반이 되는 경제를 위해 학생들을 훈련하고 있다. 젊은이들에게 미래의 일터에서 기회를 주고자 한다면, 학교는 창조성을 가르쳐야 한다.

ILR의 일자리연구소Institute for Workplace Studies 소장 루이스 하이먼Louis Hyman은 지금의 교육 시스템에 대해 이렇게 말했다. "걱정입니다. 우리는 복종과 반복을 기반으로 사회를 구축했지만 이제 독립적인 생각, 창조성, 혁신을 기반으로 하는 경제로 이동하고 있으니까요."

하이먼은 약간은 짜증 섞인 표정으로 오늘날 교육 시스템이 학생들에게 주입하는 가치에 대해 이야기했다. "학생들은 A

를 원합니다. 최고 학점을 원하죠. 그들은 집을 원합니다. 일자리도 원하죠. 하지만 스스로 생각해보라고 요구할 때, 학생들은 당황합니다. 학생들이 멍청해서가 아닙니다. 사실 아주 똑똑합니다. 정답을 구하려는 건 학생들이 평생 받은 교육과 관련 있습니다. 그들은 질문을 해야 할 때 대답에 집착합니다. 이는 오늘날 최고의 교육이 나아가고 있는 방향입니다. 그래선 안 됩니다. 그건 복종에 관한 겁니다."

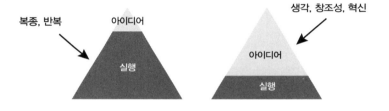

내가 코넬을 방문하고 얼마 지나지 않아, 비판적인 주는 자에 관한 연구로 페이스북에서 유명한 펜실베이니아대학교 애덤 그랜트 교수는 〈뉴욕타임스〉에 이 문제를 주제로 글을 썼다. 그랜트는 하이먼과 마찬가지로 A학점에 집착하는 학생들은 학교를 다니는 근본적인 이유를 놓치고 있는 것이라고 지적했다. "A를 받으려면 복종해야 합니다. 하지만 영향력 있는 인물이 되기 위해서는 독창성이 필요합니다."[6]

그랜트는 대학이 학점 시스템을 폐지함으로써 학생들에게

서 완벽에 대한 압박감을 덜어줘야 한다고 주장했다. 또한 기업이 학점보다 기술을 더 중요하게 생각한다는 점을 분명히 밝혀야 한다고 말했다. 그랜트는 학생들에게 이렇게 말했다고 한다. "학교 성적이 나쁠 때, 사람들은 인생에서 더 좋은 성적을 얻기 위해 노력하게 된다는 사실을 명심하세요. 이제 새로운 목표에 용감하게 도전할 때입니다. 졸업하기 전에 적어도 한 번은 B 학점을 받아보세요."

복종을 가르치는 교육 방식은 자동화 자체보다 더 큰 위험이 될 수 있다. 세계경제포럼의 신경제 및 사회 연구소 소장 사디아 자히디Saadia Zahidi는 신기술의 영향에 관해서 내게 이렇게 말했다. "사람들은 일자리의 순 증가를 기대하고 있습니다."

그러나 2018년 자히디의 조사에 따르면, 4년 후 일자리가 요구하는 핵심 기술이 지금 우리가 가진 기술과 42퍼센트나 다를 것이라고 한다. 그렇다면 그 어느 때보다 더 중요한 기술은 뭘까? 바로 창조성, 독창성, 자율성이다.

기술 리더들은 자선사업을 통해 교육 시스템을 바로잡고자 했다. 예를 들어 마크 저커버그는 1억 달러를 뉴어크의 학교 시스템에 기부했다.[7] 하지만 이런 노력에도 불구하고 교육 시스템은 여전히 제 기능을 못하고 있다. 지금 우리 사회는 전면적인 변화를 필요로 한다. 물론 기술 세상의 기부로 나아질 수 있겠지만, 교육은 엄연히 세금으로 운영되는 공적 분야다. 그리고 변화를 이끌어내기에 가장 좋은 분야다.

하이먼은 이렇게 언급했다. "우리는 지금 리더십 차원에서 사람들을 신경제로 나아가도록 만드는 갈림길에 서 있습니다. 이는 기술적인 선택이 아니라 정치적인 선택입니다."

기부보다 세금

나는 ILR 부교수 애덤 세스 리트윈Adam Seth Litwin을 만나 기술 변화로 피해를 입게 될 사람들, 그리고 우리 사회가 그들에게 도움을 줘야 할 방식에 대해 이야기를 나눴다. 그 과정에서 우리는 또 다른 정치적 선택에 주목했다.

리트윈은 인간의 노동을 대신하는 기술은 이를 개발한 이들에게 이익을 몰아주는 경향이 있으며, 이는 소득 불평등의 전조라고 설명했다. 예를 들어 터보택스TurboTax가 많은 이들이 직접 세금 신고를 하게 도와줌으로써 회계사를 대체했을 때, 보수가 꽤 좋은 많은 일자리가 한꺼번에 사라지고 말았다. 리트윈은 터보택스의 소유주를 언급하며 이렇게 말했다. "미국 전역에 걸쳐 수백만 명의 회계사에게 흘러들어갔던 돈이 이제 인튜이트Intuit(터보택스 소프트웨어를 개발한 기업-옮긴이)로 들어가고 있습니다. 이렇듯 수익은 소수에 집중되고 있습니다."

자동화의 흐름이 경제를 강타하면서, 일자리가 더 늘어난다 해도 일부 인구는 필연적으로 뒤처질 것이다. 지금, 그리고 앞으로 우리 사회의 지도자는 이런 사람들에게 주목해야 한다. 해야 할 일은 많이 남았다.

아마존, 애플, 구글, 페이스북, 마이크로소프트가 있는 미 서부 해안지역에서 소득 불평등은 이미 위기 수준에 도달했다. 2017년 AP통신은 자체 조사를 통해 다음과 같이 결론을 내렸다. "전례 없는 수준의 홈리스 위기가 서부 해안지역을 흔들고 있다. 피해자들은 바로 그 지역의 성공을 상징하는 치솟는 주거비용과 최저 공실률, 그리고 아무도 기다려주지 않는 가차 없는 경제에 의해 어려움을 겪고 있다."[8]

시애틀에 있는 동안, 나는 비어 있는 건물을 홈리스의 임시거처로 만드는 공익단체 메어리스 플레이스Mary's Place의 마티 하트먼Marty Hartman 이사를 만났다. 어려움을 겪고 있는 시애틀 주민들은 지난 10년에 걸쳐 두 차례의 강펀치를 맞았다. 먼저 2009년 재앙적인 경기침체가 많은 이들에게서 일자리를 앗아갔다. 다음으로 이들이 취직을 하고 빚더미에서 빠져나오기 위해 애쓰는 동안 경기가 나아지면서 집값이 폭등했다. 이 조합은 사람들을 거리로 내몰았고, 그들을 다시 돌아오지 못하게 막았다.

하트먼은 말했다. "누구도 이 모든 상황을 예상치 못했습니다. 경제적으로 감당할 수 있는 주택을 짓고 유지하기 위한 계획도 없었습니다. 집을 유지할 수 없게 된 사람들은 결국 외곽으로 이주해야 했습니다. 그리고 이들 지역에서도 임대료가 상승하면서 많은 이들이 살던 집에서 쫓겨나고 있습니다."

아마존은 2016년 이후 메어리스 플레이스를 비롯해 홈리스를 위한 또 다른 공익단체인 페어스타트FareStart에 1억 3,000만 달러를 기부했다.[9] 그럼에도 점점 더 많은 사회단체들이 승자의 자선행위만으로 충분한지 의문을 제기하고 있다. 이들 단체는 공정한 조세 시스템을 통해 정부가 더 의미 있는 행동을 취하도록 하는 것이 중요하다고 말한다. 이는 미래의 리더들이 주목해야 할, 혹은 적어도 반대하지는 말아야 할 주장이다.

이와 관련해 주도적으로 목소리를 높이고 있는 아난드 기리다라다스Anand Giridharadas는 자신의 책《엘리트 독식 사회》에서 이렇게 밝혔다. "대단히 불평등한 현재 상태에서 승자들은 스스로 변화의 일부라고 주장한다. 그들은 문제를 인식하고 있고 자신이 해결책의 일부가 되기를 원한다. 이들이 사회적 변화를 이끌고 있기 때문에, 변화를 향한 노력은 당연하게도 그들의 편향을 반영한다."[10]

한편에서는 아마존이 지역 공동체를 위해 나서고 있다. 그러나 세금과 관련된 그들의 행동을 볼 때, 아마존은 기리다라다스가 말하는 승자의 대표적인 예다. 2018년 아마존은 112억 달러의 수익을 기록했지만 연방소득세를 한 푼도 내지 않았다. 시가

총액이 수천억 달러에 달하는 아마존은 그들의 비즈니스를 자신의 지역으로 유치하기를 열망하는 지자체에 세금 혜택을 요구하고 있다. 가장 대표적으로 아마존은 뉴욕에 제2의 "본사"(진정한 의미 : 사무실)를 짓겠다고 발표했지만, 결국 백지화되고 말았다. 현재 아마존은 버지니아에 제2의 본사 건립을 추진하고 있으며, 5억 달러 이상의 세제 지원을 받을 것으로 보인다.[11] 또한 시애틀이 지역 홈리스를 돕기 위해 대기업에 직원당 275달러를 지불하도록 요구하는 '인두세head tax' 법안을 통과시켰을 때, 아마존은 즉각 반발했고 결국 시의회는 법을 폐지했다.[12]

리트윈은 이렇게 말했다. "10억 달러 자선가가 많은 사회 문제 중 무엇이 가장 급박한지 결정하고 있습니다. 이런 의사결정은 보다 신중하고 민주적인 절차에 의해 이뤄져야 합니다. 바로 이런 점에서 그들이 기부를 하기보다 세금을 더 내야 한다고 주장하는 겁니다."

2019년 멘로파크를 방문했을 때, 나는 저커버그에게 기부와 세금 사이에서 어떻게 균형을 유지하고 있는지 물었다. 저커버그는 아내와 설립한 자선단체 챈 저커버그 이니셔티브Chan Zuckerberg Initiative를 통해 수백억 달러를 "자선과 공공단체 및 다양한 공익활동"에 쓸 계획이라고 대답했다.[13]

저커버그는 이렇게 말했다. "민간 자선단체의 가치는 정부가 하지 않을 사업을 시도한다는 데 있다고 생각합니다. 우리는 교육 분야에서 많은 일을 하고 있습니다. 우리가 새로운 실험이나 도전을 통해 뭔가를 배우게 된다면, 모든 공립학교 역시 그 교훈을 적극적으로 받아들이게 될 겁니다."

저커버그는 이야기를 계속했다. "우리가 하는 일이 미국 정부의 지출 규모에 영향을 미칠 거리고는 생각하지 않습니다. 제가 알기로 정부는 교육 분야에 연간 6,000억 달러를 지출하고 있습니다. 하지만 우리가 시도할 수 있는 일, 혹은 정부가 생각하지 못한 아이디어가 분명히 있을 거라 생각합니다. 사람들 역시 다양한 주체가 새로운 시도를 하고 시스템을 개선하기를 원할 겁니다."

저커버그는 기부를 지지하는 쪽으로 이야기하면서도, 기부 분위기를 조성하는 경제 시스템이 공정하지 않다는 점을 시인했다. "더 많은 세금(민간 기부 대신)을 내야 한다는 주장은, 부자들이 자선 차원에서 이런 시도를 하는 게 과연 공정한가 하는 물음에서 비롯되는 거라 생각합니다. 그 질문에 대한 분명한 대답은 '아니오'입니다. 전혀 공정하지 않아요."

나는 하트먼에게 그녀의 가장 중요한 후원자인 아마존이 충분한 역할을 하고 있는지 물었다. 그녀의 대답은 이랬다. "20년간 노력해온 제 자신을 포함해서 모두가 더 많은 일을 할 수 있다고 생각합니다. 더 많은 일을 할 수 있는 여력이 모두에게 있습니다."

기계도 차별을 한다

오늘날 첨단 기술이 일터에, 특히 고용이나 보상과 같은 인사 업무에 들어오고 있다. 리더들은 앞으로 여기에 주목해야 한다.

내가 코넬을 방문하기 일주일 전, 〈로이터〉는 아마존의 은밀한 인공지능 툴이 문제를 일으키고 있다는 기사를 보도했다.[14] 아마존 인사 팀이 사용한 인공지능 툴은 입사 지원자의 이력서를 검토하고, 별 하나에서 다섯 개 사이로 점수를 매기고, 조직에 얼마나 적합한 인물인지를 평가했다. 〈로이터〉 기사에 따르면, 그 시스템은 채용 과정의 "성배"였다. 그러나 한 가지 문제가 있었으니 바로 여성을 차별한다는 사실이었다.

그 기사는 이렇게 지적했다. "아마존 시스템은 남성 후보자를 더 선호해야 한다는 것을 스스로 학습했다. '여성'이라는 단어를 포함한, 가령 '여성 체스클럽 회장'이라는 문구가 들어간 이력서와 두 여대의 졸업생에게 낮은 점수를 부여했다."

이 기사에 대해 아마존은 그 편향된 툴이 "아마존 채용 담당자가 후보자를 평가하는 과정에서 사용된 적이 없다"고 밝혔다. 하지만 이런 문제점을 인식하고 있었다는 〈로이터〉의 주장을 반박하지는 않았다.

이후 아마존은 추가적인 답변을 내놓지 않았기 때문에 그 시스템이 편향된 이유를 정확히 알 방법은 없다. 이에 대해 아마존의 랠프 허브리치는 거기에 입력된 데이터를 들여다봐야 한다고 말했다.

〈로이터〉가 인용한 자료에 따르면, 아마존 글로벌 인력은 남성 60퍼센트, 여성 40퍼센트로 구성돼 있다. 그렇기 때문에 아마존 인공지능이 조직에 대한 적합성을 평가할 때 남성 후보자를 보다 긍정적으로 판단했을 가능성이 있다.

어쨌든 아마존은 그 시스템을 개선하고자 했다. 하지만 문제를 이해한 뒤에도 그들은 해결하지 못했다. 〈로이터〉 기사는 이렇게 언급했다. "아마존은 특정 조건과 관련해서 프로그램이 중립성을 확보하도록 개선했다. 그럼에도 그 기계가 차별로 드러나게 될 또 다른 후보자 분류 방법을 발견하지 않을 것이라고 장담하기는 어렵다." 결국 아마존은 다른 선택지가 없는 상황에서 그 프로그램을 제거했다.

인공지능은 인간과 마찬가지로 때로 나쁜 방식으로 행동한다. 나는 미래 리더들이 앞으로 이런 문제를 어떻게 해결할지 살펴보고자 ILR 교수이자 알고리즘 공정성 전문가인 이페오마 아준와_{Ifeoma Ajunwa}를 찾았다.

아준와는 자신의 사무실로 나를 맞아들이면서 핫초코를 건넸다(쌀쌀한 이타카 날씨에 제격인). 그러고는 산책을 제안했다. 내가 녹음기를 켰을 때, 아준와는 뜻밖에도 아마존에 대해 긍정적인 이야기를 늘어놓기 시작했다. 그녀는 말했다. "아마존은 예외에 해당합니다. 솔직히 말해서 기업들 대부분은 문제를 들여다보려고도 하지 않죠."

아준와는 미래 리더들이 이러한 편향과 관련해 기술적인 부분을 계속 들여다봐야 한다고 말했다. 그리고 자동화된 채용 및 보상 시스템이 전 세계 기업에서(아준와에 따르면 타겟, 스타벅스, 월마트) 인간이 해온 일을 대신하는 오늘날, 그 과제의 중요성은 한층 높아지고 있다고 지적했다.

아준와는 말했다. "차별과 편향의 문제는 그대로 남아 있습니다. 오히려 이런 툴들은 문제를 더 심화시킬 위험이 있습니다. 성공적인, 그리고 책임 있는 리더라면 이런 툴을 사용하는 방법에 따른 책임을 외면해서는 안 될 겁니다."

편향 문제와 관련해서 이런 시스템을 들여다보는 일은 한 가지 과제다. 동시에 공개 또한 중요하다. 아준와는 이렇게 말했다. "기업들 대부분은 필요한 감사를 실행하지 않고 있습니다. 내부적으로 감사를 실시하더라도 비밀로 묻어둔 채 외부에 공개하지 않으려 하고요."

　인공지능의 편향에 대한 문제를 숨김으로써, 기업들은 다른 이들이 그들의 툴을 들여다보지 못하도록 막는다. 이는 광범위한 일자리에 피해를 입힌다. 이런 점에서 아마존은 인공지능 시스템의 문제를 공개하지 않음으로써 실패했다. 아마존 경영진은 〈로이터〉가 문제를 제기하고 나서야 논의를 시작했다. 그리고 애매모호한 답변을 내놨다. 이런 상황에서 우리는 그 문제를 제기한 기자들에게 경의를 표해야 하겠다.

빠른 발명보다 신중한 발명을

경기침체가 시작되기 직전인 2009년에 나는 ILR 학생이었다. 당시 나는 한 학기 동안 해고를 주제로 한 강의를 들었다. 수업은 흥미진진했다. 나는 경제가 무너지면서 수백만 명이 겪게 될 과정을 깊이 있게 들여다볼 수 있었다.

'ILR HR 268'이라는 제목의 그 강의는 직원을 해고하는 방법과 해고하지 않는 방법에 초점을 맞췄다. 수업 내용은 때로 섬뜩하고 암울했다. 동시에 현실이기도 했다. 즉 많은 이들이 외면하고자 하는, 고용의 가혹한 측면에 대한 소개였다.

나에게 그 강의는 현실에 대비하게 해주는 좋은 기회였다. 2013년 1월, 나는 실제로 해고당했다. 그날의 상황은 아직도 세세하게 기억에 남아 있다. 새로운 상사가 오고 몇 주 후, 나는 화요일 오후 늦게 그와 면담을 하기로 했다. 면담 직전에 상사가 예약한 회의실을 지나가는데 인사 팀 직원들이 서류 뭉치를 들여다보고 있는 모습이 보였다. 뭔가 심상치 않은 일이 벌어지고 있었던 것이다.

얼마 후 나는 내 자리로 돌아와 짐을 싸기 시작했다. 짐 정리를 거의 마쳤을 때, 상사가 다가와 나를 위로했다. 상사와 인사 팀 담당자는 해고업무를 완벽하게 처리했다. 우리 모두 그 절차를 잘 알았고, 내가 건물 밖으로 나오기까지는 채 30분도 걸리지 않았다.

그날 나는 뉴욕 시를 몇 킬로미터나 걸었다. 그것도 1월에 말이다. 받아들이기 힘들었기에 걸으면서 마음을 달랬다. 어쨌든 세월이 흐르면서 아픔은 희미해졌고, 그날의 일은 기억으로만 남았다.

나를 해고한 오퍼라티브 미디어Operative Media는 온라인 뉴스 사이트가 비즈니스를 수월하게 관리할 수 있도록 도움을 주는 소프트웨어를 개발했다. 이들 사이트의 영업사원은 그 소프트웨어를 사용해서 광고를 예약하고, 주문을 처리하고, 광고를 게재하고, 송장을 작성하는 업무를 처리할 수 있다. 〈월스트리트저널〉과 NBC 유니버설, 내셔널 퍼블릭 미디어 같은 쟁쟁한 언론사가 오퍼라티브의 주요 고객이었다.

내가 오퍼라티브에서 근무하는 동안에 디지털 광고 시장은 변화하고 있었다. 전화를 걸어 광고 지면을 구매하는 일은 대단히 복잡했고 많은 수고가 필요했다(예약 주문, 이메일로 계약서 보내기, 광고 거래, 실행관리 등). 여기서 오퍼라티브 소프트웨어는 복잡한 업무를 단순하게 만들어줬다. 그럼에도 그 전반적인 절차는 오류와 혼란으로 가득했고, 결국 그 시장은 자동화의 수순을 밟았다. 광고주들은 점차 소프트웨어를 통해 웹에서 광고를 구매하기 시작했다. 덕분에 그들은 인간과 이야기를 나눌 필요 없이 웹에서 광고를 게재하고, 비용을 지불하고, 목표 대상을 설정할 수 있었다.

이러한 자동화 물결이 시작되면서 오퍼라티브는 결단을 내려야 하는 순간에 직면하게 됐다. 그들은 언론사 고객이 자동화된 방식으로 광고 지면을 보여주도록 도와줄 수 있었다. 아니면 인간이 기반이 된 기존 비즈니스 방식을 끝까지 고집할 수 있었다.

결론적으로 오퍼라티브는 어떤 선택도 내리지 못했다. 오랜 시간을 기다린 뒤에 오퍼라티브는 언론사들이 자동화 방식으로 광고 지면을 보여주도록 하는 마켓플레이스Marketplace라는 툴을 개발했지만, 때는 너무 늦었고 또한 경쟁자에 비해 성능이 뛰어난 것도 아니었다. 얼마 지나지 않아 오퍼라티브 CEO 마이클 레오Michael Leo는 자리에서 물러났다. 얼마 지나지 않아 나도 쫓겨났다.

당시 어떤 문제가 있었던 건지 알아보기 위해 레오에게 전화를 걸었을 때, 나는 단도직입적인 대화를 기대했다. 나는 이 책을 위해 취재에 여념이 없었고, 레오가 어디서 궤도를 벗어난 것인지 알고 있었기 때문이다. 나는 그가 과거의 방식에 집착하지 말고 혁신에 나서야 했다고, 자동화의 흐름을 일찍 받아들이고 아이디어를 실현하기 위한 더 나은 방법을 찾아야 했다고 말할 것으로 기대했다. 그가 "이사회(자동화를 촉구했던)의 말을 듣지 않았다"라고 말했을 때, 나는 우리의 대화가 예상대로 흘러간다고 생각했다.

그런데 레오는 갑자기 예상치 못한 방향으로 대화를 몰아갔다. "투자자만 생각했더라면 더 일찍 자동화를 받아들였겠죠. 하지만 무엇이 올바른 선택인지 고민해야 했기 때문에 그러지 않았던 겁니다."

레오는 자동화된 광고 판매 방식을 밀어붙였다면 훌륭한 언론 매체의 가치를 떨어뜨렸을 것이라고 말했다. 자동화 시스템으로 광고를 구매하는 광고주는 사람들이 무엇을 읽고 있는가가 아니라 그들이 누구에게 다가가고 있는지에 더 많은 관심을 기울였다. 그렇기 때문에 최고 언론사의 광고 지면을 이런 시스템에 집어넣는 것은 그들의 광고 지면을 거의 혹은 아예 보도를 하지 않는 정크 사이트와 동일하게 만드는 일이었다. 이는 그들의 이익에 부합하는 변화가 아니었다.

레오는 우리가 전례 없는 발명의 능력을 확보한 시대로 이동하면서, 무엇을 발명할지에 대해 신중해져야 한다고 지적했다.

이런 생각은 인간의 본성과 반대된다. 우리의 본성은 결과가 어떻든 무조건 발명을 해야 한다고 말한다. 이론물리학자 로버트 오펜하이머J.Robert Oppenheimer는 예전에 이렇게 말했다. "기술적으로 멋진 뭔가를 발견했을 때, 사람들은 거기에 달려든다. 그리고 기술적 관점에서 성공을 하고 나서야 어떻게 해야 할지 고민한다."[15] 여기서 오펜하이머가 언급한 것은 그 자신이 개발에 참여했던 원자폭탄이었다.

언론사들(오펜하이머보다 덜 극단적인 사례)이 결국 깨닫게 됐듯이, 신중하지 못한 발명은 우리 사회에 피해를 입힐 수 있다. 오퍼라티브의 노력에도 불구하고, 인간을 통해 광고를 구매하는 것은 여전히 힘든 일이었다. 이런 시스템에 신물이 난 광고주들은 자동화를 통해 더 많은 돈을 쓰기 시작했고, 결국 언론사도 그 흐름에 따랐다. 오늘날 대부분의 언론사는 자동화 방식으로 광고 계약을 맺고 있으며, 그 산업은 위기에 처했다. 레오는 당시 상황을 떠올리면서 이런 메시지가 다음 세대에도 전달되기를 바랐다.

그는 내게 말했다. "때로 내 생각을 고수했다는 사실이 기쁘기도 합니다. 특히 우리 아이들과 이야기를 나눌 때는요."

인공지능과 함께하는 유토피아

이타카는 구름의 땅이다. 그래도 내가 코넬을 방문한 날은 지평선 아래로 떨어질 때까지 해가 간간이 모습을 드러냈다. 몇 줄기 빛이 드리운 하늘을 바라보며 버스를 기다리다 보니 캠퍼스를 돌아다니는 학생들의 모습이 눈에 띄었다. 나는 그들이 조만간 들어가게 될 비즈니스 세상에서 얼마나 많은 변화가 그들을 기다리고 있을지 알고 있을까 궁금한 생각이 들었다.

변화는 다가오고 있다. 그건 분명한 사실이다. 기계학습과 클라우드 컴퓨팅, 그리고 협력 툴은 아직 걸음마 단계에 있고, 시간이 갈수록 그 존재감은 더욱 커질 것이다. 이런 툴은 또한 우리의 삶에 피해를 입힐 위험성을 내포하고 있다. 하지만 그 위험을 적절하게 잘 관리한다면, 우리는 인류 역사의 새로운 단계로 나아갈 것이다. 거대한 시나리오가 우리를 기다리고 있다. 나는 우리가 그곳에 도달하리라고 낙관한다.

대부분의 인간에게 힘들고 위험한 노동은 이제 많은 이에게 창조적이고 충만한 기회로 거듭날 것이다. 상사를 보조하느라 하루를 허비하는 대신, 조만간 우리는 상사와 함께 일하면서 아이디어를 실현할 것이다. 더 많은 기업이 성공을 위해 발명에 집중하면서 이런 시나리오는 머지않아 몽상에서 현실로 나타날 것이다.

우리 경제는 그런 활력을 품고 있다. 기술 거물들은 영원히 시장을 지배하려 들겠지만, 엔지니어 사고방식과 주요 기술이 확산되면서 경쟁자들은 보다 의미 있는 도전을 시도하게 될 것이다. 발명이 소기업을 중심으로 꽃을 피우면서 성장의 열매는 더 공평하게 분배될 것이며, 보다 광범위한 분야에서 부가 증가하고, 사람들은 더 나은 삶을 살아가게 될 것이다.

이런 변화는 정부기관과 비영리단체에도 찾아올 것이다. 우리 세상은 이미 다양한 당면 과제에 직면해 있다. 우리는 기후, 교육, 의료, 빈곤에서 위기를 겪고 있으며, 이 문제를 해결하기 위해 더 많은 창조적인 해결책이 필요하다. 공공 분야에서 실행업무가 크게 줄어들면서 더 많은 인력이 창조적인 해결책에 집중할 때, 우리 사회는 앞으로 펼쳐질 혼란의 세기를 헤치고 나아갈 것이다. 그 과정에서 문화적 변화는 불가피할 것이다 (정부기관과 비영리단체는 앞으로 직원들의 이야기에 귀를 기울여야 할 것이다).

하지만 얼마든지 대처할 수 있다. 미국 중앙조달기관에서 NASA에 이르기까지 25곳의 연방기관은 이미 유아이패스와 손잡고 실행업무를 자동화해가고 있다.[16] 이는 앞으로의 흐름을 말해주는 것이다.

이런 시나리오에는 최고의 노력을 투자할 가치가 있다. 이를 실현하기 위해서는 정치적 의지와 훌륭한 기업의 협조가 필요하다. 그 과정은 모두에게 순탄치는 않을 것이다. 그러나 시나리오를 실현한다면 우리 모두는 더 건강하고, 행복하고, 안정적인 삶을 살아가게 될 것이다.

이 책이 그 과정에 조그마한 보탬이 되기를 바란다. 나머지는 우리 모두에게 달렸다.

감사의 글

친구와 가족, 동료의 도움과 조언이 없었다면 이 책은 세상에 나오지 못했을 것이다. 다음에 소개하는 이들 모두 내가 기쁜 순간을 더 달콤하게 만끽하고 힘든 순간을 더 수월하게 헤쳐 나올 수 있게 도움을 줬다. 모든 것은 다 이들 덕분이다.

대단히 유능한 편집자인 메리 선은 내가 꾸준히 글을 쓰고 이 일에 최대한 집중할 수 있도록 도움을 줬다. 그녀는 좋은 부분은 칭찬을 해주고 나쁜 부분은 부드럽게 지적해줬으며, 책을 쓰기 위해 무엇이 필요한지 내게 가르침을 줬다.

최고의 에이전트인 짐 레빈은 내 갑작스런 이메일에 답변을 해주고 처음 통화할 때부터 내 아이디어를 믿어줬다. 그리고 따로 떨어진 내 생각들에 귀 기울이고 나서 이를 지금의 책으로 엮어줬다.

내털리 로브메드는 팩트 체크 작업을 도와줬으며 원고를 꼼꼼하게 다듬어 완벽한 글로 만들어줬다.

포트폴리오 발행인인 애드리언 잭하임은 첫 회의 때부터 이 책의 아이디어를 면밀하게 들여다봤고, 이야기가 어떻게 전개될지 아무도 모르는 상황에서 이 프로젝트를 승인해줬다.

포트폴리오의 뛰어난 세일즈·디자인·홍보 팀 모두 열심히 일해줬고 멋진 책으로 만들어줬다! 제목과 부제를 정하는 데 도움을 준 월 와이서, 홍보를 맡아준 마곳 스태머스, 마케팅을 이끈 니콜 맥아들, 놀라운 표지를 디자인해준 크리스 서지오와 젠 호이어에게 특별한 감사의 마음을 전한다.

스테파니 프레리히와 레베카 쉰탈, 그리고 포트폴리오의 전 직원인 앨리사 애들러는 이 책의 가능성을 알아봤고, 처음부터 글쓰기 작업을 도와줬다. 그들의 비전과 나에 대한 믿음에 감사드린다.

〈버즈피드〉의 유능한 동료들은 어떤 취재 과제도 너무 힘들거나 어렵지 않다는 사실을 깨닫게 해줬다. 그러한 믿음은 내 삶에서 가장 중요한 이번 프로젝트로 이어졌다. 나는 세 번의 도전 끝에 〈버즈피드〉에 입사할 수 있었고, 거기서 일하는 것은 내 꿈이었다. 벤 스미스, 맷 호넌, 존 팩츠코프스키, 스콧 루카스를 비롯한 동료 기자들로부터 날마다 배울 수 있다는 행운을 여전히 믿을 수 없다. 지금은 각각 디애틀랜틱과 리코드를 운영하는 엘런 쿠싱과 사만다 올트먼과 함께 일할 수 있었던 것도 큰 행운이었다. 얼마나 벅차고 흥미진진한 나날이었던가.

우리 부모님 토바와 게리 칸트로위츠는 내가 독립적으로 생각하고, 항상 궁금해하고, 열정적으로 관심을 갖도록 키워주셨다. 언제나 내게 대답을 해주는 대신 자세히 들여다보도록 만들어준 것에 대해 깊은 감사를 드린다.

스테파니 카노라는 내 삶에서 큰 버팀목 같은 존재다. 어려울 때 힘이 돼주고 기쁠 때 축하해줬으며, 많은(정말로 많은!) 문제에 대해서 함께 이야기를 나눈 소중한 친구다. 스테파니가 없었다면 지금 내가 어떤 모습일지 상상하기 어렵다.

수와 스티브 트레저먼은 내가 주중에 웨스트시애틀에 있는 그들의 집에서 일할 수 있도록 배려해줬다. 덕분에 나는 아마존과 마이크로소프트에 관한 취재를 할 수 있었다. 수와 스티브는 나를 가족처럼 대해줬고, 우리는 〈아메리카 갓 탤런트〉를 함께 보며 즐거운 시간을 보냈다. 나는 린다, 로리, 갈리, 마테오를 비롯해 모든 가족과 함께 어울렸다. 이들 모두 내게 가족과 같은 존재다.

수와 스티브의 고양이 레이디 역시 내겐 좋은 친구였다.

내 형제인 배리(별명 : 배리쿠다)와 조쉬(별명 : 영스퀴드)는 언제나 친한 말동무였고, 컴퓨터 앞에 앉아 오랫동안 글을 쓰는 나를 즐겁게 해줬다. 두 사람은 내 삶을 즐겁게 만들어준다. 평생의 친구다.

칸트로위츠와 스테프너의 가족과 친지들은 오늘날의 나를 만들어줬다. 모든 것은 레온과 미리엄 칸트로위츠, 그리고 제롬과 일리너 스테프너 덕분이다. 이들 모두 우리의 미래를 위해 열심히 사셨다. 그리고 우리는 어린 조카인 레이첼 칸트로위츠로부터 많은 영감을 받고 있다. 레이첼은 사랑과 애정으로 가득한 삶을 살아가는 방법을 우리에게 보여준다. 이 모든 것에 감사를 드린다.

내가 취재 자료를 분석하는 동안 카멜 드아미시스는 내 이야기에 적극적으로 귀 기울여줬다. 그녀는 함께 자료를 읽고 매번 소중한 조언을 줬다. 카멜에게 고마움을 전한다. 당신은 정말 최고다.

버널 하이츠 지역의 유명 인사인 〈블룸버그〉의 마크 버건은 이 책을 쓰기 위한 취재 계획을 세우는 데 많은 도움을 줬으며, 소중한 친구로서 나를 지지해줬다. 소살리토와 펀스톤을 가로지르며 자전거를 타고 베이에어리어에서 함께 하이킹을 한 것은 내게 큰 즐거움이었다. 앞으로 더 많은 기회가 있기를.

브래드 앨런은 내가 글쓰기에 집중하도록 도움을 줬고, 매번 이야기를 나눌 때마다 신선한 시각으로 세상을 바라보게 해줬다. 게다가 그는 농구도 잘한다.

제시카 프레이들린은 샌프란시스코를 내게 알려줬다. 나는 그녀와 그녀의 남편인 알렉스에게서 삶과 비즈니스, 그리고 음식에 대해 많은 것을 배웠다. 나는 두 사람과 함께 매주 저녁을 함께하면서 최근 취재 과제에 대해 많은 이야기를 나눴고, 그때마다 그들은 조언과 지원을 아끼지 않았다.

제인 라이브록은 많은 도움과 열정을 보여줬으며, 다양한 방식으로 나를 응원했다. 그녀는 언제나 기꺼이 내 이야기를 들어줬고, 단 한 번도 말을 끊지 않았다. 그건 그녀가 성자라는 증거다.

네이트 스키드는 내가 더 크고 좋은 것을 추구하도록 영감을 불어넣어줬다. 그의 아내 랭과 딸 이블린은 내게 영감을 선사한 완전한 가족이다.

냇 서돌은 내게 감사하는 법을 가르쳐줬다. 리처드 솔로몬은 내게 광고산업이 어떻게 돌아가는지를 알려줬다. 하워드 슈필러는 뉴욕 경제개발협회가 더 이상 요청하지 않았음에도 기꺼이 내 멘토로 남아줬다.

책을 쓰는 동안 내 친구들이 아파트에 모여 "책 초안 파티"를 벌였다. 그날 그들은 내 원고를 읽고 피드백을 줬다. 그중 일부는 여기서 소개를 했지만, 특히 우리를 끝까지 웃게 만들어 줬던 아리엘 카무스와 조 와드링턴에게 특별한 감사의 말을 전한다.

노스쇼어에 있는 데이비드와 게이브 제니, 레베카는 글을 쓰는 내내 내게 용기를 북돋워줬다.

코넬대학교에 있는 알리, 아얄라, 채드, 댄, 에밀리, 에즈론, 가비, 한나, 허비, 잭, 재스민, 재클린, 조쉬, 유다, 로렌, 나오미,

뉴먼, 니콜, 페리, 레이첼, 리나, 로닛, 샤프, 치피…… 모두 대단한 사람들이다. 그들의 지지와 격려에 감사드린다.

네버스톱네버스토핑 그룹챗은 내가 오랫동안 혼자서 키보드만 두드리고 있을 때 (어떻게든) 정신을 차리도록 만들어줬다. 그들은 끊임없이 링크와 편안한 대화를 통해 내게 배움의 기회를 선사했다. 내 부족한 NBA 지식에도 나를 내쫓지 않은 것에 대해 모든 멤버에게 감사를 드린다.

사이먼 두멘코와 마이클 리어몬스, 모린 모리스, 맷 퀸, 주디 폴락 애드에이지는 나를 마케터에서 기자로 거듭나게 만들어줬다.

사울 오스터리츠는 내가 기자로 입문할 때 프리랜서 저널리즘에 대해 알려줬다. 그리고 내가 책 쓰기에 도전할 때 글 쓰는 방법을 가르쳐줬다.

래리 라이브스타인은 일찍이 나를 만나 올바른 길을 보여줬다. 그의 작은 배려가 내 삶에 큰 차이를 만들었다.

스콧 올스터는 내 첫 기사를 〈포춘〉에 게재해줌으로써 큰 전환점이 돼줬다. 그 기사는 다음번 기회로, 그리고 그 다음번 기회로 이어졌다.

잭 오말리 그린버그와 존 브로너는 나를 〈포브스〉 기고가로 만들어줬고 그로부터 모든 일이 시작됐다.

#MetsBooth의 게리, 키스, 론은 고맙게도 봄과 여름의 쓸쓸

한 오후에 항상 나와 함께해줬다. 이제 가을을 기대한다.

발렌시아에 있는 아리즈멘디의 친절한 사람들은 책을 쓰는 동안 그곳을 방문할 때마다 커피와 환한 미소로 나를 맞이해줬다. 글 쓰는 일에 깊이 빠져 있는 동안에도 나는 매일 그곳에 들러 축복의 30분을 만끽했다.

그랜드캐니언 공원을 관리하는 이들은 내가 이 책을 쓰는 내내 거의 매일 달릴 수 있도록 아름다운 공간을 가꿔줬다. 당신이 언제라도 샌프란시스코에 오게 된다면 이곳에 꼭 들르기를 추천한다.

내가 필요한 것을 갖지 못했고, 가질 수 없을 것이라고 말한 모든 이들에게 감사드린다. 그들은 내 마음속 불꽃을 키워줬다.

주

서문

1 Zuckerberg, Mark. "Building Global Community." Facebook, February 16, 2017. https://www.facebook.com/notes/mark-zuckerberg/building-global-community/ 10103508221158471.

들어가며

1 Amazon News. "Jeff Bezos on Why It's Always Day 1 at Amazon." YouTube, April 19, 2017. https://www.youtube.com/watch?v=fTwXS2H_iJo.

2 Lam, Bourree. "Where Do Firms Go When They Die?" Atlantic. Atlantic Media Company, April 12, 2015. https://www.theatlantic.com/business/archive/2015/04/where-do-firms-go-when-they-die/390249/.

3 Winkler, Rolfe. "Software 'Robots' Power Surging Values for Three Little-Known Startups." Wall Street Journal. Dow Jones & Company, September 17, 2018. https://www.wsj.com/articles/software-robots-power-surging-values-for-three-little-known-startups-1537225425.

4 Lunden, Ingrid. "RPA Startup Automation Anywhere Nabs $300M

from SoftBank at a \$2.6B Valuation." TechCrunch. TechCrunch, November 15, 2018. https://techcrunch.com/2018/11/15/rpa-startup-automation-anywhere-nabs-300m-from-softbank-at-a-2-6b-valuation.

5   Ramachandran, Shalini, and Joe Flint. "At Netflix, Radical Transparency and Blunt Firings Unsettle the Ranks." Wall Street Journal. Dow Jones & Company, October 25, 2018. https://www.wsj.com/articles/at-netflix-radical-transparency- and-blunt-firings-unsettle-the-ranks-1540497174?mod=hp_lead_pos4.

6   Duhigg, Charles. "Dr. Elon & Mr. Musk: Life Inside Tesla's Production Hell." Wired. Cond?e Nast, December 13, 2008. https://www.wired.com/story/elon-musk-tesla-life-inside-gigafactory.

7   Isaac, Mike. Super Pumped: The Battle for Uber. New York: W. W. Norton & Company, 2019.

1장

1   "Leadership Principles." Amazon.jobs.Accessed October 3, 2019. https://www.amazon.jobs/en/principles.

2   Stone, Madeline. "A 2004 Email from Jeff Bezos Explains Why PowerPoint Presentations Aren't Allowed at Amazon." Business Insider. Business Insider, July 28, 2015. https://www.businessinsider.com/jeff-bezos-email-against-powerpoint-presentations-2015-7.

3   이들 메모에는 강령이라고 하는, 개별 그룹을 위한 일련의 소규모 리더십 원칙도 들어 있었다.

4   Rusli, Evelyn. "Amazon.com to Acquire Manufacturer of Robotics." New York Times. New York Times, March 19, 2012. https://dealbook.nytimes.com/2012/03/19/ amazon-com-buys-kiva-systems-for-775-million/.

5   Seethara-man, Deepa. "Amazon Has Installed 15,000 Warehouse Robots to Deal with Increased Holiday Demand." Business Insider. Business Insider, December 1, 2014. https://www.businessinsider.com/r-amazon-rolls-out-kiva-robots-for-holiday-season-onslaught-2014-12.

6   Levy, Nat. "Chart: Amazon Robots on the Rise, Gaining Slowly but Steadily on Human Work-force." GeekWire. GeekWire, December 29, 2016. https://www.geekwire.com/2016/chart-amazon-robots-rise-gaining-slowly-steadily-human-workforce/.

7   Del Rey, Jason. "Land of the Giants." Vox. Accessed October 3, 2019. https://www.vox.com/land-of-the-giants-podcast.

8   Pollard, Chris. "Rushed Amazon Staff Pee into Bottles as They're Afraid of Time-Wasting." Sun. Sun, April 15, 2018. https://www.thesun.co.uk/news/6055021/ rushed-amazon-warehouse-staff-time-wasting.

9   Stone, Brad. The Everything Store: Jeff Bezos and the Age of Amazon. New York: Little, Brown and Company, 2013.

10   Recode. "Amazon Employee Work-Life Balance | Jeff Bezos, CEO Amazon | Code Conference 2016." YouTube, June 2, 2016. https://www.youtube.com/watch?v=PTYFEgXaRbU.

11   TheBushCenter. "Forum on Leadership: A Conversation with Jeff Bezos." YouTube, April 20, 2018. https://www.youtube.com/watch?v=0xu6vFIKAUxk.

12   Kantor, Jodi, and David Streitfeld. "Inside Amazon: Wrestling Big Ideas in a Bruising Workplace." New York Times. New York Times, August 15, 2015. https://www.nytimes.com/2015/08/16/technology/inside-amazon-wrestling-big-ideas-in-a-bruising-workplace.html.

13   Carney, Jay. "What the New York Times Didn't Tell You." Medium. Medium, October 19, 2015. https://medium.com/@jaycarney/what-the-new-york-times-didn't-tell-you-a1128aa78931.

14   Communications, NYTCo. "Dean Baquet Responds to Jay Carney's Medium Post." Medium. Medium, October 19, 2015. https://medium.com/@NYTimesComm/dean-baquet-responds-to-jay-carney-s-medium-post-6af794c7a7c6.

15   Cook, John. "Full Memo: Jeff Bezos Responds to Brutal NYT Story, Says It Doesn't Represent the Amazon He Leads." GeekWire. GeekWire, August 16, 2015. https://www.geekwire.com/2015/full-memo-jeff-bezos-responds-to-cutting-nyt-expose-says-tolerance-for-lack-of-empathy-needs-to-be-zero/.

2장

1   Inskeep, Steve. "We Did Not Do Enough to Protect User Data, Facebook's Sandberg Says." NPR. NPR, April 6, 2018. https://www.npr.org/2018/04/06/600071401/we-did-not-do-enough-to-protect-user-data-facebooks-sandberg-says.

2   Rusli, Evelyn M. "Even Facebook Must Change." Wall Street Journal. Dow Jones & Company, January 29, 2013. https://www.wsj.com/articles/SB10001424127887323829504578272233666653120.

3   Goode, Lauren. "Facebook Was Late to Mobile. Now Mobile Is the Future." Wired. Condé Nast, February 06, 2019. https://www.wired.com/story/facebooks-future-is-mobile/.

4   Efrati, Amir. "Facebook Struggles to Stop Decline in 'Original' Sharing." The Information, April 7, 2016. https://www.theinformation.com/articles/facebook-struggles-to-stop-decline-in-original-sharing?shared=5dd15d.

5   Facebook 10-Q. Accessed October 3, 2019. https://www.sec.gov/Archives/edgar/data/1326801/000132680115000032/fb-9302015x10q.htm.

6   Kantrowitz, Alex. "Small Social Is Here: Why Groups Are Finally Finding a Home Online." BuzzFeed News. BuzzFeed News, November 3, 2015. https://www.buzzfeednews.com/article/alexkantrowitz/small-social-is-here-why-groups-are-finally-finding-a-home-o.

7   Wells, Georgia, and Deepa Seetharaman. "WSJ News Exclusive | Snap Detailed Facebook's Aggressive Tactics in 'Project Voldemort' Dossier." Wall Street Journal. Dow Jones & Company, September 24, 2019. https://www.wsj.com/articles/snap-detailed-facebooks-aggressive-tactics-in-project-voldemort-dossier-11569236404.

8   Tsotsis, Alexia. "Facebook Scoops Up Face.com for $55-60M to Bolster Its Facial Recognition Tech (Updated)." TechCrunch. TechCrunch, June 18, 2012. https://techcrunch.com/2012/06/18/facebook-scoops-up-face-com-for-100m-to-bolster-its-facial-recognition-tech/.

9   Kantrowitz, Alex. "Face-book Expands Live Video Beyond Celebrities." BuzzFeed News. BuzzFeed News, December 3, 2015. https://www.buzzfeednews.com/article/alexkantrowitz/ facebook-brings-its-live-streaming-to-the-masses#jegRRDmJK.

10   Rabin, Charles. "Woman Posts Live Video of Herself After Being Shot in Opa-Locka Burger King Drive-Through." Miami Herald. Miami Herald, February 2, 2016. https://www.miamiherald.com/news/local/crime/article57897483.html.

11   Kantrowitz, Alex. "Violence on Facebook Live Is Worse Than You Thought." BuzzFeed News. BuzzFeed News, June 16, 2017. https://www.buzzfeednews.com/article/alexkantrowitz/heres-how-bad-facebook-lives-violence-problem-is.

12   Kantrowitz, Alex. "Facebook Is Using Artificial Intelligence to Help Prevent Suicide." BuzzFeed News. BuzzFeed News, March 1, 2017. https://www.buzzfeednews.com/article/alexkantrowitz/facebook-

is-using-artificial-intelligence-to-prevent-suicide.

13   Rosen, Guy. "F8 2018: Using Technology to Remove the Bad Stuff
     Before It's Even Reported." Facebook Newsroom, May 2, 2018.
     https://newsroom.fb.com/news/2018/05/removing-content-using-
     ai/.

14   Newton, Casey. "The Secret Lives of Facebook Moderators in
     America." Verge. Vox, February 25, 2019. https://www.theverge.
     com/2019/2/25/18229714/cognizant-facebook-content-moderator-
     interviews-trauma-working-conditions-arizona.

15   Stamos, Alex. "An Update on Information Operations on Facebook."
     Facebook Newsroom, September 6, 2017. https://newsroom.fb.com/
     news/2017/09/information-operations-update/.

16   Rosenberg, Matthew, Nicholas Confessore, and Carole Cadwalladr.
     "How Trump Consultants Exploited the Facebook Data of Millions."
     New York Times. New York Times, March 17, 2018. https://www.
     nytimes.com/2018/03/17/us/politics/cambridge-analytica-trump-
     campaign.html.

17   Mac, Ryan, Charlie Warzel, and Alex Kantrowitz. "Growth at Any
     Cost: Top Facebook Executive Defended Data Collection in 2016
     Memo-and Warned That Facebook Could Get People Killed."
     BuzzFeed News. BuzzFeed News, March 29, 2018. https://www.
     buzzfeednews.com/article/ryanmac/growth-at-any-cost-top-
     facebook-executive-defended-data.

18   Stewart, Emily. "What Mark Zuckerberg Will Tell Congress About
     the Facebook Scandals." Vox. Vox, April 10, 2018. https://www.vox.
     com/policy-and-politics/2018/4/9/17215640/mark-zuckerberg-
     congress-testimony-facebook.

19   McAllister, Edward. "Facebook's Cameroon Problem: Stop Online
     Hate Stoking Conflict." Reuters. Thomson Reuters, November 4, 2018.
     https://www.reuters.com/article/us-facebook-cameroon-insight/

facebooks-cameroon-problem-stop-online-hate-stoking-conflict-idUSKCN1NA0GW.

20 When Anti-Muslim Violence Goes Viral." BuzzFeed News. BuzzFeed News, April 7, 2018. https://www.buzzfeednews.com/article/meghara/we-had-to-stop-facebook-when-anti-muslim-violence-goes-viral.

3장

1 Conger, Kate. "Exclusive: Here's the Full 10-Page Anti-Diversity Screed Circulating Internally at Google[Updated]." Gizmodo. Gizmodo, August 5, 2017. https://gizmodo.com/exclusive-heres-the-full-10-page-anti-diversity-screed-1797564320.

2 Alyssa Milano, Twitter Post, October 15, 2017, 1:21 p.m., https://twitter.com/Alyssa_Milano/status/919659438700670976.

3 Harmanci, Reyhan. "Inside Google's Internal Meme Generator." BuzzFeed News. BuzzFeed News, September 26, 2012. https://www.buzzfeednews.com/article/reyhan/inside-googles-internal-meme-generator.

4 Nelson, Jeff. "What Did Sundar Pichai Do That His Peers Didn't, to Get Promoted Through the Ranks from an Entry Level PM to CEO of Google?" Quora, July 24, 2016. https://www.quora.com/What-did-Sundar-Pichai-do-that-his-peers-didnt-to-get-promoted-through-the-ranks-from-an-entry-level-PM-to-CEO-of-Google answer/Jeff-Nelson-32?ch=10 & share=53473102 & srid=au3.

5 "Sundar Pichai Full Speech at IIT Kharagpur 2017 | Sundar Pichai at KGP | Latest Speech." YouTube, January 10, 2017. https://www.youtube.com/watch?v=-yLlMk41sro & feature=youtu.be.

6 Mazzon, Jen. "Writely So." Official Google Blog, March 9, 2006.

https://googleblog.blogspot.com/2006/03/writely-so.html.

7   Sjogreen, Carl. "It's About Time." Official Google Blog, April 13, 2006. https://googleblog.blogspot.com/2006/04/its-about-time.html.

8   Rochelle, Jonathan. "It's Nice to Share." Official Google Blog, June 6, 2006. https://googleblog.blogspot.com/2006/06/its-nice-to-share. html.

9   "Sundar Pichai Launching Google Chrome." YouTube, February 19, 2017. https://www.youtube.com/watch?v=3_Ye38fBQMo.

10   How Google, Bono, and the Gates Foundation Rock the World with OKRs. New York: Portfolio, 2018.

11   Newcomb, Alyssa. "Microsoft: Drag Internet Explorer to the Trash. No, Really." Fortune. Fortune, February 8, 2019. https://fortune. com/2019/02/08/download-internet-explorer-11-end-of-life-microsoft-edge/?xid=gn_editorspicks.

12   Stone, Brad, and Spencer Soper. "Amazon Unveils a Listening, Talking, Music-Playing Speaker for Your Home." Bloomberg. Bloomberg, November 6, 2014. https://www.bloomberg.com/news/ articles/2014-11-06/amazon-echo-is-a-listening-talking-music-playing-speaker-for-your-home.

13   Page, Larry. "G Is for Google." Official Google Blog, August 10, 2015. https://googleblog.blogspot.com/2015/08/google-alphabet.html.

14   "US Time Spent with Media: EMarketer's Updated Estimates and Forecast for 2014-2019." eMarketer, April 27, 2017. https://www. emarketer.com/Report/US-Time-Spent-with-Media-eMarketers-Updated-Estimates-Forecast-20142019/ 2002021.

15   Pierce, David. "One Man's Quest to Make Google's Gadgets Great." Wired. Cond?e Nast, February 8, 2018. https://www.wired.com/story/ one-mans-quest-to-make-googles-gadgets-great/.

16   Tiku, Nitasha. "Three Years of Misery Inside Google, the Happiest Company in Tech." Wired. Condé Nast, August 13, 2019. https://

www.wired.com/story/inside-google-three-years-misery-happiest-company-tech/.

17   Shane, Scott, and Daisuke Wakabayashi. "'The Business of War': Google Employees Protest Work for the Pentagon." New York Times. New York Times, April 4, 2018. https://www.nytimes.com/2018/04/04/technology/google-letter-ceo-pentagon-project.html?login=smartlock & auth=login-smartlock.

18   "Lethal Autonomous Weapons Pledge." Future of Life Institute. https://futureoflife.org/lethal-autonomous-weapons-pledge/.

19   Tarnoff, Ben. "Tech Workers Versus the Pentagon." Jacobin. Jacobin, June 6, 2018. https://jacobinmag.com/2018/06/google-project-maven-military-tech-workers.

20   Conger, Kate. "Google Employees Resign in Protest Against Pentagon Contract." Gizmodo. Gizmodo, May 14, 2018. https://gizmodo.com/google-employees-resign-in -protest-against-pentagon-con-1825729300.

21   Shane, Scott, Cade Metz, and Daisuke Wakabayashi. "How a Pentagon Contract Became an Identity Crisis for Google." New York Times. New York Times, May 30, 2018. https://www.nytimes.com/2018/05/30/technology/google-project-maven- pentagon.html.

22   Pichai, Sundar. "AI at Google: Our Principles." Google, June 7, 2018. https://www.blog.google/technology/ai/ai-principles/.

23   Alba, Davey. "Google Backs Away from Controversial Military Drone Project." BuzzFeed News. BuzzFeed News, June 1, 2018. https://www.buzzfeednews.com/article/daveyalba/google-says-it-will-not-follow-through-on-pentagon-drone-ai.

24   Wakabayashi, Daisuke, and Katie Benner. "How Google Protected Andy Rubin, the 'Father of Android'." New York Times. New York Times, October 25, 2018. https://www.nytimes.com/2018/10/25/

technology/google-sexual-harassment-andy-rubin.html.

25   Morris, Alex. "Rage Drove the Google Walkout. Can It Bring About Real Change at Tech Companies?" New York. New York Magazine, February 5, 2019. http://nymag.com/intelligencer/2019/02/can-the-google-walkout-bring-about-change-at-tech-companies.html.

26   Apology for Past Harassment Issues Not Enough." Axios. Axios, October 30, 2018. https://www.axios.com/google-ceo-apologizes-past-sexual-harassment-aec53899-6ac0-4a70-828d-70c263e56305.html.

27   Ghaffary, Shirin, and Eric Johnson. "After 20,000 Workers Walked Out, Google Said It Got the Message. The Workers Disagree." Vox. Vox, November 21, 2018. https://www.vox.com/2018/11/21/18105719/google-walkout-real-change-organizers-protest-discrimination-kara-swisher-recode-decode-podcast.

28   Wakabayashi, Daisuke. "Google Ends Forced Arbitration for All Employee Disputes." New York Times. New York Times, February 21, 2019. https://www.nytimes.com/2019/02/21/technology/google-forced-arbitration.html.

29   Tiku, Nitasha. "Google Walkout Organizers Say They're Facing Retaliation." Wired. Condé Nast, April 22, 2019. https://www.wired.com/story/google-walkout-organizers-say-theyre-facing-retaliation/.

30   Kowitt, Beth. "Inside Google's Civil War." Fortune. Fortune, May 17, 2019. https://fortune.com/longform/inside-googles-civil-war/.

4장

1   Brownlee, Marques. "Apple HomePod Review: The Dumbest Smart Speaker?" YouTube, February 16, 2018. https://www.youtube.com/

watch?v=mpjREfvZiDs & feature=youtu.be.

2   Gruber, John. "Angela Ahrendts to Leave Apple in April; Deirdre
     O'Brien Named Senior Vice President of Retail and People." Daring
     Fireball(blog). Accessed February 5, 2019. https://daringfireball.net/
     linked/2019/02/05/ahrendts-obrien.

3   Gruber, John. "Jony Ive Is Leaving Apple." Daring Fireball(blog),
     June 27, 2019. https://daringfireball.net/2019/06/jony_ive_leaves_
     apple.

4   Mayo, Benjamin. "United Airlines Takes Down Poster That Revealed
     Apple Is Its Largest Corporate Spender." 9to5Mac, January 14, 2019.
     https://9to5mac.com/2019/01/14/united-airlines-apple-biggest-
     customer/.

5   I Schleifer, Theodore. "An Apple Engineer Showed His Daughter the
     New IPhone X. Now, She Says, He's Fired." Recode. Vox, October 29,
     2017. https://www.vox.com/2017/10/29/16567244/apple-engineer-
     fired-iphone-x-daughter-secret-product-launch.

6   Cook, Tim. "Letter from Tim Cook to Apple Investors."
     Apple Newsroom, January 2, 2019. https://www.apple.com/
     newsroom/2019/01/letter-from-tim-cook-to-apple-investors/.

7   Thompson, Ben. "Apple's Errors." Stratechery by Ben Thompson,
     January 7, 2019. https://stratechery.com/2019/apples-errors/?utm_
     source=Memberful&utm_campaign= 131ddd5a64-weekly_
     article_2019_01_07 & utm_medium=email & utm_term=0_d4c7fece27-
     131ddd5a64-110945413.

8   Balakrishnan, Anita, and Deirdre Bosa. "Apple Co- Founder Steve
     Wozniak: iPhone X Is the First iPhone I Won't Buy on 'Day One.'"
     CNBC. CNBC, October 23, 2017. https://www.cnbc.com/2017/10/23/
     apple-co-founder-steve-wozniak-not-upgrading-to-iphone-x-
     right-away.html.

9   "CNBC Exclusive: CNBC Tran-script: Apple CEO Tim Cook Speaks

with CNBC's Jim Cramer Today." CNBC. CNBC, January 8, 2019. https://www.cnbc.com/2019/01/08/exclusive-cnbc-transcript-apple-ceo-tim-cook-speaks-with-cnbcs-jim-cramer-today.html.

10   Gross, Doug. "Apple Introduces Siri, Web Freaks Out." CNN. Cable News Network, October 4, 2011. https://www.cnn.com/2011/10/04/tech/mobile/siri-iphone-4s-skynet/index.html.

11   Note that Jobs began the Siri project.

12   Hall, Zac. "Apple Delaying HomePod Smart Speaker Launch until next Year." 9to5Mac, November 17, 2017. https://9to5mac.com/2017/11/17/homepad-delay/.

13   Kolodny, Lora, Christina Farr, and Paul A. Eisenstein. "Apple Just Dismissed More than 200 Employees from Project Titan, Its Autonomous Vehicle Group." CNBC. CNBC, January 24, 2019. https://www.cnbc.com/2019/01/24/apple-lays-off-over-200-from-project-titan-autonomous-vehicle-group.html.

14   "How Is the Work Culture at the IS&T Division of Apple?" Quora. https://www.quora.com/How-is-the-work-culture-at-the-IS-T-division-of-Apple.

15   Salinas, Sara. "Amazon Raises Min-imum Wage to $15 for All US Employees." CNBC. CNBC, October 2, 2018. https://www.cnbc.com/2018/10/02/amazon-raises-minimum-wage-to-15-for-all-us-employees.html.

16   Gross, Terry. "For Facebook Content Moderators, Traumatizing Material Is a Job Hazard." NPR. NPR, July 1, 2019. https://www.npr.org/2019/07/01/737498507/for-facebook-content-moderators-traumatizing-material-is-a-job-hazard.

17   Nagourney, Adam, Ian Lovett, and Richard Pérez-Peña. "San Bernardino Shooting Kills at Least 14; Two Suspects Are Dead." New York Times. New York Times, December 2, 2015. https://www.nytimes.com/2015/12/03/us/san-bernardino-shooting.html.

18   Ng, Alfred. "FBI Asked Apple to Unlock iPhone Before Trying All Its Options." CNET, March 27, 2018. https://www.cnet.com/news/fbi-asked-apple-to-unlock-iphone-before-trying-all-its-options.

19   Grossman, Lev. "Apple CEO Tim Cook: Inside His Fight with the FBI." Time. Time Magazine, March 17, 2016. https://time.com/4262480/tim-cook-apple-fbi-2.

20   Cook, Tim. "Customer Letter." Apple. Accessed February 16, 2016. https://www.apple.com/customer-letter.

21   "Best Marketing Strategy Ever! Steve Jobs Think Different / Crazy Ones Speech(with Real Subtitles)." YouTube, April 21, 2013. https://www.youtube.com/watch?v=keCwRdbwNQY.

22   Albergotti, Reed. "Apple's 'Show Time' Event Puts the Spotlight on Subscription Services." Washington Post. Washington Post, March 25, 2019. https://www.washingtonpost.com/technology/2019/03/25/apple-march-event-streaming-news-subscription.

5장

1   Cook, John. "After the Writedown: How Microsoft Squandered Its $6.3B Buy of Ad Giant aQuantive." GeekWire. GeekWire, July 12, 2012. https://www.geekwire.com/2012/writedown-microsoft-squandered-62b-purchase-ad-giant-aquantive/.

2   Bishop, Todd. "Microsoft's 'Lost Decade'? Vanity Fair Piece Is Epic, Accurate and Not Entirely Fair." GeekWire. GeekWire, July 4, 2012. https://www.geekwire.com/2012/microsofts-lost-decade-vanity-fair-piece-accurate-incomplete.

3   Eichenwald, Kurt. "How Microsoft Lost Its Mojo: Steve Ballmer and Corporate America's Most Spectacular Decline." Vanity Fair. Vanity Fair, July 24, 2012. https://www.vanityfair.com/news/

business/2012/08/microsoft-lost-mojo-steve-ballmer.

4   Bishop, Todd. "Microsoft Names Satya Nadella CEO; Bill Gates Stepping Down as Chairman to Serve as Tech Adviser." GeekWire. GeekWire, February 4, 2014. https://www.geekwire.com/2014/microsoft-ceo-main.

5   Fontana, John. "Microsoft Tops $60 Billion in Annual Revenue." Network World, July 17, 2008. https://www.networkworld.com/article/2274218/microsoft-tops--60-billion-in-annual-revenue.html.

6   Romano, Benjamin. "Microsoft Server and Tools Boss Muglia Given President Title." Seattle Times. Seattle Times Company, January 6, 2009. https://www.seattletimes.com/business/microsoft/microsoft-server-and-tools-boss-muglia-given-president-title.

7   D'Onfro, Jillian. "Here's a Reminder Just How Massive Amazon's Web Services Business Is." Business Insider. Business Insider, June 16, 2014. https://www.businessinsider.com/amazon-web-services-market-share-2014-6.

8   Foley, Mary Jo. "Meet Microsoft's New Server and Tools Boss: Satya Nadella." ZDNet, February 9, 2011. https://www.zdnet.com/article/meet-microsofts-new-server-and-tools-boss-satya-nadella.

9   Warren, Tom. "Microsoft Writes Off $7.6 Billion from Nokia Deal, Announces 7,800 Job Cuts." Verge. Vox, July 8, 2015. https://www.theverge.com/2015/7/8/8910999/microsoft-job-cuts-2015-nokia-write-off.

10   "Satya Nadella Email to Employees on First Day as CEO." Microsoft News Center, February 4, 2014. https://news.microsoft.com/2014/02/04/satya-nadella-email-to-employees-on-first-day-as-ceo.

11   Nadella, Satya. Hit Refresh: The Quest to Rediscover Microsoft's Soul and Imagine a Better Future for Everyone. New York: HarperCollins,

2017.

12   Choney, Suzanne. "Microsoft Garage Expands to Include Exploration,
      Creation of Cross-Platform Consumer Apps." Fire Hose(blog),
      October 22, 2014. https://web.archive.org/web/20141025020143/
      http://blogs.microsoft.com/firehose/2014/10/22/microsoft-garage-
      expands-to-include-exploration-creation-of-cross-platform-
      consumer-apps.

13   Lunden, Ingrid. "Microsoft Forms New AI Research Group Led by
      Harry Shum." TechCrunch. TechCrunch, September 29, 2016. https://
      techcrunch.com/2016/09/29/microsoft-forms-new-ai-research-
      group-led-by-harry-shum.

14   MasterBlackHat. "Steve Ballmer?Dance Monkey Boy!" YouTube,
      December 28, 2007. https://www.youtube.com/watch?v=edN4o8F9_
      P4.

15   Cornet, Manu. "Organizational Charts." Accessed October 7, 2019.
      http://bonkersworld.net/organizational-charts.

16   Dweck, Carol S. Mindset: The New Psychology of Success. New
      York: Random House, 2007.

17   Bishop, Todd. "Exclusive: Satya Nadella Reveals Microsoft's New
      Mission Statement, Sees 'Tough Choices' Ahead." GeekWire.
      GeekWire, June 25, 2015. https://www.geekwire.com/2015/
      exclusive-satya-nadella-reveals-microsofts-new-mission-
      statement-sees-more-tough-choices-ahead.

18   Kim, Eugene. "Microsoft CEO Satya Nadella Just Used an iPhone
      to Demo Outlook." Business Insider. Business Insider, September
      16, 2015. https://www.businessinsider.com/microsoft-ceo-satya-
      nadella-used-iphone-2015-9.

19   Bass, Dina, and Ian King. "Microsoft Unveils Biggest Reorganization
      in Years." Bloomberg. Bloomberg, March 29, 2018. https://www.
      bloomberg.com/news/articles/2018-03-29/microsoft-unveils-

biggest-reorganization-in-years-as-myerson-out.

20   Nadella, Satya. "Satya Nadella Email to Employees: Embracing Our Future: Intelligent Cloud and Intelligent Edge." Microsoft News Center, March 29, 2018. https://news.microsoft.com/2018/03/29/satya-nadella-email-to-employees-embracing-our-future-intelligent-cloud-and-intelligent-edge.

21   Lunden, Ingrid. "Microsoft Officially Closes Its $26.2B Acquisition of LinkedIn." TechCrunch. TechCrunch, December 8, 2016. https://techcrunch.com/2016/12/08/microsoft-officially-closes-its-26-2b-acquisition-of-linkedin/.

22   Warren, Tom. "Microsoft's Bets on Surface, Gaming, and LinkedIn Are Starting to Pay Off." Verge. Vox, April 26, 2018. https://www.theverge.com/2018/4/26/17286900/microsoft-q3-2018-earnings-cloud-surface-linkedin-revenue.

23   Gershgorn, Dave. "Amid Employee Uproar, Microsoft Is Investigating Sexual Harassment Claims Overlooked by HR." Quartz. Quartz, April 4, 2019. https://qz.com/1587477/microsoft-investigating-sexual-harassment-claims-overlooked-by-hr/.

24   시가총액은 2019년 10월을 기준으로 1조 달러를 기록했다.

6장

1   Brooker, Charlie. "Charlie Brooker: The Dark Side of Our Gadget Addiction." Guardian. Guardian, December 1, 2011. https://www.theguardian.com/technology/2011/dec/01/charlie-brooker-dark-side-gadget-addiction-black-mirror.

2   "Charlie Brooker on Black Mirror vs Reality | Good Morning Britain." Good Morning Britain. YouTube, October 30, 2018. https://www.youtube.com/watch?v=Na-ZIwy1bNI.

3	Bruney, Gabrielle. "A 'Black Mirror' Episode Is Coming to Life in China." Esquire. Esquire, March 17, 2018. https://www.esquire.com/news-politics/a19467976/black-mirror-social-credit-china.

4	Ashcroft, Michael, and Isabel Oakeshott. "David Cameron, Drugs, Debauchery and the Making of an Extraordinary Prime Minister." Daily Mail Online. Associated Newspapers, September 21, 2015. https://www.dailymail.co.uk/news/article-3242504/Drugs-debauchery-making-extraordinary-Prime-Minister-years-rumours-dogged-truth-shockingly-decadent-Oxford-days-gifted-Bullingdon-boy.html.

5	Vogel, Kenneth P. "Google Critic Ousted from Think Tank Funded by the Tech Giant." New York Times. New York Times, August 30, 2017. https://www.nytimes.com/2017/08/30/us/politics/eric-schmidt-google-new-america.html.

6	"Trends and Facts on Newspapers: State of the News Media." Pew Research Center's Journalism Project. Pew Research Center, July 9, 2019. https://www.journalism.org/fact-sheet/newspapers.

7	Grieco, Elizabeth. "U.S. Newsroom Employment Has Dropped a Quarter since 2008, with Greatest Decline at Newspapers." Pew Research Center, July 9, 2019. https:// www.pewresearch.org/fact-tank/2019/07/09/u-s-newsroom-employment-has-dropped-by-a-quarter-since-2008.

8	Metz, Cade. "When the A.I. Professor Leaves, Students Suffer, Study Says." New York Times. New York Times, September 6, 2019. https://www.nytimes.com/2019/09/06/technology/when-the-ai-professor-leaves-students-suffer-study-says.html.

9	Matheson, Boyd. "Why Do We Hate Each Other? A Conversation with Nebraska Sen. Ben Sasse(Podcast)." Deseret News. Deseret News, October 17, 2018. https://www.deseret.com/2018/10/17/20656288/why-do-we-hate-each-other-a-conversation-with-nebraska-senben-sasse-podcast.

10   Sasse, Ben. Them: Why We Hate Each Other–and How to Heal. New York: St. Martin's Press, 2018.

11   Turkle, Sherry. Alone Together: Why We Expect More from Technology and Less from Each Other. New York: Basic Books, 2012.

12   "Cigna U.S. Loneliness Index." Cigna, May, 2018, https://www. multivu.com/players/English/8294451-cigna-us-loneliness-survey/ docs/IndexReport _1524069371598-173525450.pdf.

13   "They have no religion": Ravitz, Jessica. "Is the Internet Killing Religion?" CNN. CNN, April 9, 2014. http:// religion .blogs .cnn .com/ 2014/ 04/ 09/ is-the-internet-killing-religion/comment-page-6/.

14   Downey, Allen. "Religious Affiliation, Education and Internet Use." Religious Affiliation, Education and Internet Use, 2014.

15   Shermer, Michael. "The Number of Americans with No Religious Affiliation Is Rising." Scientific American. Scientific American, April 1, 2018. https://www.scientificamerican.com/article/the-number-of-americans-with-no-religious-affiliation-is-rising.

16   Kastrenakes, Jacob. "Facebook Adds New Group Tools as It Looks for 'Meaningful' Conversations." Verge. Vox, February 7, 2019. https://www.theverge.com/2019/2/7/18215564/facebook-groups-new-community-tools-mentorship.

17   Ortutay, Barbara. "Facebook Wants to Nudge You into 'Meaningful' Online Groups." AP News. Associated Press, June 22, 2017. https:// www.apnews.com/713f8f66e88b45828fd62b1693652ee7.

18   Syverson, Andrea. "Commentary: Can Facebook Replace Churches?" Salt Lake Tribune. Salt Lake Tribune, July 6, 2017. https://archive. sltrib.com/article.php?id=5479818&itype=CMSID.

19   Kight, Stef W. "Life Expectancy Drops in the U.S. for Third Year in a Row." Axios. Axios, November 29, 2018. https://www.axios.com/

united-states-life-expectancy-drops-6881f610-3ca0-4758-b637-dd9c02b237d0.html.

20 "Drug and Opioid-Involved Overdose Deaths-United States, 2013-2017 | MMWR." Centers for Disease Control and Prevention, January 4, 2019. https://www.cdc.gov/mmwr/volumes/67/wr/mm675152e1.htm.

21 Godlasky, Anne, and Alia E. Dastagir. "Suicide Rate up 33% in Less than 20 Years, Yet Funding Lags Behind Other Top Killers." USA Today. Gannett Satellite Information Network, December 21, 2018. https://www.usatoday.com/in-depth/news/investigations/surviving-suicide/2018/11/28/suicide-prevention-suicidal-thoughts-research-funding/971336002.

22 Boddy, Jessica. "The Forces Driving Middle-Aged White People's 'Deaths of Despair.'" NPR. NPR, March 23, 2017. https://www.npr.org/sections/health-shots/2017/ 03/ 23/ 521083335/the-forces-driving-middle-aged-white-peoples-deaths-of-despair.

23 Cox, Jeff. "September Unemployment Rate Falls to 3.5%, a 50-Year Low, as Payrolls Rise by 136,000." CNBC. CNBC, October 4, 2019. https://www.cnbc.com/2019/10/04/jobs-report---september-2019.html.

24 Khatchadourian, Raffi. "The Doomsday Invention." New Yorker. New Yorker, November 23, 2015. https://www.newyorker.com/magazine/2015/11/23/doomsday-invention-artificial-intelligence-nick-bostrom.

25 Bostrom, Nick. Superintelligence: Paths, Dangers, Strategies. Oxford, UK: Oxford University Press, 2014.

7장

1   McGregor, Douglas. The Human Side of Enterprise. New York:
     McGraw-Hill, 1960.

2   Ouchi, William G. Theory Z: How American Business Can Meet the
     Japanese Challenge. New York: Avon, 1993.

3   "About ILR." ILR School, Cornell University. Accessed October 6,
     2019. https://www.ilr.cornell.edu/about-ilr.

4   ILR, Cornell. "Cornell University's ILR School: The Early Years."
     YouTube, November 18, 2015. https://www.youtube.com/
     watch?v=ED1DZQj2dBQ.

5   Ricau, Pierre-Yves. "A Silent Meeting Is Worth a Thousand Words."
     Square Corner Blog. Medium, September 4, 2018. https://medium.
     com/square-corner-blog/a-silent-meeting-is-worth-a-thousand-
     words-2c7213b12fb6.

6   Grant, Adam. "What Straight-A Students Get Wrong." New
     York Times. New York Times, December 8, 2018. https://www.
     nytimes.com/2018/12/08/opinion/college-gpa-career-success.
     html?module=inline.

7   Hensley-Clancy, Molly. "What Happened to the $100 Million Mark
     Zuckerberg Gave to Newark Schools?" BuzzFeed News. BuzzFeed
     News, October 8, 2015. https://www.buzzfeednews.com/article/
     mollyhensleyclancy/what-happened-to-zuckerbergs-100-million.

8   Flaccus, Gillian, and Geoff Mulvihill. "Amid Booming Economy,
     Homelessness Soars on US West Coast." Associated Press. AP News,
     November 9, 2017. https://apnews.com/d480434bbacd4b028ff13cd1e
     7cea155.

9   Feiner, Lauren. "Amazon Donates $8 Million to Fight Homelessness
     in HQ Cities Seattle and Arlington." CNBC. CNBC, June 11, 2019.
     https://www.cnbc.com/2019/06/11/amazon-donates-8-million-to-

fight-homelessness-in-seattle-arlington.html.

10 Giridharadas, Anand. Winners Take All. New York: Random House, 2019.

11 Feiner, Lauren. "Amazon Will Get Up to $2.2 Billion in Incentives for Bringing New Offices and Jobs to New York City, Northern Virginia and Nashville." CNBC. CNBC, November 13, 2018. https://www.cnbc.com/2018/11/13/amazon-tax-incentives-in-new-york-city-virginia-and-nashville.html.

12 Semuels, Alana. "How Amazon Helped Kill a Seattle Tax on Business." Atlantic. Atlantic Media Company, June 13, 2018. https://www.theatlantic.com/technology/archive/2018/06/how-amazon-helped-kill-a-seattle-tax-on-business/562736.

13 Honan, Mat, and Alex Kantrowitz. "Mark Zuckerberg Has Baby and Says He Will Give Away 99% of His Facebook Shares." BuzzFeed News. BuzzFeed News, December 1, 2015. https://www.buzzfeednews.com/article/mathonan/mark-zuckerberg-has-baby-and-says-he-will-give-away-99-of-hi.

14 Dastin, Jeffrey. "Amazon Scraps Secret AI Recruiting Tool That Showed Bias Against Women." Reuters. Thomson Reuters, October 9, 2018. https://www.reuters.com/article/us-amazon-com-jobs-automation-insight/amazon-scraps-secret-ai-recruiting-tool-that-showed-bias-against-women-idUSKCN1MK08G.

15 Ratcliffe, Susan. Oxford Essential Quotations. Oxford, UK: Oxford University Press, 2016.

16 "NITAAC Solutions Showcase: Technatomy and UI Path." YouTube, March 29, 2019. https://youtu.be/IakpZK9q6ys.

2030년을 제패할 기업의 승자 코드, 언제나 첫날

올웨이즈 데이 원

제1판 1쇄 발행 | 2021년 1월 15일
제1판 4쇄 발행 | 2021년 3월 25일

지은이 | 알렉스 칸트로위츠
옮긴이 | 박세연
펴낸이 | 손희식
펴낸곳 | 한국경제신문 한경BP
책임편집 | 윤효진
저작권 | 백상아
홍보 | 서은실 · 이여진 · 박도현
마케팅 | 배한일 · 김규형
디자인 | 지소영
본문디자인 | 디자인 현

주소 | 서울특별시 중구 청파로 463
기획출판팀 | 02-3604-590, 584
영업마케팅팀 | 02-3604-595, 583   FAX | 02-3604-599
H | http://bp.hankyung.com   E | bp@hankyung.com
F | www.facebook.com/hankyungbp
등록 | 제 2-315(1967. 5. 15)

ISBN 978-89-475-4682-9 03320

ALWAYS
DAY
ONE